CW01645453

KUR'AN ANALİZLERİ SERİSİ

On Emir'in
Kur'an'daki Karşılığı:
İsrâ Suresi Analizleri

David Harizanov

Telif Hakkı © 2025 David Harizanov

Bu eser PST Coaching Ekibi tarafından hazırlanmıştır
ve PST Coaching'e ait olan
"Kur'an Analizleri Serisi" projesinin bir çalışmasıdır.
Tüm hakları saklıdır.

Bu kitabın hiçbir bölümü, yazarın veya yayınevinin yazılı
izni olmadan herhangi bir biçimde ya da herhangi bir yöntemle
kopyalanamaz, saklanamaz veya iletilemez.

Yayınevi: PST Coaching

ISBN: [978-1-918272-16-1]

Kapak Tasarımı: PST Coaching
İletişim: info@pstcoaching.co.uk

Bu eser, Amerika Birleşik Devletleri ve diğer ülkelerin
telif hakları yasaları kapsamında korunmaktadır.
ABD Telif Hakkı Ofisi'ne kayıtlıdır.
Yazarın manevi hakları saklıdır.

Ayrıca eser, "Edebi ve Sanatsal Eserlerin Korunmasına ilişkin Bern
Sözleşmesi" kapsamında, üye ülkelerde uluslararası koruma altındadır.

KUR'AN ANALİZLERİ SERİSİ

On Emir'in
Kur'an'daki Karşılığı:

İsrâ Suresi Analizleri

David Harizanov

PST Coaching™

Hakikati arayanlara…

İçindekiler

Önsöz 9

1- "Kural, Kanun, Ahlaki Öğreti" Kavramları 12

2- Anne-Babaya İhsan Seviyesinde Muamele 33

3- Anne-Baba ile Olan İlişkilerde "Koruyuculuk ve Mütevazılık" Ölçüsü 51

4- Toplumsal Yardımlaşmada Öncelik ve Yöntem Nasıl Olmalıdır? 70

5- Harcama Yapılırken Nelere Dikkat Edilmelidir? 90

6- Cana Kıyma ve Zinanın, Toplum Sağlığı Üzerindeki Olumsuz Etkileri 111

7- Yetime, Mazluma, İhtiyaç Sahibine Sahip Çıkmak 129

8- Ölçü ve Tartıda Dürüst, Balanslı ve Dengeli Olmak 148

9- Balanslı İnsan Olmada Duygu Kontrolünün Önemi 168

10- Kibrin Analizi ve Serinin Genel Değerlendirilmesi 188

Sonsöz 207

Önsöz

İnsan, hakikati arayan bir varlıktır. O, her çağda hayatın anlamını, iyinin ne olduğunu, insanın nasıl olgunlaştığını ve adaletin nasıl sağlandığını sorup araştırır. "Doğru nedir, onu nerede bulabilirim, nasıl iyi bir insan olabilirim?" Bugün, insanoğlunun yaşadığı birçok sıkıntının temelinde de aslında, cevaplanması gereken bu sorular ve hiç bitmeyen bir hakikat arayışı var.

Allah (C.C.) tarih boyunca farklı kavimlere, farklı dillerle tevhit, kıymet, adalet, merhamet, kul hakkı, integrity, dürüstlük, ölçü, denge ve iffet gibi konuları esas alan aynı hakikatleri göndermiştir. Tüm insanlığın ihtiyacı olan bu hakikatler, Musa'ya (A.S.) verilen "On Emir"in de O'ndan (A.S.) asırlar sonra gelen son peygamber Muhammed'e (S.A.V.) gönderilen Kur'an'ın da âdeta çekirdeğini oluşturur.

"On Emir" ve öğretileri, pek çok insanın zihninde ahlaki bir çerçeve olarak zaten biliniyor. Peki, Kur'an'ın bu çerçeveyi nasıl tamamladığını hiç merak ettiniz mi? İslam'ın sunduğu sistemin neden daha bütüncül, daha insani ve daha kapsayıcı olduğunu hiç düşündünüz mü? Eğer bu sorular kalbinizde kıpırdanmaya başlamışsa, doğru yerdesiniz.

Çünkü İsrâ suresi; "On Emir"in özünü alır, onu genişletir, derinleştirir ve insan ruhunun tüm katmanlarına hitap eden bir "kişilik inşa sistemi" hâline getirir.

İşte elinizdeki bu kitap, vahyin bu iki büyük penceresini yan yana getirerek, okura yeni bir keşif imkânı sunuyor. İslam'a ilgi duyan, öğrenmek ve hayatını İslam'a göre şekillendirmek isteyenler için muhteşem bir rehber niteliğindeki bu kitap; vahyin sunduğu sistemin güzelliğini, tutarlılığını ve insanın içine işleyen bütünlüğünü farketmenize yardımcı olmayı hedefliyor. Modern dünyanın hızı ve yoğun temposu sebebiyle bunalan insan, bazen dini sadece birkaç ibadet ya da ritüelden ibaretmiş gibi düşünebiliyor, sınırlandırabiliyor. Oysa İsrâ suresi bize, bir Müslümanın hem iç dünyasını hem de toplumsal duruşunu inşa eden bütüncül bir öğreti sunuyor.

Müfessirlerin derin yorumları, modern psikolojinin insan davranışına dair çalışmaları ve Kur'an'ın evrensel mesajı bir araya geldiğinde ortaya çıkan tablo; dinin yalnızca ahiret için değil, bu dünya hayatı için de ne kadar iyileştirici, transform Kur'an, Allah'ın en kıymetli olarak yarattığı insanlığa göndermiş olduğu son ilahi rehberdir. O, önceki kutsal kitaplarda yer alan hakikatleri korur, tamamlar ve yeniden canlandırır. Bu yüzden Kur'an'a yöneldiğinizde çok eski bir mirasın, insanlığın derin ahlaki arayışının bugün hâlâ canlı ve taze bir karşılığıyla buluşursunuz. Tevrat'ın temel ahlaki çekirdeğini oluşturan On Emir'in ruhu da bu sebeple Kur'an'da -özellikle İsrâ suresinde- yepyeni bir bütünlük ve derinlikle karşımıza çıkar: Allah'a yönelmek, anne ve babaya ihsan seviyesinde muamele etmek, ihtiyaç sahibini gözetmek, yetime kol kanat germek, harcamada dengeyi korumak, masum cana kıymamak, iffeti muhafaza etmek, adaletli olmak, haksızlıktan uzak durmak, duyguları terbiye etmek ve kibirden korunmak...

Kur'an'ın bu kadim ilkelere sahip çıkışı aslında, sessiz ama çok güçlü bir mesaj taşır:

"Bu kitap sana yabancı değil, aradığın mirasın olgunlaşmış hâlidir."

Birçoğumuz On Emir'i ahlaki bir çerçeve olarak biliriz. Fakat Kur'an'ın bu çerçeveyi nasıl derinleştirdiğini, nasıl genişlettiğini, insan ruhunun tüm katmanlarına nasıl tesir ettiğini çoğu zaman fark etmeyiz. Oysa İsrâ suresi, On Emir'in özünü alır; onu yalnızca davranışları düzenleyen bir yapı olmaktan çıkarıp insanın kişiliğini, karakterini, duygularını, iradesini ve toplumsal ilişkilerini bütünüyle inşa eden bir sisteme dönüştürür.

Elinizdeki bu kitap, vahyin bu iki büyük penceresini yan yana getirerek size yepyeni bir keşif yolculuğu sunuyor.

İslam'a ilgi duyan, onu daha yakından tanımak isteyen, hayatını anlamlı kılıp ilahi bir çerçeveye oturtma arzusunda olan herkes için bir rehber niteliğinde olan bu çalışmada; sadece bazı kurallarla değil, insanı tanıyan, psikolojiyi bilen ve toplumu ayakta tutan ilahi bir denge ile karşılaşacaksınız.

Bu sayfalarda adım adım göreceksiniz ki:

- Tevhit, insanın içindeki dağınıklığı toparlayıp kalbine bütünlük kazandırır.

- Anne-babaya ihsan; sevgiyi, minnettarlığı ve sadakati yeniden hatırlatır.

- Toplumsal yardımlaşma, insanı bencilliğin soğukluğundan çıkarıp merhametin sıcaklığına taşır.

- Ekonomik denge, insanı hem savurganlıktan hem de cimriliğin dar kalıplarından korur.

- Duygu kontrolü, modern psikolojinin iddialarının aksine bugün keşfedilmiş bir şey değildir; çünkü Kur'an bu iç dengeyi asırlardır öğretir.

- Kibirden korunmak, ruhun yükünü hafifletir ve insana, onu insan yapan tevazuyu yeniden kazandırır.

Modern dünyanın "yeni keşifler" diye sunduğu pek çok kavramın, Kur'an'da zaten bir bütünlük içinde yer aldığını gördüğünüzde şaşıracaksınız. İsrâ suresi; huzurun, dengenin, merhametin, öz denetimin ve adaletin ilahi bir bütün olarak nasıl işlendiğini gözler önüne serer.

Bu eser, işte o bütünlüğü fark etmeniz için yazıldı. Belki kitabın sonunda kalbinizde şu cümle yankılanacak:

"Benim aradığım huzur aslında hep buradaymış..."

Bu kitap sadece bilgi aktaran bir çalışma değil; insanın kendine dönüş yolculuğunda, hakikati yeniden duyma çabasında bir arkadaş, bir rehber, sahici ve nazik bir davettir.

Zorlamayan, ama hakikati de saklamayan bir davet...

1- "Kural, Kanun, Ahlaki Öğreti" Kavramları

İnsan olarak hem fiziksel hem de duygusal olarak, kompleks yapılara sahip varlıklarız. Bununla birlikte, geçmişten günümüze kadar yaşamış tüm insanları göz önünde bulundurduğumuzda, aralarında pek çok konuda farklılıkların olduğunu da görebiliriz. Çeşitlilik ve farklılıkların varlığı; dünya düzeninin, mükemmel işleyen kurulu sistemlerin; önemli ve vazgeçilemez parçalarıdır. Bu; inkâr edilemeyen bir gerçektir. Ancak, her ne kadar çeşitlilik ve farklılıklara sahip olsa da genel manada hayatın; düzgün bir şekilde devam edebilmesi için belirli kurallara, değerlere, düzenlemelere ve bir işleyişe ihtiyacı vardır. Bu durum, özellikle insanın hem maddi hem de manevi hayatı için geçerlidir.

İnsanlık, var olduğu günden bu yana analiz edildiğinde; her insanın gerek bireysel anlamda Yaratıcısı ile olan ilişkisinde, gerekse de yaşadığı toplum ve o toplumu oluşturan diğer fertlerle olan ilişkilerinde uyması gereken birçok kural, disiplin, ahlaki değer ve öğreti ile karşılaştığını görürüz.

İşte elinizdeki bu çalışmada, biz de bunlardan bazılarını ele alacak ve günümüze kadar tahrif edilmeden gelen bazı öğretilerden bahsedeceğiz.

Bazen, birbirinden çok farklı olduğunu düşündüğümüz öğretiler, kurallar, disiplinler; aslında aynı hakikatleri anlatıyor olabilir. Bunu fark edebilmek, anlayabilmek için ise; isabetli ve doğru perspektiflerle yapılan analizlere ihtiyaç duyarız. Bu nedenle biz de; ihtiyacımız olan öğretileri, hakikatleri yeniden keşfetmemize, anlamlandırmamıza ve hayatımıza uygulamamıza yardımcı olacak analizleri yapmaya gayret edeceğiz.

Musa'ya (A.S.) verilen "On Emir" ile onun Kur'an'daki karşılığı üzerinde duracağız. (Musa, Kur'an için bkz.)[1] Bunun nedeni; "On Emir"de yer alan

---

1. Musa (A.S.): İsrailoğullarına gönderilen ve kendisine kutsal kitap "Tevrat" indirilen peygamberdir. Hem Yahudilik ve Hristiyanlığa hem de İslam'a göre büyük bir peygamber ve İsrailoğullarını Firavun'un zulmünden kurtarıp hürriyete kavuşturan bir liderdir. (Çıkış,

kuralların, sadece Yahudilik ile değil, diğer tüm ilahî dinlerle de ilgili olan, insan tabiatının gereğine uygun ve evrensel ilkeler olmalarıdır.

Okuyacağınız her bölümde; "On Emir"de yer alan evrensel ilkeler ile, bunların Kur'an'daki yansımaları, iz düşümleri olan İslam'ın en temel hükümleri üzerinde duracağız.

İslam'ın en temel kurallarının; bir insanın davranışlarını nasıl ve hangi istikamette yönlendirdiğini, geliştirdiğini; toplumu nasıl etkilediğini, transform ettiğini ve kişiye kazandırılan değerlerin; evrensel, ahlaki değerler perspektifinden nasıl ele alınabileceğini, ayrıntılı bir şekilde açıklamaya gayret edeceğiz.

Bu kitapta; Musa'ya (A.S.) verilen "On Emir"in, Kur'an'daki karşılığı kabul edilen İsrâ suresinin 22-39. ayetlerini detaylı bir şekilde analiz edeceğiz. (Sure, İsrâ suresi, Ayet için bkz.)[2]

İslam'ı yeni araştırmaya başlayan ya da yeni Müslüman olmuş biri, bu çalışma ile; Musa'ya (A.S.) verilen "On Emir"in karşılığının ve aslında daha kapsayıcı hâlinin, Kur'an'da olduğunu görecektir. Zaten bu da Kur'an'ın insanlığa gönderilmiş son hidayet rehberi olduğunun en büyük göstergelerinden biridir.

Gelin, muhteşem detayların bizi beklediği analizimize başlayalım.

Öncelikle, "On Emir"in ne olduğu üzerinde duralım.

19/5-6, 33/11; Sayılar, 12/6-8) Musa (A.S.), Kur'an'da da adı en çok geçen peygamberdir. (Bakara, 49; A'râf, 141; İbrahim, 6; Kasas, 4)
Kur'an: Son peygamber Muhammed'e (S.A.V.) yirmi üç yıllık süreçte, Cebrail isimli meleği aracılığı ile gönderilen, Allah'ın mesajının yazılı olduğu kitaba verilen isimdir.
2. Sure: Kur'an'ı oluşturan 114 bölümden her birine verilen terimsel ifadedir.
İsrâ Suresi: Kur'an'ın 17. suresidir ve 111 ayetten oluşur. Adını, son peygamber Muhammed'in (S.A.V) Mekke'den Kudüs'e götürülüşünden bahseden ilk ayetindeki "gece yürüyüşü" anlamına gelen "isrâ" kelimesinden alır. İsrailoğullarına yer verilmesi sebebiyle "Benî İsrâil suresi" olarak da adlandırılmıştır. Sure insanlara ahlaki, sosyal ve dinî konularda rehberlik eder.

"On Emir"; İbrânîcede "on söz" anlamında "aseret ha-dibberot"[3], Latincede "decalogus", Yunancada "dekalogos", Arapçada ise "el-evâmirü'l-aşere" demektir.

"On Emir", 613 emirden oluştuğu kabul edilen Yahudi şeriatının özeti niteliğindedir. Tevrat'a göre "On Emir"; Musa (A.S.) önderliğindeki İsrailoğullarının, Mısır'dan çıkışlarından yedi hafta sonra Sînâ Dağı'nın zirvesinde, bizzat Allah (C.C.) tarafından Musa'ya (A.S.) önce sözlü olarak bildirilen, ardından iki taş levha üzerine yazılıp verilen emirlerdir.[4] (Tevrat, İsrailoğulları, Sînâ Dağı için bkz.)[5]

Bahsedilen iki levhanın iki tarafına oyulmuş yazı, Allah'ın yazısıdır.[6] Musa (A.S.) dağdan indiğinde, kavminin buzağıya taptığını görünce, öfkesinden levhaları kırmış;[7] bunun üzerine, O'ndan (A.S.); öncekiler gibi iki taş levha daha yontması istenmiş ve kırk günlük ikinci buluşma sonunda Musa (A.S.), bu defa Allah'ın yazdırmasıyla, bizzat kendisinin yazdığı on emri içeren yeni levhalarla geri dönmüştür.[8]

Musa (A.S.), Allah'ın emriyle bu iki taş levhayı ahit sandığına koymuştur.[9] Ahit sandığı, daha sonra Tâlût (Saul) zamanında Filistin bölgesinde yaşayanların eline geçmiş ve ardından geri alınmıştır. (Ahit sandığı, Tâlût (Saul) için bkz.)[10]

---

3. Çıkış, 34/28; Tesniye, 4/13; 10/4
4. Çıkış, 19-20; 24/12-18; 31/18; Tesniye, 5/1-22
5. Tevrat: Kur'an'da, Allah'ın Musa'ya (A.S.) gönderdiği, Yahudilerin kutsal kitabına verilen isimdir.

İsrailoğulları: Kur'an'da, Yakub'un (A.S.) ikinci adı veya lakabı olan "İsrail"den dolayı, onun soyundan gelenler için kullanılan bir tabirdir. Tevrat'ta da bu kullanım mevcuttur.

Sînâ Dağı: Mısır'ın Sînâ Yarımadası'nda bulunan; Yahudilik, Hristiyanlık ve İslamiyet için kutsal kabul edilen bir dağdır. Yahudi ve Hristiyan inançlarına göre Musa (A.S.), burada Allah'tan "On Emir"i almıştır. İslam'da ise, Musa'nın (A.S.) Allah ile konuştuğu yer olarak kabul edilir.

6. Çıkış, 32/15-16
7. Çıkış, 32/19; Tesniye, 9/17
8. Çıkış, 34/1, 27-28
9. Çıkış, 25/16; Tesniye, 10/1-5
10. Ahit sandığı: İbranî geleneğinde kutsal kabul edilen ve Mısır'dan çıkışları sırasında İsrailoğulları tarafından taşınan bir sandıktır. İçerisinde; Allah'ın Musa (A.S.) aracılığıyla,

İbn Cebirol; sandığın, Filistinlilerin eline geçmesinden sonra; kutsallığının yok olup parçalandığını iddia eder, fakat bu açıklama doğru değildir. Çünkü Süleyman'ın (A.S.), Ahit sandığını Süleyman Mabedi'ndeki özel yerine taşıttığı sırada, sandığın içinde iki taş levhanın olduğu bilinmektedir.[11] (Süleyman, İbn Cebirol, Süleyman Mabedi için bkz.)[12]

Peki, "On Emir" neden bahseder?

Farklı tercümeleri olsa da "On Emir"in maddelerinin ana fikri şu şekildedir:[13]

1- Seni Mısır'dan; köle olduğun ülkeden çıkaran Allah'ın, Rab Ben'im. Ben'den başka İlah'ın olmayacak. (Rab, ilah için bkz.)[14]

İsrailoğullarına verdiği emirleri içeren taş tabletler, Aaron'un asası ve manna örneği gibi kutsal eşyaların da olduğuna inanılır.
Tâlût (Saul): Kur'an'da kendisinden; Bakara suresinin, 246-251. ayetlerinde İsrailoğullarının kralı olarak söz edilir. Ahdi Atik'te de Şaul (Saul) ismiyle anılır.
11. I. Krallar, 8/9
12. İbn Cebirol: 11. yüzyılın Endülüs bölgesinde yaşamış bir Yahudi şair ve filozoftur. İslam felsefesi içinde etkili olmuş, Yahudi filozoflardan biridir. Hayatı hakkında tam bir bilgi olmamakla beraber, 11. yüzyılda Malaga'da doğduğu, Saragossa'da eğitim gördüğü ve Valentia'da öldüğü düşünülmektedir.
Süleyman Mabedi: Tevrat'a göre, Kudüs'teki ilk Yahudi mabedidir. Bu yapının; Süleyman (A.S.) tarafından inşa edildiğine ve adını da onun isminden aldığına inanılır.
Süleyman (A.S.): Davut'un (A.S.) oğlu ve İsrailoğullarına gönderilen hükümdar-peygamberdir.
13. Çıkış 20/1-17
14. Rab: Sözlükteki manası; "bir şeyi yetkinlik noktasına varıncaya kadar kademe kademe inşa edip geliştirmek"tir. "Rab" kelimesine; Allah hakkında olmak üzere "malik, seyyit, idare eden, terbiye eden, gözetip koruyan, nimet veren, düzenleyip geliştiren, mabut" gibi anlamlar da verilir. Kur'an'da; dokuz yüz altmış iki yerde, Allah'tan "Rab" kelimesi ile bahsedilir.
İlah: "Her şeyi yaratan, hüküm ve kanunlar koyan, yaptıklarından dolayı kendisine hesap sorulamayan, zatı için sevilen, zatı için itaat edilen, dilediğini yapan, fayda ve zarar verebilen, ibadet edilen varlık" anlamlarına gelir. Kur'an'da; Allah'tan başka bir ilahın olmadığı, Allah'ın eşi, benzeri, ortağı ve çocuğunun olmadığı, insanların tek ilahı olduğu vurgulanır.

2- Kendine yukarıda; gökyüzünde, aşağıda; yeryüzünde ya da yeraltındaki sularda yaşayan herhangi bir canlıya benzer put yapmayacaksın. Putların önünde eğilmeyecek, onlara tapmayacaksın.

3- Rab'binin adını boş yere ağzına almayacaksın. Çünkü Rab, adını boş yere ağzına alanları cezasız bırakmayacaktır.

4- Şabat Günü'nü kutsal sayarak anımsa. Altı gün çalışacak, bütün işlerini yapacaksın. Ama yedinci gün Bana, Rab'bine "Şabat Günü" olarak adanmıştır. (Şabat Günü için bkz.)[15]

5- Annene, babana saygı göster. Öyle ki Rab'binin sana vereceği ülkede ömrün uzun olsun.

6- Adam öldürmeyeceksin.

7- Zina etmeyeceksin. (Zina için bkz.)[16]

8- Çalmayacaksın.

9- Komşuna karşı yalan yere tanıklık etmeyeceksin.

10- Komşunun evine, karısına, erkek ve kadın kölesine, öküzüne, eşeğine, hiçbir şeyine göz dikmeyeceksin.

Musa'ya (A.S.) verilen bu emirlerden 4. madde hariç, diğerlerinin hepsi; Kur'an'ın farklı sure ve ayetlerinde, yer almaktadır.[17]

---

15. Şabat Günü: Yahudilikte "ibadet ve dinlenme günü" olarak kabul edilen bir gündür. Yahudi takviminde haftanın yedinci günü olan cumartesiyi ifade eder ve Yahudiler için tanrıları Yahova ile aralarındaki özel bir bağı temsil eder.
16. Zina: Sözlük anlamı "meşrû olmayan cinsel ilişki" şeklindedir. Dinî terminolojide ise, "nikah sözleşmesi" olmadan erkek ve kadının kendi istekleriyle cinsi ilişkiye girmeleri anlamına gelir.
17. Musa'ya (A.S.) verilen vahiylerin Kur'an'da geçtiği ayetlerden bazıları şunlardır: (Bakara, 53;87; En'âm,154; Hûd, 17;110; İsrâ, 2; Mü'minûn, 49; Furkân, 35; Kasas, 43; Secde, 23; Saffât, 117; Fussilet, 45; Ahkâf, 12; Necm, 36; A'lâ, 19; A'râf, 145;150;154; Bakara, 53; Enbiyâ, 48)

Ancak, bunlardan özellikle İsrâ suresinin 22-39. ayetleri; sanki "On Emir" maddelerinin bir arada sıralandığı ayetlerdir. Sahabe efendilerimiz; bu özellikleri sebebiyle, İsrâ suresinin 22-39. ayetleri için; "Bu ayetler, 'On Emir'in Kur'an'daki karşılığıdır." derlermiş. (Sahabe için bkz.)[18] Dolayısıyla, bu ayetlere; Allah'ın, İsrailoğulları ile Müslümanları ortak bir noktada buluşturması şeklinde de bakılabilir. Bu nedenle, biz de İsrâ suresinin 22-39. ayetlerini analiz edecek ve onları doğru anlamaya çalışıp; orada anlatılan disiplinleri, hayatımıza nasıl uygulayabileceğimiz üzerinde duracağız.

Gelin, şimdi de İsrâ suresinin 22-39. ayetlerini okuyalım.

İsrâ 22- "Sakın, Allah ile beraber başka tanrı edinme! Yoksa yerilmiş, bir kenara itilmiş vaziyette kalırsın."

İsrâ 23- "Rab'bin şöyle buyurdu: Allah'tan başkasına ibadet etmeyin. Anneye ve babaya güzel muamele edin. Şayet, onlardan her ikisi veya birisi yaşlanmış olarak senin yanında bulunursa; sakın onlara hizmetten yüksünme, 'Öff!' bile deme, onları azarlama, onlara tatlı ve gönül alıcı sözler söyle."

İsrâ 24- "Şefkatle, tevazu ile onlara kol kanat ger ve şöyle dua et: 'Ya Rab'bi, onlar küçüklüğümde nasıl beni ihtimamla yetiştirdilerse; ona mükâfat olarak Sen de onlara merhamet buyur!'"

İsrâ 25- "Rab'biniz ruhlarınızdaki duyguları pek iyi bilir. Eğer siz iyi kimseler iseniz şunu bilin ki Allah; kötülüklerden, (özellikle anne ve babasına yaptığı kötü muamelelerden) tövbe edenlere karşı, günahları çok affedicidir."

İsrâ 26;27- "Yakınlarına, yoksula, yolda kalmışa hakkını ver, sakın saçıp savurma! Çünkü savurganlar, şeytanların kardeşleri olmuşlardır. Şeytan ise, Rab'bine karşı pek nankördür."

---

18. Sahabe: Sözlükte "bir kişiyle birlikte bulunmak, onunla dost ve arkadaş olmak" anlamındaki, "sohbet" kökünden türer. Sahabe ile birlikte, kelimenin türevlerinden olan "ashap" ta sıkça kullanılmaktadır. İslam literatüründe, Resulallah'ın (S.A.V.) sohbetine katılanlar anlamında kullanılan bir terimdir.

İsrâ 28- "Eğer elinin dar olması sebebiyle Rab'binden umduğun bir lütfu, bir imkânı beklerken o hak sahiplerine şimdilik ilgi gösteremiyorsan, hiç değilse onlara gönül alıcı bir şeyler söyle."

İsrâ 29- "Eli sıkı olma, büsbütün eli açık da olma ki; herkes tarafından ayıplanan, kaybettiklerine hasret çeken bir hâle düşmeyesin."

İsrâ 30- "Şu kesin ki, Rab'bin dilediği kimsenin nasibini bollaştırır, dilediğinin nasibini daraltır. Çünkü Rab'bin, kullarının her hâlini bilip görmektedir."

İsrâ 31- "Fakirliğe düşme endişesi ile evlatlarınızı öldürmeyiniz! Onların da sizin de rızkınızı veren Biz'iz. Şüphesiz ki onları öldürmek, büyük bir suçtur."

İsrâ 32- "Sakın, zinaya yaklaşmayın! Çünkü o; çirkinliği meydanda olan bir hayasızlıktır, çok kötü bir yoldur."

İsrâ 33- "Haklı bir gerekçe olmaksızın Allah'ın muhterem kıldığı cana kıymayın! Bir kimse zulmen öldürülürse onun velisine (mirasçısına) bir yetki vermişizdir; artık o da kısas hususunda aşırı davranmasın. (Meşru hakla yetinsin.) Zaten, kendisine yetki verilmekle gerekli destek sağlanmıştır."

İsrâ 34- "Büluğ çağına ermeyen yetimin malına, en güzel tarzdan başka bir şekilde yaklaşmayın. Verdiğiniz sözü yerine getirin. Çünkü verilen söz, sorumluluk gerektirir."

İsrâ 35- "Ölçtüğünüz zaman dürüst olun, tam ölçün. Doğru terazi ile tartın. Bu hem ticaretiniz için daha hayırlı hem de akıbet yönünden daha güzeldir."

İsrâ 36- "Bilmediğin şeyin peşine düşme! Çünkü kulak, göz, kalp gibi azaların hepsi de sorguya çekilecektir."

İsrâ 37;38- "Hem kibirli kibirli yürüme! Zira ne kadar kibirlenirsen kibirlen, ne yeri yarabilirsin ne de dağların boyuna erişebilirsin. Böylesi davranışların hepsi kötü olup, Rab'binin nazarında hoş görülmeyen şeylerdir."

İsrâ 39- "İşte bunlar, Rab'binin sana vahyettiği hikmetlerdendir. Sakın, Allah'ın yanı sıra başka bir tanrı uydurma; yoksa yerilmiş, rahmetten kovulmuş olarak cehenneme fırlatılırsın."

Ayetlerde bahsedilenler ile, "On Emir"de sayılanlar neredeyse aynı, öyle değil mi?

Yazının başında da söylediğimiz gibi bu emirlerin üzerinden ne kadar zaman geçmiş olursa olsun, farklıymış gibi gösterilmeye çalışılsa da temel hükümler, hakikatler bellidir ve değişmez. İsrâ suresinin bu ayetleri; âdeta, İslam'ın temel hükümlerinin bir özeti gibidir. İslam'ı hiç bilmeyen biri gelip, "Bana İslam'ı anlatın." dese; ona İsrâ suresinin bu ayetlerinin okunması, aslında yeterli olacaktır.

Gelin, konunun daha iyi anlaşılması için, ayetlerin detayına girmeden önce; bazı teknik açıklamalar yapalım. Öncelikle "kural, kanun ve ahlaki değerler" kavramlarının arasındaki farklara biraz değinelim.

"Kural" kelimesi, sözlük anlamına göre; "insan davranışlarına yön veren, uyulması gereken ilke ve törelerce zorunlu kılınan yasa" demektir. Toplum düzenini oluşturmak ve asayişi sağlamak için hazırlanmış yazılı hükümlere de "kanun" denir.

"Ahlaki değerler" ise kişilerin; toplum içerisinde uymak zorunda oldukları davranış biçimlerini ve kuralları ifade eder. Daha açık bir ifadeyle "ahlaki değerler"; "bireyin yaşadığı çevrede, davranışların; 'doğru ya da yanlış', 'yapılabilir veya yapılamaz', 'iyi ya da kötü' şeklinde ayırt edilmesini sağlayan, inanç ve değerler bütünü" olarak tanımlanabilir.

Kural ve kanunlar ile ahlaki değerler arasında nasıl bir fark vardır?

Kural ve kanunlar, siyah ve beyaz gibidir. Mesela; İslam'da helaller ve haramlar, yani yapabileceklerimiz ve yapamayacaklarımız bellidir. (Helal, Haram için bkz.)[19] Bazen; özel durumlara göre değişiklik gösterse de genel

---

19. Haram: Allah tarafından, yapılması yasaklanan davranışlardır.
Helal: Allah tarafından yapılması serbest bırakılan davranışlardır.

olarak kurallar sabittir. Fakat ahlaki ve etik değerler; siyah ve beyazda olduğu gibi kesin bir netliğe sahip olmadığı için, değişiklik gösterebilirler. Dolayısıyla ahlaki değerler için, "Sen şu değeri yerine getirmezsen, cezası budur." denilemez.

Bunu, şöyle bir örnekle izah edelim.

Allah (C.C.), İsrâ suresinin 37 ve 38. ayetlerinde şöyle buyuruyor: "Hem kibirli kibirli yürüme! Zira ne kadar kibirlenirsen kibirlen, ne yeri yarabilirsin ne de dağların boyuna erişebilirsin. Böylesi davranışların hepsi kötü olup, Rab'binin nazarında hoş görülmeyen şeylerdir."

Kibir, kalpte bulunan ve tüm dinler tarafından da "kötü" olarak kabul edilen bir duygudur. Allah (C.C.) bu ayette; kalpteki kibrin aksiyona çevrilmiş hâlinden, yani kalbindeki kibrin etkisi ile kişinin yürümesinde oluşan o farklılıktan bahsediyor.

Burada, önemli bir noktaya dikkat çekelim. Bizler, insanların kalbinde olan bir duyguyu tam anlamıyla bilemeyiz. Bazen, dışarıdan bakıldığında; çok mütevazı gibi görünen biri, aslında içinde çok büyük bir kibir saklıyor olabilir. Bu duygunun ya da hâlin; parayla, zenginlikle, maddi imkânlarla ya da çok fazla bilgiye sahip biri olmakla da alakası yoktur. Kibir öyle bir histir ki maddi imkânların çok yetersiz olduğu bir yerde, diğer insanlardan çok uzak bir şekilde yaşayan iki kişiden birinde bile karşımıza çıkabilir. Böyle imkânsızlıklar içinde yaşarken dahi, kibirli biri karşısındakine; "Ben senden daha hayırlıyım, daha üstünüm." diyebilir ve kibirle hareket edebilir. Hatta belki onun bu kibri, en üst seviyedeki bir kibir bile olabilir.

Ya da bazen; yürüyüşüne bakıp, kibirli olduğunu düşündüğümüz bir insanla karşılaşabiliriz. Oysa belki de o, bacağındaki bir cihaz ya da yaşadığı bir sağlık sorunu nedeniyle öyle yürüyordur. Bunu bilebilir miyiz? Elbette hayır. Biz, kalplerde olanı göremeyiz.

Yukarıda da ifade edildiği gibi hükümler ve kurallar bellidir. Fakat; "Kibirle yürüme!" gibi ahlaki, etik değerlerin böyle bir ölçüsü yoktur. Mesela; hâkimin karşısına çıkıp, "Bu kişi, çok kibirli yürüyordu. Bunun karşılığı olarak, ona bir ceza verin." denilemez.

Peki bu konu, Kur'an'da nasıl ele alınıyor?

Kur'an'da kural ve ahlaki değerler iç içe sunulurken, bütün bunların temeline kişinin Allah (C.C.) ile olan ilişkisi ve bu ilişkinin bir sonucu olarak ortaya çıkan; "emir ve yasaklara uymada titizlik gösterme" ile "günahlardan sakınma" anlamlarına gelen "takva" kavramı yerleştirilir. (Takva için bkz.)[20]

Yani yaptığımız her davranış ve aldığımız her aksiyona; "Allah beni görüyor ve yaptığım her şeyi, kalbimde olanları, tüm duygularımı, düşüncelerimi biliyor. Ayrıca, melekler de tüm bunları yazıyorlar." hissiyatı ve inancıyla anlam kazandırılıyor. Bu da insana; her an ve durumda kendini kontrol edip düzeltebilmesini sağlayan, muhteşem bir otokontrol kazandırıyor. Buna; modern psikolojideki "self-control" şeklinde de bakılabilir.

Kur'an'da bu öğretiye çok sık rastlıyoruz. Birçok ayette; kurallar ve ahlaki değerlerden bahsedildikten hemen sonra, "Bu kuralları ancak, tam anlamıyla takva sahipleri yerine getirebilir." şeklinde ilavelere ve hatırlatmalara rastlıyoruz.

Peki, bu neden önemlidir?

Bu dünyadaki kurallar; bazen kişilere göre değişebilir. Bunun birçok örneğini görebiliriz. Mesela; yasalardaki boşlukları iyi bilen ya da önemli bazı mevkilerle kuvvetli bağlantıları olan biri; hakkındaki bir mahkemenin sonucunun, istediği kararlar doğrultusunda çıkmasını sağlayabilir. Bu şekilde kişi, kendi lehine bir sonuç çıkartabilir, ancak adalet sağlanmamış olur. Ya da alanında çok iyi bir muhasebeci; sistemin boşluklarından faydalanıp farklı beyanlarda bulunarak, mükellefinin minimum seviyede vergi ödemesini sağlayabilir.

Arz edilen örneklerde görüldüğü gibi, bu dünyada kurallarla oynanabilir. Öyle ki bazen, "kurallar uygulanmış" gibi görünse de aslında adalet sağlanmamış olabilir.

---

20. Takva: Allah'ın farkındalığı ve bilinci ile dini yaşamak demektir.

Bu konuya şöyle bir örnek de verebiliriz:

Bazen bir konu ile ilgili; İslamî olarak tüm şartlar yerine getirilip, Allah'ın belirlediği kurallara göre hüküm verilmeye çalışılmış; fakat yalancı şahitlerden dolayı, adalet yerini bulmamış olabilir. Yani siz yapmanız gereken her şeyi yaparsınız; ancak hesap, ahirete kalabilir. Çünkü her şeyin en doğrusunu bilen; yaşadığımız, hissettiğimiz her şeyden haberdar olan sadece Allah'tır.

Kurallar ve kanunlar her zaman tam anlamıyla işe yaramayabilir. Ancak "Allah beni görüyor." bilinciyle hareket eden bir insanın, davranışlarını kontrol etmesi için başka bir şeye ihtiyacı yoktur. İslam'la yeni tanışan biri için bu perspektifi anlamak çok önemlidir. Çünkü bu bilinçle hareket eden kişiler adaletli, dürüst ve güvenilir olur. Bunun nedeni, iç dünyalarında yer alan ve her davranışlarını denetleyip gerektiğinde durduran bir fren mekanizmasıdır. Yani İslam'da bireyin Allah (C.C.) ile olan bağı ve O'nun her an kendisini gördüğü anlayışı, her zaman akılda tutulması gereken en önemli öğretilerden biridir.

Dünyadaki mahkemeler ne yazık ki kandırılabilir. İnsanlar, kanunlardaki boşlukları istedikleri gibi kullanabilir; fakat hiç kimse Allah'ı (C.C.) kandıramaz. İşte bu sebeple, Kur'an'da; kurallar ve hükümlerden bahsedilirken, genellikle takvadan da bahsedilir. Çünkü kurallar, hükümler ve ahlaki öğretiler; ancak insanlar, takva sahibi olduklarında bir anlam kazanır.

Takva olmadan; kurallar, kanunlar, hükümler boşlukta kalır. Çünkü takva insanları; kurallara, kanunlara karşı gelmekten, hükümlerle istedikleri gibi oynamaktan alıkoyar. Düşünsenize! Yalancı şahitlerin dinlendiği ve onların anlattıklarına göre karara bağlanan bir davada; doğru deliller sunulmuş ya da adaletli bir karar verilmiş olabilir mi? Elbette hayır.

Fakat denklemde takva varsa; "Ne yaparsam yapayım; Allah beni, her an görüyor." hissiyatı ile hareket ediliyorsa; her şey anlam kazanır. Böyle bir hissiyatın etkisi ise; hem kuralları, kanunları hem de öğretileri, anlamlı hâle getirir.

Düşünün şimdi! İsrailoğulları; uymaları gereken çok net kuralları bile komplike etmiş, eklemeler yapıp; onların sayısını altı yüze kadar çıkarmışlardı. Dine; sanki sadece kurallardan ibaretmiş gibi bir bakış açısı ile bakıp, sürekli kurallar üzerinde durmuş ve işin ruhu olan; Allah'la (C.C.) bağ meselesinden uzaklaşmışlardı. İşin; kalple ilgili boyutu bir kenara bırakılmış ve dolayısıyla da ruhu kaybedilmişti. Allah (C.C.), onların düştükleri bu hâli, Hadîd suresinin 16. ayetinde; "Kalpleri kaskatı kesildi."[21] şeklinde tarif etmektedir.

Unutmayın! Kurallar uygulanabilir ya da uygulanıyor gibi görünebilir. Ancak, "Allah beni görüyor." anlayışı ile hareket edilmediğinde; insanın en önemli kontrol mekanizması ve yapılan işlerin de ruhu kaybedilmiş olur. İşte İsrailoğulları tam da bunu yaşamış.

Eğer Allah (C.C.) ile bağ kurulmaz ve yapılan işler O'nun rızası için yapılmazsa, kural ve kanunlar insanlara dini yaşanmaz hâle getirir. Sonuçta da o dinî sistem yozlaşmaya başlar. İşte İslam, geçmişte yaşanan bu yozlaşmaların tekrar etmemesi için, kural ve kanunlardan önce iman konusunu öncelikli kılar.

Allah (C.C.) bizi, böyle tehlikeli bir durumdan korumak için İsrâ suresinde kurallar ve ahlaki değerlerden bahsetmeden önce, şöyle buyuruyor:

İsrâ 22- "Lâ tec'al meallâhi ilâhen âhara fe tak'ude mezmûmen mahzûlâ."

"Sakın, Allah ile beraber başka tanrı edinme! Yoksa yerilmiş, bir kenara itilmiş vaziyette kalırsın."

İsrâ 23- "Ve kadâ rabbuke ellâ ta'budû illâ iyyâhu ve bil vâlideyni ihsânâ, immâ yebluganne indekel kibere ehaduhumâ ev kilâ humâ fe lâ tekul lehumâ uffin ve lâ tenher humâ ve kul lehumâ kavlen kerîmâ."

---

21. Hadîd Suresi 16- "İman edenlerin kalplerinin; Allah'ı ve Cenab-ı Hak tarafından inen hakikatleri hatırlayarak yumuşayıp, saygı ile dirilme vakti gelmedi mi? Sakın onlar daha önce kitap verilen ümmetler gibi olmasınlar. Zira kitabı tanımalarının üzerinden kendilerince uzun zaman geçmesi sebebiyle, onlarda ülfet ve kanıksama meydana gelmiş, neticede kalpleri katılaşmıştı. Hatta onların çoğu büsbütün yoldan çıkmışlardır."

"Rab'bin şöyle buyurdu: Allah'tan başkasına ibadet etmeyin. Anneye ve babaya güzel muamele edin. Şayet, onlardan her ikisi veya birisi yaşlanmış olarak senin yanında bulunursa; sakın onlara hizmetten yüksünme, 'Öff!' bile deme, onları azarlama, onlara tatlı ve gönül alıcı sözler söyle."

Yani dikkate almamız gereken ilk ve en önemli nokta; Allah (C.C.) ile olan bağımız ve O'ndan başka ilahımızın olmadığı hakikatidir. Bu bağın hayatımızdaki etkisi; tüm kuralların ve kanunların üzerindedir.

Burada, şöyle bir noktadan da bahsedelim.

İnsanlar, kararlar alırken ya da aksiyonları sırasında; iç dünyalarındaki bazı güçlerden de etkilenebilirler. Mesela; kızgınlık, öfke, hırs, hüzün ya da kibir gibi duygular; yaşanan olaya göre, kişinin üzerinde etkili bir güç, hatta bir otorite bile olabilir.

Allah (C.C.), Câsiye suresi 23. ayette şöyle buyuruyor:

"E fe raeyte menittehaze ilâhehu hevâhu ve edallehullâhu alâ ilmin ve hateme alâ sem'ihî ve kalbihî ve ceale alâ basarihî gışâveten, fe men yehdîhi min ba'dillâhi, e fe lâ tezekkerûn."

"Baksana kendi hevâ ve hevesini ilah edinen, ilmi olduğu hâlde; Allah'ın kendisini şaşırtıp, kulağını ve kalbini mühürlediği, gözlerine de perde çektiği kimsenin hâline! Hakkı görmemekte ve azgınlıkta ısrar etmesi sebebiyle Allah'ın şaşırttığı bu kimseyi kim yola getirebilir? Düşünmüyor musunuz?"

Ayette, "hevâ" kelimesinin kullanıldığını görüyoruz. Bu kelime sözlükte "istek, heves, meyil, sevme, düşkünlük" gibi anlamlara gelir. Terim olarak ise "nefsin, akıl ve din tarafından yasaklanan kötü arzulara karşı eğilimi, boş hisler, boş duygular"[22] demektir. (Nefis için bkz.)[23]

---

22. El-İsfehânî, el-Müfredat, s. 849; Mustafa Çağrıcı, "Hevâ", DİA, XVII, 274
23. Nefis: Sözlükte "hevâ-heves, kan, beden, bedenden doğan istekler" gibi anlamlara gelir. İslami kavram olarak ise; insanın özü, benliği, kişideki kötü huyların ve olumsuz isteklerin kaynağı şeklinde tanımlanır. Nefis, bir anlamda Allah ile insan arasındaki perde

Ayetteki "heva ve hevesin ilah edinilmesi" hâli nasıl anlaşılmalıdır?

Bunu şöyle düşünebiliriz: İnsan hevâsına uyduğunda; hep onun yönlendirmesi ile hareket eder ve âdeta arzularının, tutkularının ve isteklerinin esiri olur. Hatta böyle biri, bir süre sonra; her istediğinin olması gerektiğine inanmaya ve sınırsız, kuralsız, başkalarının haklarına saygı göstermediği bir hayat yaşamaya başlar. Bunun sonucunda da farkında olarak ya da olmayarak; aslında hevâsını, egosunu ilahlaştırmış olur.

Kendimize soralım: Yaşadığımız olaylar karşısında, aksiyonlarımızda ya da karar verirken neye göre hareket ediyoruz? Davranışlarımızı, tepkilerimizi, aksiyon ve kararlarımızı belirleyen, onların üzerinde etkili olan, bizi yönlendiren güç ne? Üzerimizdeki otorite; arzularımız, isteklerimiz mi; ya da kızgınlık, öfke, hırs, kibir gibi duygularımız mı?

Bu; kontrolü zor olan, tehlikeli bir alandır. Çünkü hevâsına uyan bir kimse; fırtınaya tutulmuş, dümensiz bir yelken gibi amaçsız ve şuursuzca hareket eder. Son peygamber Muhammed (S.A.V.), bir hadisinde bu tehlikenin boyutunu şöyle tarif eder: "Gök kubbe altında, Allah'tan başka tapınılan şeyler arasında; kendisine uyulan hevâdan (aşırı istek ve tutkulardan) daha büyüğü yoktur."[24] (Muhammed için bkz.)[25] Dikkatli olmalı ve kendimizi bu tehlikeden korumalıyız.

---

gibidir. Aynı zamanda şeytanın en çok etki alanı da burasıdır. Şeytan bir "kriptolu mesaj" gönderdiğinde, onu çözüp davranışa dönüştüren mekanizma nefistir.
Ancak nefis sadece olumsuz bir yapı değildir. Eğitilip terbiye edildiğinde, farklı derecelerden geçerek insanı olgunlaştıran, kişiyi en sağlam karaktere ulaştıran bir mekanizmaya dönüşebilir.

24. Taberânî; İbn Kayyim el-Cevziyye, İğâsetu'l-Lehfân, 2/148; Elmalılı, 6/70; Ş. İslâm Ansiklopedisi 2/397

25. Muhammed (S.A.V.): Son peygamberdir. Soyu, İbrahim (A.S.) ile oğlu İsmail'e (A.S.) kadar dayanır. 20 Nisan 571'de Mekke'de dünyaya gelmiştir. Annesinin adı Amine, babasının adı Abdullah'tır. Henüz dünyaya gelmeden önce babası, 6 yaşındayken de annesi vefat etmiştir. Bundan sonra bakımını ilk olarak dedesi, o vefat edince de amcası Ebu Talip üstlenmiştir. Daha peygamberlik vazifesi gelmeden önce Mekkeliler O'na; güvenilirliği ve güzel ahlakı sebebiyle "Muhammed'ül Emin" diyorlardı. Kırk yaşındayken, ilk ayetlerin vahyedilmesi ile birlikte kendisine peygamberlik vazifesi verildi.

Peki, nasıl korunacağız?

Bu tehlikeden ancak, "tevhit" ile korunabiliriz. Çünkü bütün kuralların, ahlaki değerlerin öncesinde; "Allah'tan başkasına kulluk etmeme disiplini" anlamına gelen "tevhit" vardır. Tevhit öyle önemlidir ki; İslam'ın temelini oluşturur. İslam'ın ve Kur'an'ın bütün kurallarını doğru anlamanın ön şartı; Allah'a kulluk etmek, kendine Allah'tan başka tanrılar edinmemek, kalbinde hiçbir şeyi putlaştırmamaktır; yani "tevhit"tir.

Tevhidi anlamadan, diğer konuları tam manası ile anlamamız mümkün değildir. Bir insan, "Lâ ilâhe illallâh. - Allah'tan başka ilah yoktur." der, yani tevhit eder ve hayatına bu gözlükle bakarsa; onun için, artık her şeyin anlamı değişir. Çünkü böyle bir kişi, bütün hayatını "tevhit" perspektifine göre organize eder. Örneğin, bir konuda karar mı alması gerekiyor? O zaman bu kişi; kendi istek ve arzularına göre hareket etmeden önce, ilgili konunun Kur'an'da nasıl geçtiğini araştırır. Sonra Sünnet'e bakar, peygamber hayatlarını inceler. Yani kendi hislerine ya da içinde bulunduğu toplumun normlarına, mevcut kültürel kodlara ya da çevre baskısına göre değil; "tevhit" anlayışına göre kararlar alarak hareket eder. Bu anlayışla hareket edince de kalbinde otorite sahibi olan, onu esareti altına alan tüm istek ve arzulardan da tevhit ile özgürleşmiş olur. (Sünnet için bkz.)[26]

İnsan, ancak tevhidi tam manasıyla anladığı zaman; korku ve hüzün duygularının kendisine verdiği sıkıntılardan ve gelecek anksiyetelerinden kurtulur. Tevhidi tam manası ile anlayan birinin kalbi; yaşadığı her şeye karşı, mutmain olur. (Mutmainlik için bkz.)[27] Çünkü bu anlayışa sahip bir kişi;

---

632 yılında vefat edene kadar insanlara Allah'tan aldığı mesajları iletmiş, Allah'ın kitabı olan Kur'an'ı yaşayarak hayata geçirmiştir. Kabri, hicret ederek hayatının kalan kısmını geçirdiği Medine'de bulunmaktadır.

26. Sünnet: Sözlükte "izlenen yol, yöntem, örnek alınan uygulama, örf ve gelenek" demektir. Terim anlamı ise, "dinî delillerin ikincisi" ve "Resulallah'ın (S.A.V.) söz, fiil ve onaylarının ortak adı"dır.

27. Mutmainlik: Mutmain kelimesi, Arapçada "emin olmuş; şüphe, korku ve endişelerden kurtulup rahatlamış ve gönül huzuruna kavuşmuş kimse" anlamında kullanılan bir kelimedir. Kur'an'da tarif edilen "mutmain olma" hâli ise kişinin; yaşadıklarını kabullenmesi, anlamlandırması, kendine verilen nimetlerle yetinmesi; imkânlarından, hâlinden razı olması ve Allah'ın vaadiyle tatmin olmasını ifade eder.

her ne yaşarsa yaşasın, kendisini ne kadar çaresiz hissederse hissetsin, yaşadıklarına tevhit perspektifiyle bakmaya çalışır ve şöyle der: "Allah'ın benim için belirlediği kaderi yaşıyorum. Yaşadıklarım, bazen bana olumsuz gibi görünse de Allah'ın belirlediği kader, benim için en optimum olandır. (Kader için bkz.)[28] Biliyorum ki, O beni asla yalnız bırakmaz; benim için en iyi olanı bilir ve her durumda, tüm ihtiyaçlarımı giderir." Böyle bir tevhit anlayışını; iç dünyasında, kalbinde sağlamlaştıran biri, kendisini kâinata meydan okuyacak kadar güçlü hisseder. Çünkü sahip olduğu bu anlayış sayesinde o, kalp dünyasını; Allah (C.C.) haricindeki bütün kulluklardan arındırmış ve tüm esaretlerinden özgürleşmiştir. Buna verilecek en güzel örneklerden biri babamız İbrahim'in (A.S.) hayatıdır. (İbrahim için bkz.)[29]

---

28. Kader: Sözlükte "gücü yetmek; planlamak, ölçü ile yapmak, bir şeyin şeklini ve niteliğini belirlemek, kıymetini bilmek" gibi anlamlara gelir. İslami kavram olarak ise, "Allah'ın başlangıcı olmayan zamandan sonsuza kadar olmuş ve olacak her şeyin, her hâlini, zamanını ve mekânını, sıfatlarını ve özelliklerini bütün zamanları kapsayan sonsuz ilmiyle bilip, ona göre, takdir etmesi" demektir.

29. İbrahim (A.S.): Yahudi, Hristiyan ve İslami kaynaklar tarafından "en büyük" ata ve temel referans noktası kabul edilir. İbrahim (A.S.) ile ilgili Tevrat ve genel Yahudi dinî literatüründe, Hristiyan kültüründe ve Kur'an ile İslami literatürde birçok peygambere oranla daha geniş bilgi bulunmaktadır. İbrahim (A.S.) hakkında özellikle Yahudi ve İslam kaynaklarında "tevhit inancını" yerleştirmek üzere gösterdiği faaliyetler öne çıkarılarak bilgi verilir. O'nun (A.S.) ismi, Tevrat'ın bazı bölümlerinde, Avram (Abram), Ahdi Atik'in diğer yerlerinde Avraham (Abraham) olarak geçmektedir. Tevrat'a göre İbrahim'in (A.S.) adı önce "ulu ata" anlamında "Abram" iken daha sonra "milletlerin babası" anlamında Abraham'a dönüşmüştür. (Tekvin, 11/26-17/4); Nehemya (9/7); I. Tarihler (1/27) İbrahim (A.S.), Kitabı Mukaddes'te Terah'ın oğlu, İbranilerin atası, inananların babası ve Allah'ın dostu olarak takdim edilmektedir (Tekvîn, 11/26; Galatyalılara Mektup, 3/7-9; Yakup'un Mektubu, 2/23) İbrahim (A.S.) Hristiyan kültüründe de özel bir yere sahiptir. Ahdi Cedid'de Zekeriya ve Meryem, İbrahim'e (A.S.) yapılan vaatleri ve onunla yapılan anlaşmaları dile getirmektedirler. (Luka, 1/55, 73)
İbrahim (A.S.), Kur'an'da kendisinden "babanız İbrahim" şeklinde hitap edilerek yaşadıklarıyla ilgili detaylıca söz edilir. O (A.S.), "ulu'l azm" denilen büyük peygamberler arasındadır. Son peygamber Muhammed'in (S.A.V.) de büyük atasıdır. İbrahim (A.S.), genç yaşta kavminin dini anlayışının yanlışlığına dikkat çekerek onlara gerçeği akli yöntem kullanarak anlatmıştır. Bu, Kur'an'da En'âm suresi, 75-79. ayetlerde anlatılır. İbrahim'in (A.S.) yaşadığı en önemli olaylardan biri putları kırmasıdır. Bu olaydan sonra, devrin hükümdarı Nemrut tarafından ateşe atılmış; ancak Allah'ın koruması ile ateş yakmamıştır. Bu olay Enbiyâ suresi, 69. ayette anlatılmaktadır.

İbrahim (A.S.) putperest bir toplumda doğmuştu. Hatta babası; mesleği put yapmak olan, toplumun en önde gelen kişilerinden biriydi. Yani toplumsal baskının çok kuvvetli olduğu bir ortamda yaşamıştı. Ancak İbrahim (A.S.) böyle bir ortamda; yaşadığı toplumun karşısına geçip, hiç korkmadan inancından bahsedebilmiş ve yaşadığı topluma ait putları kastederek; "Nedir bu karşısında durup taptığınız heykeller?" diyebilmişti.[30]

Peki, İbrahim'e (A.S.) böyle davranma cesaretini veren şey neydi?

İbrahim (A.S.); tevhit anlayışını iç dünyasında oturtmuştu. O (A.S.); sahip olduğu bu anlayışla güçlenmiş ve bu güçle de yaşadığı topluma, yaptıklarının yanlış olduğunu söyleyebilmiş; babasını dahi hakka davet etmekten çekinmemişti. Çünkü babamız İbrahim'in (A.S.) iç dünyasındaki otorite çok netti. Kalbi ve aklı, inandığı değerler konusunda mutmaindi. Böyle bir tevhit anlayışına sahip olduğu için de toplumun önüne çıkıp inancını cesurca haykırabiliyordu. Eğer biz de zaman zaman iç dünyamızda yaşadığımız karmaşalardan, hevâ ve hevesimizin esiri olmaktan kurtulup, iç dünyamızda böyle bir güç istiyorsak; tevhide sarılmalıyız.

Denklem aslında çok basit: Allah'ın bizim için belirlediği kadere rıza gösterir ve tevhit anlayışını hayatımıza oturtursak, rahat ederiz. (Rıza için bkz.)[31] Allah'ın bizim için belirlediği kaderde yazılı olanlar; nimetler de yaşadığımız imtihanlar da sıkıntılar da; tıpkı bir okun hedefini on ikiden vurması gibi eninde sonunda bizi bulacaktır.

Kaderimiz; bizim için en optimum şekilde dizayn edilmiş. Bize düşen ise sadece; yaşadıklarımıza tevhit gözlüğü ile bakıp, Allah'a (C.C.) ve O'nun bizim için belirlediği kadere hüsnüzan ile rıza göstermektir. (Hüsnüzan için bkz.)[32]

---

30. Enbiyâ Suresi, 52
31. Rıza: Sözlükte, "hoşnut ve memnun olmak" anlamına gelir. Terim olarak da insan kalbinin, başa gelen olaylarla sarsılsa da yaşadıklarını iç hoşnutluğu ile karşılaması ve gönül mekanizmasının sakinlik içinde olması demektir.
32. Hüsnüzan: İslam ahlak kültüründe; bir kimsenin kesin bilgisi olmamakla birlikte başka birisi hakkında iyi kanaat beslemesine "hüsnüzan" denir.

İç dünyamızdaki en güçlü otorite; Allah (C.C.) olmalı. O'nun haricinde edindiğimiz otoritelerle ne yaşadığımız imtihanların etkilerinden kurtulabilir, ne de problemlerimizi çözüp rahat edebiliriz.

Tevhit, her şeyin anlamını, olaylara bakışımızı değiştiren pozitif ve muhteşem bir güçtür. Onunla gereksiz detaylarda boğulmaktan, karmaşadan ve bizi sıkan, bunaltan baskılardan kurtulur; özgürleşiriz. Çünkü, "Lâ ilâhe illallâh" hakikatine, tevhide konsantre olursak; her şeyi idare ve terbiye edenin, hayat verip yaşatanın ve zamanı gelince de öldürenin, aslında Allah (C.C.) olduğunu öğrenmiş oluruz. Kâinattaki muhteşem işleyişi sağlayanın, Allah (C.C.) olduğunu fark ederiz. Kısacası; hayata tevhit gözlüğü ile baktığımız için hem daha pozitif, hem de daha güçlü oluruz.

Burada, dikkat edilmesi gereken önemli bir noktaya da değinelim.

"Allah (C.C.), bizim için en optimum kaderi belirlemiştir." hakikatine iman edip, tevekkül etmek demek; "Stratejiler geliştirmeyelim, çalışmayalım, gayret etmeyelim." demek değildir. (Tevekkül için bkz.)[33] Burada anlatılan; gerekli stratejileri, yapılması gereken ve üzerimize düşen her şeyi yapmak ve tüm işlerimizi neticelendirenin de aslında Allah (C.C.) olduğunu kabul etmek demektir. Allah (C.C.), bizim Rab'bimizdir. Rab; "şefkatle, sevgiyle sahip çıkan" anlamına gelir. O; kuralları, hükümleri, incelediğimiz bu emirleri, kullarına zorluk çıkartmak için değil; bize olan sevgisi ve merhametinden dolayı gönderdi. Bu nedenledir ki Nisâ suresinin 28. ayetinde, hükümler anlatıldıktan sonra; "Allah, sizin yükünüzü hafifletmek ister." buyrulur.

Şöyle izah edelim:

Kur'an'da anlatılan bazı emirler için insanın aklına; "Ben bu emri yapabilir miyim? Bu disiplin, günümüzde uygulanabilir mi?" gibi sorular gelebilir. Ancak bu, yersiz bir endişedir. Çünkü Kur'an'daki her emir, konulan her

---

33. Tevekkül: "Birinin işini üstüne alma, birine güvence verme; birine işini havale etme, ona güvenme." anlamına gelir. Tevekkül; dinî ve tasavvufî bir terim olarak, "bir kimsenin kendini Allah'a teslim etmesi, rızkında ve işlerinde Allah'ı kefil bilip sadece O'na güvenmesi" şeklinde tanımlanmaktadır. (el-Müfredât, "vkl" md.; Lisânü'l-Arab, "vkl" md.; Tâcü'l-arûs, "vkl" md.; Gazâlî, IV, 259)

sınırlama; aslında bizim içindir. Allah (C.C.) yasakladığı bir şeyi, bizim yararımız için yasaklamıştır. Bir işi yapmayı farz kıldığında, bu yine bizim faydamız için farz kılınmıştır. Rab'bimiz, bu kuralları bizim ihtiyacımız olduğu için vahyetmiştir. (Farz, vahiy, vahyetmek için bkz.)[34]

Hiçbirimiz; Allah'tan daha merhametli, daha bilgili değiliz. Hiçbirimiz neyin iyi, neyin kötü olduğunu Allah'tan daha iyi analiz edemeyiz. Allah (C.C.) bir iş için kurallar koyduysa, o kurallar muhakkak bizim iyiliğimiz için konulmuştur. Bunu daha iyi anlayabilmek için, gözümüzün önüne; dünya şampiyonu olmak için çalışan bir sporcu ile hayatının neredeyse her aksiyonunu kontrol edip düzenleyen koçunu ve aralarındaki ilişkiyi getirebiliriz. Koçun her sabah; erken saatlerde sporcusunu kaldırıp, ondan integrity ile her gün çalışmasını istemesi, yapabilecekleri ve yapamayacakları konusunda ona sınırlar belirleyip, kurallar koyması; aslında o sporcunun iyiliği içindir. Bazen, bazı kurallar çok sertmiş gibi görünebilir ya da ilk bakışta, amaçları anlaşılmayabilir. Ancak, o kuralların sporcunun iyiliği ve başarısı için konulduğu kesindir.

İşte bu örnek perspektifinden baktığımızda da görürüz ki Allah'ın belirlediği bu kurallar da dünyada yaşama ihtimalimiz olan sıkıntıların önlenmesi, yaşandıysa çözülmesi ve üzerimizdeki negatif etkilerinin giderilmesi için; şefkatle belirlenmiştir. Ve tüm bunlar bize, şefkat abidesi olan bir rehber tarafından; yani Resulallah (S.A.V.) ile bildirmiştir. (Resulallah için bkz.)[35]

---

34. Farz: İslam dininde, "Allah'ın yapılmasını kesin olarak istediği ibadet ve davranışlar" demektir.
Vahiy: Sözlükte "hızlı bir şekilde ve gizlice söylemek, işaret etmek, ilham vermek" anlamlarına gelir. Terim olarak ise, "Allah'ın bir emri veya bir hükmü peygamberine gizli olarak bildirmesi" demektir.
Vahyetmek, Allah'a izafe edilen bir fiildir ve genellikle, Allah'ın; peygamberlere, Musa'nın (A.S.) annesinde olduğu gibi insanlara, meleklere, arılara, yer küresine veya göklere yönelik verdiği ilhamlardan bahsetmek için kullanılır.
35. Resulallah (S.A.V.): Allah'ın Peygamberi demektir. Son peygamber Muhammed (S.A.V.) için kullanılan bir kavramdır.

Toparlayalım.

Buraya kadar yapılan analizlerde görüldüğü üzere, tüm semavi dinlerde benzer öğretiler vardır. İsa'nın (A.S.), Musa'nın (A.S.) anlattığı hakikatler, Resulallah (S.A.V.) ile tamamlanmıştır. (Semavi dinler, İsa için bkz.)[36]

Resulallah (S.A.V.) bir hadisinde, bunu şöyle izah eder:

"Ben ve Ben'den önceki peygamberlerin söyledikleri en faziletli söz, 'Lâ ilâhe illallâhu vahdehu lâ şerîke leh lehü'l mülkü ve lehü'l hamdü ve hüve alâ külli şey'in kadîr. - Allah'tan başka ilah yoktur, O tektir, O'nun ortağı yoktur, mülk O'nundur, hamd O'na aittir. O, her şeye kadirdir.' sözüdür."[37]

Bu hadisle mealen; peygamberlerin hepsinin, 'Lâ ilâhe illallâhu vahdehu lâ şerîke leh.' hakikatini anlatmak için gönderildiği belirtilmiştir. Yani bütün semavi dinlerin temelinde tevhit vardır. Dolayısıyla bir insan ilk önce tevhide, Allah (C.C.) ile arasındaki bağa odaklanmalıdır. Bu bağ kurulduktan sonra, artık dinin diğer bütün detayları da anlam kazanır. Bu nedenledir ki İslam'ı anlamak isteyen bir kişinin, öğreneceği ilk hakikat, "Lâ ilâhe illallâh" olmalıdır. Önce Rab'bimiz tanınmalı, O'nun ne kadar Rahmân ve Rahîm olduğu anlaşılmalı, daha sonra diğer dini emirler araştırılıp öğrenilmeli. (Rahmân, Rahîm için bkz.)[38]

Unutmayın! Tevhit anlaşılmadan, dinin detaylarına girilmemeli. Çünkü tevhit, tüm dinlerin temelidir ve sağlam bir temel atılmadan yapılan bir

---

36. Semavi din: İlahi kaynaklardan geldiği kabul edilen dinler için kullanılan bir terimdir. İslamiyet, Hristiyanlık ve Yahudilik gibi dinler; semavi dinler olarak adlandırılır. Bu dinlerin hepsi, tek tanrıcılığa inanır ve kutsal metinleri, Allah'tan geldiği kabul edilen kitaplara dayanır.
İsa (A.S.): Kur'an'da, İsa ibn-i Meryem (Meryem'in oğlu İsa) ve Mesih şeklinde geçen, kendisine İncil'in verildiği peygamberdir. Aynı zamanda O, Allah'tan bir "kelime" olarak vasıflandırılır ve özellikle "kul" olduğu vurgulanır. Son peygamber Muhammed'in (S.A.V.) geleceğini müjdelediği bildirilir.
37. Muvatta, Kur'ân 32, (1, 214, 215); Tirmizî, Da'avât 133, (3579)
38. Rahmân: Allah'ın isimlerinden olan "Rahmân"; "Allah'ın sonsuz merhametiyle dünyaya bakan yönüyle lütuf ve ihsanda bulunması" demektir.
Rahîm: Allah'ın isimlerinden olan "Rahîm"; "Allah'ın ahirete bakan yönüyle, sonsuz şefkat ve merhametiyle lütuf ve ihsanda bulunması" demektir.

bina, ayakta kalamaz. Bu nedenle "Lâ ilâhe illallâh" hakikatine konsantre olmalıyız. Yeni Müslüman olmuş ya da İslam'ı hâlâ araştırma safhasında olan biriyseniz; burada bahsedilen disiplini uygulamanız çok önemlidir. Önce imani konular anlaşılmalı, daha sonra dinî kurallar üzerinde durulmalıdır. İmani konular iç dünyanızda tam oturmadan; kural ve kanunlara konsantre olur, İslam'ın esas öğretisi yerine; "Bu kural benim kültürümde uygulanabilir mi? Bu kıyafet benim kültürümde giyilebilir mi?" gibi detaylara odaklanmaya başlarsanız, yolculuğunuzu zorlaştırırsınız.

Bu ilk bölümünde; kural, kanun, ahlaki öğreti kavramlarını inceleyip; Kur'an'da anlatılan hakikatlerle Musa'ya (A.S.) bildirilen "On Emir" arasındaki benzerliği analiz etmeye başladık. Bir sonraki bölümde "anne-baba hakkı" konusu üzerinden "On Emir"i incelemeye devam edeceğiz.

2- Anne-Babaya İhsan Seviyesinde Muamele

İlk bölümde; "kural, kanun, ahlaki öğreti" kavramlarını inceleyip, "On Emir"in Kur'an'daki karşılığı olan İsrâ suresinin 22. ve 23. ayetlerini analiz etmeye başladık. Her şeyin, ancak Allah'a kulluk ile anlam kazanacağı üzerinde durup; kuralların, hükümlerin, ahlaki ve etik değerlerin işlevsel olabilmesi için insanların; "Allah'a kulluk" ve "Allah, beni her an görüyor." anlayışına sahip olmaları gerektiği konusu üzerinde durduk. (Kulluk için bkz.)[1] Ayrıca, insanların böyle bir anlayışa sahip olmadıkları toplumlarda neler yaşanabileceğini de (kuralların manipüle edilmesi, yasalardaki boşluklardan faydalanan kişilerin yanlış aksiyonlar alması ve kuralların, insanların menfaatlerine göre değiştirilmesi) örneklerle inceledik.

Bir insan, hayatına ancak Allah'a kulluk gözlüğü ile baktığı zaman; "Allah, beni her an görüyor. Gizli-açık, büyük-küçük, yaptığım her şey, kayıt altına alınıyor. Bir gün, bütün yaptıklarımdan hesaba çekileceğim. Hesap verilecek o gün geldiğinde; hiçbir bahane kabul edilmeyecek ve tüm gerçekler ortaya çıkacak. Ben, böyle dehşetli bir günde, kötü bir duruma düşmekten korkarım." anlayışında olur. Böyle bir anlayışa sahip olmak, kuralların; insanlar için bir anlam kazanmasını sağlar. Böyle olunca da nefsin hoşuna gidip gitmemesine, ortamda gözetleyici birinin olup olmamasına bakılmaksızın; uyulması gereken kurallara harfiyen uyulur.

Bu hâl; Allah (C.C.) katındaki çok önemli kıymet belirleyicilerden biri olan "ihlas"ı tarif ettiği için de çok önemlidir. İhlasın birçok tanımı vardır. Bunlardan biri; "kişinin yalnızken de, toplum içindeyken de hâlinin değişmemesi"dir. Yani ihlaslı bir kişi için yalnız olmakla, topluluk içinde bulunmak arasında herhangi bir fark yoktur. Çünkü ihlaslı insanın tek konsantrasyonu, "Allah beni her an görüyor." disiplini ile yaşamaktır ki; bu da zaten ihlasın tariflerinden biridir.

---

1. Kulluk: İnsanın Rab'bine yaklaşması için; O'na itaat ederek, O'nun emirlerini yerine getirmesidir.

İlk bölümde, "on emrin" ilk kuralını, yani "tevhit" anlayışını analiz etmiş ve İsrâ suresi 23. ayetin; "Ve kadâ rabbuke ellâ ta'budû illâ iyyâhu. - Rab'bin şöyle buyurdu: Allah'tan başkasına ibadet etmeyin." kısmını incelemiştik. (Tevhit için bkz.)[2] Bu bölümde ise, aynı ayetin; "Ve bil vâlideyni ıhsânâ, immâ yebluganne indekel kibere ehaduhumâ ev kilâ humâ fe lâ tekul lehumâ uffin ve lâ tenher humâ ve kul lehumâ kavlen kerîmâ. - Anneye ve babaya güzel muamele edin. Şayet, onlardan her ikisi veya birisi yaşlanmış olarak senin yanında bulunursa; sakın onlara hizmetten yüksünme, 'Öff!' bile deme, onları azarlama, onlara tatlı ve gönül alıcı sözler söyle." bölümünü analiz edeceğiz.

Öncelikle, ayetteki önemli bir ayrıntıya dikkatinizi çekmek istiyoruz. Allah (C.C.), aynı ayetin içinde; önce Allah'a kulluktan, hemen ardından da kişinin anne-babasına en güzel şekilde muamele etmesi gerektiğinden bahsediyor. Aslında, ayetin "Rab'bin şöyle buyurdu: 'Allah'tan başkasına kulluk etmeyin.'" bölümü, ayrı bir ayet olabilirdi. Fakat Allah (C.C.), bahsetmek istediği iki önemli disiplini, aynı ayetin içinde anlatarak bize çok önemli bir şifre veriyor.

Şöyle izah edelim:

Bütün ibadetlerin üstünde, Allah'a (C.C.) kulluk vardır. Kur'an'da; birçok ayette önce imandan, daha sonra da salih amel işlemekten; yani Allah'ın rızasını kazandıran ve Allah (C.C.) katında değerli olan fiilleri işlemenin gerekliliğinden bahsedilir. (İbadet, İman, Salih amel için bkz.)[3] Yani bir kişinin Müslüman olması için öncelikle; "Lâ ilâhe illallâh Muhammedu'r-Resulallah"a iman etmesi gerekir.

---

2. Tevhit: Sözlükte "bir şeyi bir ve tek kabul etmek" anlamına gelir. Terim olarak ise, "Allah'ın bir olması, O'nun eşi benzeri bulunmaması" demektir. İslamiyet'te ve diğer ilahi dinlerde, Allah'tan başka herhangi bir varlığı -ister yaşarken ister ölümünden sonra- yaratılmışlığın üstünde bir konuma yükseltmek veya ona bu seviyede bir saygı göstermek, tevhit ilkesini bozan davranışlar arasında sayılır. (Şûrâ, 13)
3. İbadet; kulluk vazifelerini İslamiyet'in bildirdiği şekilde yerine getirmek, Allah'ın emir ve yasaklarına uymak demektir.
İman: Kesin karar vererek kabul etmek, gönülden inanmak demektir.
Salih amel: İslam dininin yapılmasını emir veya tavsiye ettiği; iyi, doğru, faydalı ve sevap kazanmaya vesile olan davranışlardır.

Yapılması gereken diğer şeyler, bundan sonra gelir. Ancak Allah (C.C.) bu ayette; anne-babaya ihsan seviyesinde; yani en optimum ve olabilecek en güzel şekilde davranmayı, yapılabilecek tüm salih amellerden ayrı tutarak; Zatı'na kulluktan hemen sonra zikretmiştir.

Allah (C.C.), bize; bu ayette "Allah'a kulluk" konusunu anlatıp, sonraki ayette de anne-babaya nasıl davranmamız gerektiğinden bahsedilebilirdi. Ya da "Allah'a kulluk" konusunu anlattıktan sonra; namaz, oruç gibi ibadetlerden bahsedilebilirdi. Fakat öyle yapmadı. (Namaz, Oruç için bkz.)[4]

İşte, ayette Allah'a kulluktan hemen sonra, anne-babaya ihsan seviyesinde davranış sergileme konusundan bahsediliyor olması, bize bu meselenin ne kadar önemli olduğunu gösteriyor. Allah'a kulluk ile anne-babaya ihsan seviyesinde davranış sergileme; bir madalyonun iki yüzü gibidir ve kesinlikle ayrıştırılamazlar.

Bu konuya şöyle de bakabiliriz: Bir insan Allah'a (C.C.) yaklaşmak ve Allah'ın ondan razı olmasını istiyorsa; anne-babasına ihsan seviyesinde iyi davranmalıdır. Yani; anne-babamız ile pozitif bir ilişki kurmak ve bu ilişkiyi koruyarak, anne-babamızın memnuniyetini kazanmaya çalışmak ve onlara en güzel şekilde muamele etmek, bizim için basite alınacak konular değildir.

Gelin, bunun ne anlama geldiğini daha iyi anlayabilmek için; ayetin "Anneye ve babaya güzel muamele edin. Şayet, onlardan her ikisi veya birisi yaşlanmış olarak senin yanında bulunursa; sakın onlara hizmetten yüksünme, 'Öff!' bile deme, onları azarlama, onlara tatlı ve gönül alıcı sözler söyle." bölümünü cümle cümle analiz etmeye başlayalım.

---

4. Namaz: Günün belli vakitlerinde, kendine özel bir temizlenme ve uygulama şekliyle; Allah'a yapılan dua, ibadet demektir. Kur'an'da, Allah'ın gönderdiği bütün dinlerde namaz ibadetinin olduğu bildirilir.
Oruç: İslam'da, güneşin doğmasından önce başlayıp akşam güneş batımına kadar zamanda; yemek, içmek ve cinsel ilişkiden uzak durarak yapılan bir ibadettir. Kur'an'da, Allah'ın gönderdiği bütün dinlerde oruç ibadetinin olduğu bildirilir.

Ayetin bu bölümünde, dikkatimizi çeken ilk nokta; "ve bil vâlideyni ihsânâ" ifadesinde kullanılan "ihsânâ" kelimesidir. Bu kelime; "ihsan" kelimesinin karşılığıdır ve "kişinin, yapabileceği bir işi; kapasitesinin en üst seviyesini kullanarak yapması" anlamına gelir. Yani ihsan; kişiye özel, subjektif bir kavramdır.

Peki, ayetteki bu ifadeyi nasıl anlamalıyız?

Ayette; "Anneye-babaya haklarını verin, onlara güzel muamele edin." denilmiyor, "Ve bil vâlideyni ihsânâ. - Anne-babaya ihsan seviyesinde muamele edin." buyruluyor. Yani mealen bize; "Kapasitenizin en üst seviyesini kullanarak, yapabileceğinizin en iyisi ile onlara muamelede bulunun." deniliyor. Bu, önemli bir ayrımdır. Çünkü bir işi "en optimum ve yapılabilecek en güzel şekilde yapmak" ile "güzel bir şekilde yapmak" birbirinden farklıdır.

Buradaki farklılığı daha iyi anlayabilmek için; sahabelerden Selman (R.A.) ile Ebu'd-Derdâ (R.A.) arasında yaşananlardan ve bunlarla ilgili son peygamber Muhammed'in (S.A.V.) ne buyurduğundan bahsedebiliriz. (Sahabe, (R.A.), Peygamber için bkz.)[5]

---

5. Sahabe: Sözlükte "bir kişiyle birlikte bulunmak, onunla dost ve arkadaş olmak" anlamındaki sohbet kökünden türer. Sahabe ile birlikte kelimenin türevlerinden olan "ashap" ta sıkça kullanılır. İslam literatüründe sahabe; Resulallah'ın (S.A.V.) sohbetine katılanlar anlamında bir terimdir.
(R.A.): "Radiyallahu anhu/Radiyallahu anha", "Allah ondan razı olsun." anlamına gelir. Bu ifade, Resulallah'ın (S.A.V.) bir sahabesinin veya herhangi bir salih kişinin adı anıldığında, onu yüceltici bir ek olarak kullanılır.
Peygamber: Kur'an'da peygamberlik vazifesini ifade etmek için; "nebî, resûl ve mürsel" kelimeleri kullanılır. Nebi sözlükte, "haber veren; mertebesi yüksek olan açık seçik yol" anlamlarına gelir. Resul ve mürsel kelimeleri de "gönderilmiş kişi" anlamındadır. Gerek "nebi" gerek "resul" Kur'an'da "Allah'ın buyruklarını ve öğütlerini muhataplara bildirmek üzere seçtiği elçi" anlamında kullanılır. Adem'den (A.S.) itibaren, insanlara doğru yolu gösteren, Allah'ın mesajı ile insanları müjdeleyen ve uyaran nebiler gönderilmiştir. (Bakara, 213) Peygamberlerin ilki Adem (A.S.), sonuncusu ise Muhammed'dir (S.A.V.). İslam'da bütün peygamberler sadık, dürüst, Yaratana saygılı, yaratılmışlara şefkatli kimselerdir. Allah'tan vahiy almaları bakımından diğer insanlardan farklılık arzetmekte ve kendilerine mucizeler verilmekle birlikte, Allah yaratmadıkça mucize gösteremezler, Allah bildirmedikçe gaybı haber veremezler, insan olarak küçük hatalar (zelle) işleyebilirler;

Resulallah (S.A.V.), Selman (R.A.) ile Ebu'd-Derdâ'yı (R.A.) birbirleri ile özel olarak ilgilensinler ve birbirlerine destek olsunlar diye, manevi kardeş ilan etmişti. (Resulallah için bkz.)[6] Bu sebeple Selman (R.A.), Ebu'd-Derdâ'yı (R.A.) ara sıra ziyaret ederdi. Bir ziyareti esnasında, Ebu'd-Derdâ'nın hanımı Ümmü'd-Derdâ'yı (radiyallahü anhâ) oldukça eskimiş elbiseler içinde ve biraz da sıkıntılı bir hâlde gördü. Kadına; "Bu halin ne?" diye sordu. O da Selman'a (R.A.): "Kardeşin Ebu'd-Derdâ, dünya malı ve zevklerine önem vermez." diye cevap verdi.

Bu sırada, Ebu'd-Derdâ eve gelmişti. Karısı Ümmü'd-Derdâ'nın (radiyallahü anhâ) hazırladığı yemeği, misafiri Selman'a (R.A.) ikram edip: "Buyurun, yemeğinizi yiyin; ben oruçluyum." dedi.

---

ancak karar ve meyillerinde yanılmaları halinde ilahi uyarıyla karşılaşırlar ve hemen meyillerinden dönerler. (Âl-î İmrân, 144; Tevbe, 43; Yûsuf 24; Ra'd, 38; Zümer 30) Peygamberlerin en önemli özelliği; Allah'tan vahiy almaları ve insanları doğru yola davet etmeleridir. Onlar Allah tarafından seçilen, günah işlemekten korunmuş, tebliğ ettiği ilahi emirlere uymak ve örnek olmakla görevlendirilen özel, seçilmiş kişilerdir. Kur'an'da onlara karşı saygılı ve edepli davranmak gerektiği uyarısı yapılır. Yahudilik ve Hristiyanlıkta "peygamberlik" kavramı ise daha farklıdır. Yahudilikte peygamberlik inancı çok açık değildir. Krallar ve kahinlerin de peygamberliğe benzer dini konumları bulunur. Onlara tam olarak peygamber denmese bile bazen Eski Ahit'te Tanrı'nın vahyine muhatap oldukları görülür. Yahudilikte peygamberler Tanrı'nın vahyini İsrailoğulları'na tebliğ etmekle mükelleftirler. Bunun dışında, diğer insanlardan hiçbir farkları yoktur. Onlar da kötülük yapar ve günah işleyebilirler. Eski Ahit'te yasaklanmış olmasına rağmen, peygamberlerin pekâlâ günah işleyebildikleri ifade edilmiştir. (Tesniye, 22/22; Tesniye, 5/20; Çıkış, 21/12; Tesniye, 5/7-9) Ayrıca Eski Ahit'te Yahudi peygamberlerinin tanrı Yehova'ya itiraz ettikleri, risalet vazifesini kabulde çekimser davrandıkları, hatta Tanrı ile tartışıp onu sorguya çektikleri görülmektedir. Bu durum Tanrı'ya bir acziyet atfetmekte, O'nun gücünü sınırlandırmakta ve Tanrı'yı basite indirgemektedir. Hristiyanlığın peygamberlik anlayışı ise, Tanrı, ilahî vahyin kaynağı olarak takdim edilse de "İsa", peygamberliğin de ötesinde bir misyon kazanmış, Tanrı'nın kendisine hulul ettiği, yaşayan bir vahiy ve nihayet havarilerin onun adına peygamberlik yaptıkları "Rab" konumuna geçmiştir. Bu noktada ilahî dinlerin bilinen nübüvvet anlayışlarından bir sapma söz konusu olmaktadır. Yani peygamber, Tanrı kabul edilmiş, vaktiyle O'nun tebliğde bulunduğu havarileri de yine onun tarafından görevlendirilmek suretiyle peygamberlik yapmaya başlamışlardır. (Resullerin İşleri, 22/6-10) Özetle; İslam inancına göre bütün peygamberler masum elçilerdir. Onlar, Yahudi ve Hristiyanların isnatlarından bütünüyle uzaktırlar. Zira onlar güzel ahlak sahibi, seçkin ve örnek şahsiyetlerdir.

6. Resulallah (Allah'ın Elçisi): Sözlükte elçi, bir şeyin taşıyıcısı demektir. Allah Resulü, Allah'ın kelamını Kur'an, İncil vb. kutsal yazılar şeklinde aktarır.

Selman (R.A.) ise ona: "Sen yemedikçe ben de yemem." diye karşılık verdi. Bunun üzerine Ebu'd-Derdâ (R.A.) sofraya oturdu ve misafiri ile birlikte yemek yedi.[7]

Gece olunca, Ebu'd-Derdâ (R.A.) teheccüt namazı kılmak için hazırlandı. (Teheccüt namazı için bkz.)[8] Selman (R.A.) ona, "Uyu." dedi. Ebu'd-Derdâ (R.A.) uyudu, ancak bir müddet sonra tekrar kalktı. Selman (R.A.) ona yine: "Uyu." dedi ve kalkmasına izin vermedi. Gecenin sonlarına doğru, Selman (R.A.) Ebu'd-Derdâ'ya (R.A.): "Şimdi kalk." dedi ve her ikisi birlikte kalkıp sabah namazını kıldılar. Namazı kıldıktan sonra, Selman (R.A.) Ebu'd-Derdâ'ya (R.A.) şöyle dedi: "Senin üzerinde Rab'binin hakkı vardır, nefsinin hakkı vardır, ailenin hakkı vardır. Hak sahiplerinin her birine haklarını ver."

Sonra Ebu'd-Derdâ, Resulallah'a (S.A.V.) gidip olup biteni anlattı. Resulallah (S.A.V.) da "Selman doğru söylemiş." buyurarak yapılanları tasdik etti.[9]

Hadiste de anlatıldığı gibi; Allah'ın hakkıyla birlikte nefsimizin, bedenimizin, ailemizin de bizim üzerimizde hakları vardır ve her hak sahibine hakkını vermemiz gerekir. (Hadis için bkz.)[10] Fakat dikkat edin; İsrâ suresi 23. ayette Allah (C.C.), anne-babaya haklarını verin dememiş; onlara "ihsan" seviyesinde muamele etmeyi, şart koşmuştur.

Burada dikkat etmemiz gereken önemli bir nokta da şudur: "İhsan seviyesindeki davranış" subjektif, yani kişiye özeldir.

---

7. İslam'da; kişinin Ramazan orucu dışında, sadece kendi arzusuyla herhangi bir günde tuttuğu orucunu, misafirin yanında ona eşlik etmek için bozmasında dinen bir sakınca yoktur. Fakat daha sonra bu orucu tekrar tutması gerekir.
8. Teheccüt namazı: Yatsı namazı ile sabah namazı vakti arasında; bir süre uyuyup uyandıktan sonra kılınan, yapılması kesin ve bağlayıcı tarzda olmayan namazdır. Bu ibadet; kişiye özel vakitte ve Allah'ın manevi lütuflarının bol olduğu zaman diliminde yapıldığından en değerli kulluk ibadetleri arasında yer alır.
9. Buhârî, Savm 51, Edeb 86
10. Hadis: Son peygamber Muhammed'in (S.A.V.) sözlerini, fiillerini ve yapılmasını uygun gördüklerini ifade eden terimdir. Aynı zamanda hadisleri tespit, nakil ve anlamaya yönelik ilim dalına verilen isimdir.

Fakat, şu yanılgıya da düşülmemelidir: Burada, "Bu meselenin bir standardı yoktur. Yani biz peygamberlerin, âlimlerin anne-babalarıyla ilişkilerini örnek alamayız." denilmiyor. Aksine herkesin kendi kapasite ve şartlarına göre, yapabileceği en optimum seviyede; yani ihsan seviyesinde anne-babasına muamele etmesi gerektiği anlatılıyor.

Peki Allah (C.C.), ayette neden anne-babaya ihsan seviyesinde muamele şartı koşuyor?

Bunu da şöyle açıklayalım: Allah (C.C.), Kur'an'daki birçok ayette; yaratıcımız olduğunu ve bizi nasıl aşama aşama yarattığını anlatıyor. Ayrıca pek çok ayette; annelerimizin bizi dünyaya getirme sürecinden ve yaşadıkları zorluklardan bahsediliyor. Bilindiği gibi ana rahmindeki gelişim sürecimizde, ihtiyaç duyduklarımızı annemizin vücudundan alırız. Bu süreçte annemizin vücudu; ihtiyacımız olan oksijen, besin ve mineral gibi birçok maddeyi sağladığı gibi vücudumuzdaki atıkları da uzaklaştırmak için bize yardım eder. Yani bu süreçte; annemizin vücudu, bütün hayatı etkilenir. Hamilelik döneminde çekilen sıkıntılar ise, burada anlatılanların dışındadır. Bakın; bir anne doğum esnasında âdeta ölümle karşı karşıya kalıyor. Doğurduktan sonra da senelerce evladına sahip çıkıyor.

Annelerin, evlatlarına verdikleri emekleri bir düşünün! Bir bebeğin rahime tutunmasıyla; annenin yaşadığı sıkıntılar, acılar, ağrılar da artmaya başlıyor. Fakat bu sıkıntılar; onun evladına olan sevgisini, bağlılığını bırakın azaltmayı; âdeta arttırır. Bebek doğduğu andan itibaren; beslenmek, giyinmek, temizlenmek gibi tüm ihtiyaçlar da anneler tarafından giderilir. Bu süreçte anneler; gecelerce uykusuz kalır, birçok sıkıntıya katlanırlar. Üstelik onlar; tüm bu sıkıntılara beklentisizce, sadece bebeklerini sevdikleri için katlanırlar. Ve bu sevgi, bu koruyup kollama; bir ömür devam eder. Öyle ki evladı büyüse de anneler; "Evladım iyi mi? Gittiği yer güvenli mi? Okulundan memnun mu? İş ortamı nasıl?" gibi düşüncelerden kendilerini alamazlar.

Görüldüğü gibi annelerimiz olmasa; dünyaya gelip, gelişimimizi sağlamamız mümkün değildir. Yani Allah (C.C.); bizi dünyaya getirip bakması için, âdeta annelerimizi vazifelendirmiştir.

Konunun daha iyi anlaşılması için, şöyle bir detaydan daha bahsedelim:

“Rahîm” esması; Allah'ın isimlerinden biridir ve “rahme” kelime kökünden gelir. “Rahme” kelimesinde; merhamet eden, şefkat eden anlamıyla birlikte, “sahip çıkan” anlamı da vardır. Hatta, bu sahip çıkma öyle kuşatıcıdır ki; şefkatle ve her yönden sarıp sarmalayıcı şekildedir. Zira bu kelime kökü, aynı zamanda “ana rahmi” manasında kullanılan; bebeğin içinde oluştuğu ve doğuncaya kadar büyüyüp geliştiği ana karnındaki etten torba olan “rahim” kelimesi ile aynı kökten gelir. Bununla ilgili Allah (C.C.), bir kutsi hadiste: (Kutsi hadis için bkz.)[11]

“Ben Allah'ım ve merhametli olan Ben'im (Rahmân'ım). Rahmi yarattım ve ona Kendi ismimden verdim. Kim ona sahip çıkarsa, Ben ona sahip çıkacağım. Onunla ilişkiyi sürdürenle Ben de ilişkimi sürdürür, onunla ilişkiyi kesenle Ben de ilişkimi keserim.”[12] buyuruyor.

Allah (C.C.), annelerde bulunan “rahme” hitap ederek; “Ona ismimden verdim.” buyuruyor. Daha sonra da ona sahip çıkana, sahip çıkacağı; onunla ilişkisini sürdürenle, ilişkisini devam ettireceği; onunla ilişkisini kesenle de ilişkisini keseceği uyarısında bulunuyor. Bu kutsi hadis, Allah'ın anneye verdiği değeri anlama adına bize bir ölçü veriyor. Yani Allah (C.C.), “Rahîm” esmasının yansımaları ile annenin bebeğini büyüttüğü rahmi arasında bir bağ kuruyor. Bu bağı anlamak için hamile bir annenin, rahmindeki bebeği ile olan ilişkisini çok iyi anlamamız gerekir.

Allah (C.C.); hiçbir beklentisi olmadan, bilmediğimiz şekillerde, sürekli olarak kullarına sahip çıkar, onları korur, ihtiyaçları olan her türlü nimeti onlara verir. Allah'ın âdeta bu konuda vazifeli kıldığı anneler de ömürleri boyunca; beklentisizce evlatlarına sahip çıkar, korur ve ne yaparsa yapsın; onları sever.

---

11. Kutsi hadis: Kur'an'da geçen bir ayet olmadığı hâlde; Allah'ın vahiy, ilham, rüya gibi yollarla anlamını son peygamber Muhammed'e (S.A.V) bildirdiği, O'nun (S.A.V.) da bu iletiyi kendi ifade ve üslubu ile Allah'a nispet ederek rivayet ettiği sözlerdir. Buradaki “kutsi” kelimesi, sözün kaynağının Resulallah'a değil de Allah'a ait olduğunu göstermek için söylenmiştir.
12. Ebu Davud, Zekât, 45; İbn Hanbel, I, 195

Bu çok önemli bağı da şöyle izah edelim:

Allah (C.C.), "Latîf" esmasının gereği olarak; farkında olmadığımız, görmediğimiz bir şekilde bize sahip çıkar. Ancak, annelerimizin bizim için yaptıklarını görebiliriz. (Latîf, Esmâ için bkz.)[13]

Şöyle bakın! Anne-babasının fedakârlıklarını görüp de onlara "ihsan seviyesinde" iyi muamelede bulunmayan biri, Allah'a (C.C.) karşı nasıl ihsan şuuru ile kulluk edebilir? Annelerin hiçbir ücret beklemeden yaptıklarını; fedakârlıklarını, evlatlarına nasıl sahip çıktıklarını; babaların çeşitli zorluklara katlanıp nasıl gece gündüz çalıştıklarını düşünün! Anne-babanın tek isteği, evlatlarının iyi olmasıdır. Eğer insan; özellikle anne-babasının kendisine yaptığı iyilikleri, onların beklentisizce kendisine sahip çıkmasını ve nasıl sevdiğini görmezse; Allah'ın nimetlerini nasıl görebilir, hakiki manada O'na nasıl şükredebilir ki?

Resulallah (S.A.V.), bu konuyla ilgili bir hadisinde; "İnsanlara teşekkür etmeyen, Allah'a da şükretmez."[14] buyurmuştur. Bu, üzerinde düşünmemiz gereken önemli bir ölçüdür.

Anne ve babamıza karşı davranışlarımızın nasıl olması gerektiğini, Resulallah (S.A.V.) birçok hadisi ile bize izah etmiştir. Örneğin, sahabelerden biri bir gün Resulallah'a (S.A.V.) gelip: "Kendisine en iyi davranmam gereken kimdir? diye sorunca, Resulallah: "Annen!" buyurmuştur. Adam: "Ondan sonra kimdir?" diye sormuş, Resulallah (S.A.V.) da tekrar; "Annen!" buyurmuştur. Adam tekrar: "Ondan sonra kim gelir?" diye sorunca, Resulallah (S.A.V.) yine; "Annen!" demiştir. Adam tekrar: "Sonra kim gelir?" diye sorunca da Resulallah (S.A.V.) bu defa; "Baban!" cevabını vermiştir.[15]

---

13. Latîf: Allah'ın isimlerinden biridir ve "iyilik ve merhamet eden, varlıkların ihtiyacını en ince noktasına kadar bilip farkedilmez yollarla karşılayan, Zatı duyularla algılanamayan, en gizli ve ince hususları dahi bilen" anlamlarına gelir.
Esmâ: Kâinatın yaratıcısı Allah'ın özelliklerini ifade etmek için kullanılan özel isimlere denir. Kelimenin uzun hâli, Esmâ-i hüsna'dır.

14. Tirmizî, Birr, 35

15. Buhârî, Edeb 2; Müslim, Birr 1; İbni Mace, Vesaya 4; Ebu Davud, Edeb 120; Tirmizî, Birr 1

Başka bir rivayette ise Resulallah (S.A.V.) "Kendisine en iyi davranılması gereken kimdir?" sorusuna üç defa, "Annen!" cevabını vermiş, daha sonra; "Baban!", ondan sonra da; "Sana en yakın olan akraban." buyurmuştur.[16]

Buradaki ayrıntıya dikkat edin! Resulallah; üç defa anne, sonrasında da bir defa baba buyuruyor. Ancak bu, "Babamıza iyilik yapmayalım ya da annemize gösterdiğimiz kadar babamıza saygı göstermeyelim." demek de değildir. Öyle ki Resulallah (S.A.V.) başka bir hadisinde, "Hiçbir evlat, babasının hakkını ödeyemez. Şayet onu köle olarak bulur ve satın alıp azat ederse, babalık hakkını ödemiş olur." buyurmuştur.[17]

Buraya kadar yapılan analizlerde görüldüğü gibi; "Allah'tan başkasına kulluk etmeyin." uyarısından sonra gelen ilk emir, "anne-babaya ihsan seviyesinde iyi muamele etme" konusudur. Ancak, ayeti doğru anlamak lazım. Herkesin imtihanı aynı değildir. Bazı insanların, bu konuda yaşadığı dramatik imtihanlar olabilir. Mesela; anne-babası hayatta olmayanlar ya da anne-babası tarafından fiziksel veya psikolojik şiddete maruz kalanlar olabilir. Yani bu ayette bahsedilen "ihsan seviyesi" ile kastedilen; kişinin kendi kapasitesine, durumuna göre; yapabildiğinin en iyisini yapmasıdır. Kısacası, bu durum kişiden kişiye değişir ve bir genelleme yapılamaz. Bu da Allah'ın bize olan merhametinin bir göstergesidir.

Peygamberlerin, sahabelerin veya onları, kendisine rehber edinen kimselerin hayatlarında; anne-babaya nasıl davranılacağına dair ölçüler vardır. Fakat her insanın şartları kendine hastır ve herkes, kendi durumunu bu hakikate göre değerlendirilmelidir.

Peki, ölçümüz ne olmalı?

Hepimizin bir gün, ömür sermayesi tükenecek ve bu dünyada yaptıklarımızdan hesaba çekileceğiz. Ve o gün bize; "Anne-babana, nasıl muamele ettin? Onlar için, elinden gelenin en iyisini yaptın mı?" diye sorulacak. Bu soruya iyi bir şekilde cevap verebilmemiz için; anne-babamıza olan davranışlarımızın ihsan seviyesinde olması gereklidir. Ancak bu seviye, yukarıda

---

16. Müslim, Birr 2
17. Müslim, İtk 25; Ebu Davud, Edeb 120; Tirmizî, Birr 8; İbni Mace, Edeb 1

da arz edildiği gibi herkesin kendi kapasite ve şartlarına göre değişkenlik gösterebilir. Örneğin, bazı insanlar için yapabileceğinin en iyisi, fiziksel ve psikolojik olarak şiddet uygulayan anne-babaya karşı mesafeli olmak ve onlardan uzak durmaktır. Çünkü kişinin gördüğü bu muamele, sağlığının etkilenmesine ve hastalanmasına sebep olabilir. Bu nedenle de bu kişi için ihsan seviyesi, anne-babasına saygısızlık yapmadan, kötü sözler söylemeden ilişkiyi belli bir seviyede tutmak olabilir. Bazıları için ise ihsan seviyesi; anne-babasıyla birlikte yaşayıp, yaşlandıklarında onların ihtiyaçlarını gidermektir. Bazısı için de ihsan seviyesi, anne-babası ile aynı şehirde yaşamak olabilir.

Duygularımızı, iç dünyamızı, içimizde sakladıklarımızı, her şeyimizi bilen Allah (C.C.) o gün; "Anne ve babana, elinden gelenin en iyisini yaptın mı?" diye sorduğunda, cevabımız ne olacak? "Ben elimden gelenin en iyisini yaptım, bundan daha iyisini yapamazdım." diyebilecek miyiz? İşte, bütün mesele budur.

Ayrıca bu konuda, nefsin; kişiye yaptıklarını yeterli gösterip aksiyon aldırmak istememesine de dikkat etmek gerekir. Çünkü nefis; rahatına düşkündür, konfor alanından çıkmak, efor sarf etmek istemez. Bu nedenle de "Sen yapabileceğinin en iyisini yaptın." diyerek, yapabileceklerimize hep bir sınır koymak ister. Buna karşı uyanık olmalıyız. Unutmayın; ihsan seviyesinde bir son veya sınır yoktur, iyi ve güzel davranış; kapasite ve imkân ölçüsünde ne kadar yapılabiliyorsa, o kadar yapılmalıdır.

Anne-babaya iyi davranma ile ilgili başka bir hadis arz ederek, analizimize devam edelim.

Resulallah (S.A.V) şöyle anlatıyor: "Sizden önce yaşayanlardan üç kişi, bir yolculuğa çıktılar. Akşam olunca, uyumak için bir mağaraya girdiler. Fakat dağdan kopan bir kaya, mağaranın ağzını kapattı. Bunun üzerine birbirlerine: 'Bizi bu kayadan, yaptığınız iyilikleri vesile edinerek Allah'a dua etmekten başka hiçbir şey kurtaramaz.' dediler.

İçlerinden biri söze başlayarak: 'Allah'ım! Benim annemle babam çok yaşlıydılar. Onlar yemeklerini yemeden; çoluk çocuğuma ve hizmetçilerime bir şey yedirip içirmezdim. Bir gün hayvanlara yem bulmak üzere evden ayrıldım; onlar uyumadan önce de dönemedim. Eve gelir gelmez, hayvanları sağıp sütlerini annemle babama götürdüğümde; baktım ki ikisi de uyumuş. Onları uyandırmak istemediğim gibi onlardan önce ev halkının ve hizmetkârların bir şey yiyip içmesini de uygun görmedim. Süt kabı elimde, şafak vaktine kadar uyanmalarını bekledim. Çocuklar etrafımda açlıktan sızlanıp duruyorlardı. Nihayet uyanıp sütlerini içtiler. Rab'bim! Şayet ben bunu Sen'in rızanı kazanmak için yapmışsam, şu kaya sıkıntısını başımızdan al! diye yalvardı ve kaya aralandı."[18] (Rıza için bkz.)[19]

Bakın, sadece Allah'ın razı etmek için yapılmış bir ameli vesile ederek Allah'a (C.C.) dua edildiğinde; imkânsız gibi görünen istekler bile gerçekleşebiliyor. Görüldüğü üzere Allah'ın rızası, anne-babanın rızasından geçiyor.

Peki bizler, "Acaba ben, yapabildiğimin en iyi şekliyle anne-babama muamele ediyor muyum?" sorusuna hangi cevabı veriyoruz?

Her insanın, Allah (C.C.) ile kendine özel bir bağı vardır. Bir insanın Allah (C.C.) ile olan bağı ne kadar kuvvetlenirse; anne-babasıyla olan ilişkisi de o kadar düzelmeli, ihsan seviyesinde yapılan iyilikleri de o kadar artmalıdır. Bu, bizim için önemli bir ölçüdür.

Bazılarımızın aklına, "Ama anne-babam bana şöyle davrandı, şunları yaptı." gibi düşünceler geliyor olabilir. Ancak, anne-babamızla olan ilişkimizde; "Onlar da şöyle yaptı. Onların da yanlışları var." diyerek; kendimizi haklı görüp, onlara saygısızlık yapamaz, kötü davranamayız. Buradaki ayrıma dikkat etmeliyiz. Tabii ki bu, "Psikolojik olarak kendimizi, bir çıkmazın içine sokalım." anlamına da gelmiyor. İnsan, kendi yaşadıklarına ve içinde bulunduğu duruma göre bazı ayrıştırmalar yapabilir.

Bazen, bazı anne-babalar; evlatlarına, inandıkları değerleri yaşamaları noktasında engeller çıkarıyor, baskı kuruyor olabilir. Mesela; evlatlarını manipüle ediyor ve Müslüman olmalarını engelliyor olabilirler.

---

18. Buhârî, Büyü, 98; Müslim, Zikir, 100
19. Rıza: Sözlükte "hoşnut olmak, razı olmak" anlamına gelir. Terminolojik olarak da insan kalbinin, yaşanan olaylar karşısında sarsılsa da yaşadıklarını içsel bir tatminle karşılaması ve kalp mekanizmasının sakin kalması anlamına gelir.

Böyle durumlarda dahi; anne-babaya en güzel tavırla muamele etmek, yapılabilecek en iyi davranışı göstermek lazım. Ancak, Allah'ın emirleri ve dinin sınırları bellidir ve muhafaza edilmelidir. Hiçbir anne-babanın, "Biz, senin anne-babanız. Biz ne dersek, yapmak zorundasın. Senin Müslüman olmanı istemiyoruz!" gibi emirlerde bulunma yetkisi yoktur.

Allah'ın emirleri, her şeyin önündedir. Fakat İslam, bize bu şekilde davranan anne-babamıza dahi; kötü davranmamayı ve yapılabilecek en iyi şekilde muamelede bulunmayı emreder. Bu disiplin, Ankebût suresi 8. ayette çok güzel açıklanır: "Biz insana, yapacağı en hayırlı iş olarak, annesine ve babasına iyi davranmasını bildirdik. Ama bununla beraber; onlar senden, hakkında bilgin olmayan bir şeyi, Bana şirk koşmanı isterlerse; itaat etme! Hepinizin dönüşü Bana'dır ve Ben de yapageldiğiniz şeyleri bir bir bildirip karşılığını vereceğim."

Burada sergileyeceğimiz tutum, iç dünyamızla bağlantılı ve Allah'la bizim aramızdadır. Allah (C.C.) iç dünyamızda olanları, nasıl davranışlar sergilediğimizi biliyor ve hepimiz, bu konuyla alakalı hesap vereceğiz. Bakın Allah (C.C.), iki ayet sonrasında bunu şöyle anlatıyor:

İsrâ 25- "Rab'biniz ruhlarınızdaki duyguları pek iyi bilir. Eğer siz iyi kimseler iseniz şunu bilin ki; Allah kötülüklerden, (özellikle anne ve babasına yaptığı kötü muamelelerden) tövbe edenlere karşı, günahları çok affedicidir."

Bu ölçü, çok önemlidir. Biz; "Ben, en optimum iyiliği yaptım, bunun daha ötesi yok!" diyemeyiz. Bu konuda nefsimizi dinleyemeyiz. Çünkü Allah'ın belirlediği sınırlar bellidir. Her zaman, yapılanın daha iyisi vardır. Necm suresi 32. ayette Allah; "Nefsinizi temize çıkarmayın. Övünüp durmayın, çünkü kimin Allah'ı daha çok sayıp O'na karşı gelmekten sakındığını; O pek iyi bilmektedir." buyuruyor.

Nefis; daima kendini haklı görür ve konfor alanını bozmamak için, kişinin yaptıklarını yeterli görmesine neden olur. Oysa "ihsan seviyesi" herkese özeldir ve herhangi bir sınırı yoktur.

Ayette anlatılan disiplinleri incelemeye devam edelim.

Ayet, "Şayet onlardan her ikisi veya birisi yaşlanmış olarak senin yanında bulunursa" diye devam ediyor. Bu, şu anlama gelir: Anne-babalar yaşlandıklarında duygusallaşabilir, bazen daha dikkatsiz davranabilir; takıntıları oluşabilir, aynı şeyleri sürekli tekrar edebilir ya da unutabilirler. Nasıl ki gelişim döneminde çocukların enerjisi yüksek olur, kolayca sinirlenebilirler; aynen bunun gibi, insan yaşlanınca da duygusal zayıflama yaşayabilir ya da sağlık sorunları oluşabilir ve bakıma muhtaç hâle gelebilir.

İşte ayette mealen, "Bu duruma geldiklerinde anne ve babana ihsan seviyesinde sahip çık." deniliyor. Hatta Allah (C.C.), bunun için bir ölçü getirerek; "Onlara 'Öff!' bile deme." buyuruyor. Ayette bu anlam, "uffin" kelimesi ile tarif ediliyor. "Ufff" kelimesi Arapçada, "bıkkınlık, sıkıntı, acı" gibi duyguları ifade eder ve "Canıma tak etti. Yeter artık!" hissiyatı için kullanılır. Her kültürde buna benzer bir kullanım olduğu söylenebilir. Fakat bu hissiyat, sadece bu kelime ile değil; vücut diliyle de gösterilebilir. Örneğin kişi, anne-babasına karşı yüz çevirir, bakışlarını kaydırır, yüzünü buruşturur, başını sağa sola sallar, nefesini güçlü bir şekilde alıp verir, "Hı hı, evet evet, tamam sen haklısın!" gibi konuşmayı sonlandıran kelimeler kullanıyor olabilir. Bu reaksiyonların hepsi, "uffin" kapsamındadır.

Ayette mealen; "Anne-babana; 'Öff! Bıktım artık! Yeter yaa!' diyemez, gerek kelimeler ile gerekse de vücut dilinle böyle reaksiyonlar veremezsin!" denilerek; bu hissiyattan uzak durulması gerektiği anlatılıyor. Yani Allah'a (C.C.) iman edip, emirlerini kabul ettiysek; anne-babamıza en güzel şekilde muamele edeceğiz. Onlara; "Öfff!" bile diyemez, surat asamaz, bağırıp çağırarak onları suçlayamayız. Çünkü ayete göre; anne-babaya yapılan saygısızlık; Allah'a (C.C.) yapılan saygısızlık demektir. Bu, basite alınacak bir konu değildir.

Tabii burada bahsedilenler, genel hükümler. Örneğin; evladı Müslüman oldu diye ona eziyet eden, dininin şartlarına uygun bir şekilde yaşamasına izin vermeyen ya da eve sarhoş gelip eşine, çocuklarına şiddet uygulayan; kazandığı parayı, ailesinin ihtiyacını gidermek yerine, kumarda harcayan anne-babalar var. Ve ne yazık ki bu örnekler artırılabilir. Dolayısıyla, bu disiplinler insanlara anlatılırken; kişinin durumu, yaşadığı sıkıntılar göz önünde bulundurulmalıdır.

Devam edelim.

Ayette, "Ve lâ tenher humâ. - Onları azarlama." ifadesiyle mealen; "Enerjini yükseltme, onlara bağırma, onları tehdit etme, üzerlerinde baskı kurup istediğini yaptırmak için onları manipüle etme." deniliyor. Ve ayet şöyle devam ediyor: "Ve kul lehumâ kavlen kerîmâ. - Onlara tatlı ve gönül alıcı sözler söyle."

Ayette geçen "kerîmâ" kelimesi, "kereme" kökünden türemiştir; "cömertlik, saygı, onur, şeref, izzet" anlamlarına gelir ve "çok güzel durumlar" için kullanılır. Yani ayette "kerîm" kelimesi kullanılarak mealen, "Anne-babanla kerim bir şekilde iletişimde ol. Onlara saygılı davran, kendilerini kıymetli hissettir." deniliyor. İletişim kurarken, sana baktıklarında; "Evladım, iyi ki varsın. Seninle gurur duyuyorum. Sen varsın diye, kendimi çok kıymetli hissediyorum." demeliler.

Anne-babamıza hitap ederken; saygılı, ölçülü olmalı, kelimelerimizi doğru seçmeli, sesimizin tonunu iyi belirlemeli; bakışlarımızı ve vücut dilimizi doğru şekilde ayarlamalıyız. Allah (C.C.), ayette bize böyle davranmamızı emrediyor.

Ayette; "Allah'tan başkasına kulluk etmeyin." emrinden sonra, evlatlar olarak anne-babamızla ilgili ne yapmamız gerektiği de madde madde sayılıyor. Eğer Allah'a (C.C.) yaklaşmak, O'nunla aramızı düzeltmek, kendimize özel bir bağ kurmak istiyorsak; bu şartları yerine getirmek zorundayız.

Toparlayalım.

Allah (C.C.) bize; O'nunla ilişkimizin öneminden bahsettikten sonra, anne-babalarımızla olan ilişkimizin de nasıl olması gerektiğinin ölçülerini bildirmiştir. Anne-babamızla olan ilişkimiz, hayattaki en kıymetli ilişkilerdendir. Bu nedenle de şeytanın bizimle en fazla uğraştığı alanlardan biridir. Aile ilişkilerinin zayıfladığı ve bundan dolayı da insanlığın çok bunaldığı bir dönemde yaşıyoruz. Bazı toplumlarda, belli bir yaşa geldiklerinde, evlatlar "Ben artık yetişkin, bağımsız bir bireyim. Kendi ayaklarım üzerinde durabilirim." düşüncesiyle ailelerinden ayrılıp, ayrı evde oturmaya başlıyor. Bundan dolayı da zamanla aile bağları kopabiliyor.

Allah (C.C.); Zatı'na kul olduktan sonra, ilk olarak anne-babaya karşı ihsan seviyesinde muamele etmemizi emrediyor. Yani onlara "Öfff!" bile diyemez ve onları azarlayamayız. Anne-babamıza, olabilecek en optimum ve güzel şekilde muamele etmek zorundayız.

Bir insanın Allah'a (C.C.) yaklaşmasının en kestirme yollarından biri, anne-babasıyla kuracağı sağlam ilişkisidir. Allah (C.C.) ile aranızı düzeltmek mi istiyorsunuz? Öyleyse anne-babanıza iyi davranın. Hayatta başarılı olmak mı istiyorsunuz? Anne-babanıza iyi davranın. Derslerinizde başarı mı istiyorsunuz? Anne-babanızın gönlünü hoş tutun. Kısacası, onlarla ilişkinizde olabilecek en güzel şekilde, yani ihsan seviyesinde hareket edin.

Resulallah (S.A.V.) bir hadisinde, "Cennet, anaların ayakları altındadır." buyuruyor.[20] (Cennet için bkz.)[21] Başka bir hadisinde de "Allah'ın rızası, babanın rızasından geçer. Allah'ın memnuniyetsizliği de babanın memnuniyetsizliğinden geçer."[22] diyor.

Allah'ın rızasını, cenneti kazanmak istiyorsak, bir evlat olarak; anne-babamızla ilişkilerimizi yeniden gözden geçirmeli ve Allah'ın belirlediği seviye ve sınırlara göre aksiyon almaya gayret etmeliyiz.

"Lâ ilâhe illallâh Muhammedu'r-Resûlallah" hakikatine imandan sonraki emrin, "anne-babaya ihsan seviyesinde muamele etmek" olduğunu asla unutmamalıyız. Anne-babamızla güzel geçinip, gönüllerini hoş tutmalı ve onlara, kendilerini kıymetli hissettirmeliyiz. Ayette anlatılan şifreleri uygulayıp, anne-babasının duasını alan bir evladın bu dünyada da ahirette de başarısız olma ihtimali yoktur.

Burada, şu önemli ayrıntıdan da bahsedelim.

Evet, anne-babalarımız bizim için çok kıymetli ve Allah (C.C.), İsrâ suresi 23. ayet ile anne-babalara çok ciddi yetkiler vermiş. Fakat bu durum; anne-

---

20. Nesâi, Cihad, 6
21. Cennet: Dinî inanış olarak, müminlerin ölümden veya kıyametin kopmasından sonra sonsuz mutluluk içinde yaşayacakları mükafat diyarıdır.
22. Tirmizî, Birr 3

babalara, bu ayeti kendi çıkarları için kullanıp, evlatları üzerinde baskı kurma yetkisini de vermez. Bu, dikkat edilmesi ve akıllardan çıkarılmaması gereken önemli bir ayrımdır.

Anne-baba olarak, evlatlarımızın ciddi yanlışlar yapmalarından, günah işlemelerinden, Allah'tan uzaklaşmalarından korkuyorsak; onlarla olan ilişkimizde dengeyi sağlamalı, evladımızın karakterine uygun hareket etmeliyiz. (Günah için bkz.)[23]

Özellikle ergenlik döneminde, bazı çocukların enerjileri yüksek olabilir. Dolayısıyla da yanlış kararlar alıp, doğru hareket edemeyebilirler. Böyle bir durum karşısında çok dikkatli ve şefkatli olmalıyız.

Allah (C.C.) ile sağlam, kuvvetli bir bağının; güzel bir ilişkisinin olmasını istiyorsak, evladımıza karşı şefkatli davranmalıyız. Evlatlarımız için dua etmeli, onlar için Allah'tan af dilemeliyiz.

Allah (C.C.), anne-babalara çok güçlü yetkiler vermiş ve Zatı'na kulluktan sonra, kullarına; anne-babalarına saygıyı emretmiştir. Anne-baba olarak; bize verilen bu yetkiyi, evlatlarımızı Allah'a (C.C.) yaklaştırmak için kullanalım.

Unutmayın! Bir anne-babanın, evladına yapabileceği en güzel ve etkili dualardan biri şudur: "Allah'ım ben ondan razıyım, Sen de razı ol." Bu, kabul edilme ihtimali çok yüksek bir duadır. Allah (C.C.), bu duayı kabul ettiğinde hem evladımızdan razı olur hem de onu, bizim razı olacağımız biri hâline getiriverir.

İslam komplike değil, yaşanabilir bir dindir. Allah'ın emirleri açık ve nettir. Bu emirlere uyarsak, hem dünyada hem de ahirette başarılı oluruz.

İslam'la ilgilenen ya da yeni Müslüman olmuş biriyseniz; İslam'ın temel disiplinleri hakkında bilginizi arttırırken, aynı anda anne-babalarınızla ilişkinizi düzeltmeye çalışın. Çünkü İslam dini, öğrenilen ilmin hemen pratiğe

23. Günah: Allah'ın koyduğu ilahi kanunlara karşı yapılan bilinçli ihmalkarlık veya inkâr demektir.

geçilmesini tavsiye eder. İslam dini; insan ilişkilerini çok önemser, özellikle de anne-baba ve evlat arasındaki ilişkiye çok kıymet verir. Allah'ı (C.C.) bilen ve size ihsan seviyesinde davranan bir evlada sahip olduğunuzu hayal etsenize! İşte, İslam size bunu veriyor.

İslam'ı komplike edip zorlaştırmayalım. Anne-babamızın kıymetini bilelim. Onlarla olan ilişkimizi her gün geliştirmeye, ihsan seviyesine taşımaya çalışalım. Bunun yollarını arayalım. Güzel bir söz söyleyerek, onlara kendilerini kıymetli hissettirecek davranışlarda bulunarak aksiyon almaya başlayabiliriz. Anne-babalar, evlatları söz konusu olduğunda, kolay razı olur, meseleyi çok komplike etmezler. Onların gözünün içine bakıp, yaptığımız bir hatadan dolayı özür dilediğimizde; hemen yumuşayıverirler. Bu fırsatları iyi değerlendirelim. Onların rızasını kazanmak, bizi Allah'a (C.C.) yaklaştıracak en kestirme yollardan biridir. Bu hakikati hiç unutmayalım.

Bu bölümde İsrâ suresi 23. ayeti analiz ederek, anne-babaya ihsan seviyesinde muamele etmenin ne demek olduğunu anlamaya çalıştık. Sizden bir sonraki bölümü okumadan önce; burada anlatılan perspektif üzerinden anne-babalarınız ve evlatlarınızla olan ilişkinizi gözden geçirip, kendinizi muhasebe etmenizi istiyoruz. İsterseniz bu konudaki düşüncelerinizle ilgili kısa notlar alabilirsiniz.

Bir sonraki bölümde, anne-baba-evlat ilişkisini analiz etmeye devam edecek ve bu ilişkideki; "koruyuculuk ve mütevazılık" ölçüleri üzerinde duracağız.

3- Anne-Baba ile Olan İlişkilerde "Koruyuculuk ve Mütevazılık" Ölçüsü

Önceki bölümde; İsrâ suresi 23. ayetin "Allah'tan başkasına ibadet etmeyin." bölümünü inceledik. Daha sonra, aynı ayetin ikinci bölümündeki, anne-babaya ihsan seviyesinde davranmamız gerektiği konusu üzerinde durduk. "Allah'a kulluk" ile "anne-babaya ihsan seviyesinde davranma" konularının, tıpkı bir madalyonun iki yüzü gibi, ayrılmaz olduğundan ve bu sebeple de bize, aynı ayetin içinde art arda anlatıldıklarından bahsettik. (Kulluk için bkz.)[1]

Bu bölümde ise; aynı konunun devamı niteliğinde olan, İsrâ suresi 24. ayeti inceleyeceğiz. Öncelikle ayeti analiz edecek, daha sonra da orada anlatılan disiplinleri hayatımıza nasıl uygulayabileceğimizin üzerinde duracağız.

Ayetimizi okuyarak analizimize başlayalım:

İsrâ 24- "Vahfid lehumâ cenâhaz zulli miner rahmeti ve kul rabbirhamhumâ kemâ rabbeyânî sagîrâ."

"Şefkatle, tevazu ile onlara kol-kanat ger ve şöyle dua et: 'Ya Rab'bi, onlar küçüklüğümde nasıl beni ihtimamla yetiştirdilerse; ona mükâfat olarak, Sen de onlara merhamet buyur!'"

Ayetteki, "Vahfid lehumâ cenâhaz zulli miner rahmeti." ifadesinin tam tercümesi aslında; "Şefkat ve tevazu kanatlarını, her ikisinin önüne indir." şeklindedir.

Bunun ne anlama geldiğini biraz açalım:

Birçok dilde olduğu gibi Arapçada da konuşma ve yazı dilinde "figure of speech" denilen "mecaz kullanımı" çok yaygın ve etkilidir. Araplar, Kur'an

---

1. Kulluk: İnsanın Rab'bine yaklaşması için; O'na itaat ederek, O'nun emirlerini yerine getirmesidir.

nüzul olmadan önce de özellikle şiirlerde mecazları ustaca kullanırlardı. Kur'an'da da mecazi söylemler kullanılmış, hatta o dönemde; Arapların kullanmış olduğu mecazi söylemlere, yeni anlamlar yüklenmiştir. İsrâ suresi 24. ayet de Kur'an'daki bu kullanıma verilebilecek güzel bir örnektir.

Ayette geçen "Vahfıd lehumâ cenâha. - Onlara kanadını indir." ifadesinin günlük hayattaki mecazi kullanımı, "Hafada lehu cenâha." şeklindedir. Arapların, kuşların hareketlerinden esinlenerek oluşturdukları bu mecazi kalıp; "Kanadını indirdi ve kanadını kaldırdı." şeklinde iki farklı anlama gelir. Bu cümle kalıbı, "tevazu ve koruyuculuk" anlamlarını içinde barındıran özel bir kalıptır.

Peki, Allah (C.C.) bu ifadeyi kullanarak bize ne anlatmak istiyor?

Bunu anlayabilmek için öncelikle, bahsedilen mecaz kalıbın anlamlarından biraz bahsetmemiz gerekiyor. Ayetteki bu mecaz kalıbın iki önemli anlamı vardır:

Bu anlamların ilki; "kanatları aşağı indirme"dir. Bunu şöyle düşünebiliriz: Bir kuş, tehlike hissettiğinde; yavrularını ve yuvasını korumak için, hemen kanatlarını aşağı indirir ve yuvasının üzerini örter. Bu davranışındaki amacı, mütevazıca bir koruma alanı oluşturmaktır. Çünkü, bu sayede yavrularını yılan, kartal gibi hayvanların saldırılardan korumuş olur. Ayrıca, uçmayı bırakıp bir yere konacak olan kuşların da kanatlarını aşağı indirdikleri gözlenmektedir.

Mecazi kalıbın kullanıldığı ikinci anlam ise, "kanatları yukarı kaldırma"dır. Kuşların kanatlarını kaldırması; uçuşa geçeceklerini ya da bir saldırıya hazırlandıklarını gösterir. Kartal, horoz, tavuk gibi birçok hayvanın, bir saldırı anında; kanatlarını kaldırdığına ve kabarttığına şahit olmuşsunuzdur. İşte bu mecazla, tam da bu hâl anlatılmaktadır.

Araplar, kuşların bu gibi hareketlerini gözlemlemiş ve sonuç olarak bu mecazi kullanımları oluşturmuşlardır.

Gelin, "Hafada lehu cenâha." ifadesinin mecazi bir şekilde, "mütevazı ve koruyucu olmak" anlamlarındaki kullanımını; bir metafor üzerinden anlamaya çalışalım.

Kanatları olan bir insan hayal edin! Bu kişi; sahip olduğu kanatlar sebebiyle, sizinle aynı konumdayken bile, uçarak çok yukarılara çıkabilir. Hatta yukarıdan bakıp; "Sen aşağıda kaldın, ben ise zirvedeyim." diyerek sizi küçümseyebilir. Çünkü çıktığı o konumda, bunu yapabilecek potansiyele ve güce sahip. Fakat bu kişi, böyle davranmak yerine; kanatları ve imkânı olmasına rağmen, sanki uçmayı bilmiyormuş gibi kanatlarını tevazu ile aşağı indirip, aslında güç ve kapasiteye sahipken; sizi aşağılamıyor, üzerinizde baskı kurmuyor ve size zulmetmiyor da olabilir. Hatta, yaptığınız çok büyük bir yanlış sebebiyle, size sert davranmakta, tepkisini göstermekte, haklı olduğu bir durumda bile; bunu yapmak yerine, mütevazı bir şekilde kanatlarını indirip hâl diliyle, "Sana burada haklı olduğumu ispatlamak yerine, şefkatle davranmayı tercih ediyorum." mesajını verebilir.

İşte bu örnekteki gibi, "kanatlarını aşağı indirme" tabiri Arapçada; "muhatabına haddini bildirebilecek güç ve haklılığa sahipken; kişinin ona karşı şefkati tercih etmesi" anlamında kullanılıyor. Ve Kur'an'da kullanılan, "Vahfıd lehumâ cenâha." ifadesiyle de tam bu anlam kastediliyor.

"Kanatlarını aşağı indirme" tabirinin diğer bir anlamını da şöyle açıklayabiliriz:

Kuşların; bir tehlike hissettiklerinde hemen kanatlarını indirdiklerini ve yuvalarını, yavrularını korumaya geçtiklerini söylemiştik. Bu durumdaki bir kuş, sergilediği bu davranışı ile aslında bütün sorumluluğu üzerine alır. Öyle ki onun bu atağı, ölümüne bile sebep olabilir. Ancak o, bunu önemsemez. Çünkü ancak, bu şekilde davrandığında yavrularını koruyabilecektir. Yani buradaki "kanatlarını aşağı indirme" davranışında "kendi hayatından vazgeçme" gibi çok büyük bir fedakârlık vardır.

Verilen örneklere dikkatlice baktığımızda; "kanatlarını indirme" ifadesinde, hem "koruyuculuk" hem de "tevazu" anlamlarının olduğunu görüyoruz. Bu, üzerinde durmamız gereken önemli bir noktadır.

Şöyle düşünün: Güçsüz, imkânı olmayan, hakkını savunamayan birinin hâli; "tevazu" gibi görünebilir. Fakat bir insanın güçlüyken, hakkını alabilecekken veya muhatabına haddini bildirebilecekken; böyle davranmayıp tevazu göstermesi, takdir edilmesi gereken bir harekettir. Çünkü burada gösterilen tevazu, bilinçlidir. Ayrıca bu davranış biçimi, Kur'an'da övülen bir hâldir. Diğerinde ise kişi; gücü ve imkânı olmadığı için mütevazı görünür. Ancak güçlüyken, imkânın varken tevazu göstermek, haklı olduğu hâlde hakkından vazgeçmek; otokontrol isteyen bir meseledir. Ayette anlatılmak istenen de tam budur.

Arapların günlük hayatta gerek aile içinde gerekse de insanlarla ilişkilerinde çok sık kullandığı "kanatları indirmek" tabirini; Allah (C.C.) Kur'an'da, evlatların anne-babayla nasıl bir ilişki kurması gerektiğini anlatmak için kullanıyor. Ayrıca ayette, "Vahfıd lehumâ cenâha. - Tevazu kanatlarını indir." ifadesine ek olarak, "zulli" kelimesi de ilave ediliyor.

Neden?

"Vahfıd lehumâ cenâha." ifadesi zaten, "Tevazu kanatlarını indir." anlamına gelir. Ancak bu ifadeye "zulli" kelimesi eklendiğinde, anlam daha da zenginleşir.

Şöyle izah edelim:

Arapçada "zulli" kelimesi, "zelele" kelime kökünden türetilir ve "güçsüz olmak, imkânlarının olmaması" anlamlarına gelir. Ayette bu kelime kullanılarak mealen; "Anne-babana, sadece tevazu ile değil; aynı zamanda 'hiçbir güç ve otoritenin olmadığı bir tevazu' şekliyle davran. Yani onların karşısında; kanatlarını öyle bir indir ki, sana ne yanlış yapmış olurlarsa olsunlar, o an güçlü olsan; haksızlıklarını, yanlışlarını kabul ettirecek imkânın bile olsa; anne-babana karşı mütevazı ol ve onları koru. Anne-baban üzerinde; 'Benim gücüm var.' baskısı kurma ve onlara karşı; sanki gücün yokmuş gibi mütevazı ol." deniliyor.

Peki ayette, neden bundan bahsediliyor?

Bir önceki bölümde arz edildiği gibi anne-babaların davranışları, yaşlandıklarında değişebilir. Hastalıklarından dolayı sinir sistemleri etkilenebilir. Bu nedenle de daha hassas, daha kırılgan olabilirler veya bazı takıntıları oluşabilir. Hep geçmişle kıyas yaptıklarından; düşünceleri, günümüz toplum ve anlayışına ayak uyduramayabilir. Öyle ki bazı fikirleri, realitelerden kopuk bile olabilir. Ya da bazı anne-babalar, haklı bir gerekçeleri olmadığı hâlde, evlatlarına baskı uygulayabilir ve onları zorlayan hareketlerde bulunabilirler. Bunların hepsi, yaşanabilecek, karşılaşabileceğimiz durumlardır. Ancak, her ne olursa olsun bizler; evlat olarak Kur'an'ın öğrettiği gibi davranmak zorundayız. Anne-babamıza şefkatle yaklaşmalı, "Öff!" bile dememeli, onları azarlamamalı, üzerlerinde baskı kurup, onları manipüle etmemeliyiz.

Önceki bölümde; dikkat etmemiz gereken bu hususları İsrâ suresinin 23. ayeti perspektifinden analiz etmiştik. Bu bölümde ise, bahsedilen önceki hususlara ek olarak, anne-babamıza karşı "tevazu sahibi bir şekilde koruyucu" olmanın ne demek olduğunu anlamaya çalışacağız.

Bu konu neden önemlidir?

Dünyaya geldiğimiz andan bu yaşımıza gelene kadar, anne-babamız bizi hep korudu. Sıkıntı yaşamayalım, zarar görmeyelim hep iyi olalım diye; âdeta kanatlarını üzerimize örttüler, üzerimize titrediler. Üstelik bunu; hiçbir beklentiye girmeden ve hayatlarından fedakârlıklar yaparak gerçekleştirdiler.

Biz hiçbir şeyden mahrum kalmayalım, kendimizi mahcup hissetmeyelim diye; gece gündüz çalıştılar. Bunun için kimi zaman fazla mesaiye kaldılar, zorlandılar, yoruldular; kimi zaman da patronları tarafından hakarete uğradılar. Belki de şartları hiç insani olmayan işlerde, sırf bizim maddi ihtiyaçlarımızı karşılamak için, çalışmak zorunda kaldılar. Bunların hepsini; iyi bir eğitim alabilelim, sağlıklı, kaliteli bir hayat sürebilelim diye, bizim için yaptılar. Kendilerinin sahip olamadığı imkânlara bizler sahip olalım diye, gece-gündüz durmadan çalıştılar.

Düşünün; kim sabah saat 05.00'te kalkıp, buz gibi havada otobüsle işe gitmek ister ki? Elbette kimse istemez; herkes, sıcacık evinde ailesiyle birlikte olmak ister. Fakat onlar, bunun yerine; bizim için çalıştılar. Ya da annemiz bizimle ilgilenirken, babamız geç saatlere kadar çalışmış, mesailere kalmış olabilir. Böyle bir durumda; "Annem, hep benim yanımdaydı, benimle ilgilendi; fakat babamı hiç görmedim, o benimle ilgilenmedi." diyebilir miyiz? Tabii ki hayır. Çünkü şu hakikattir ki; babamız, ailenin ekonomik yükümlülüğünü üstlenmiş ve ihtiyaçlarımızı karşılamak için gece-gündüz çalışmıştır. Hayatımızda bazı şeylerin eksikliğini duyuyor olabiliriz. Ancak şunu unutmamalıyız ki anne-babalarımız, bize daha iyi bir hayat sunmak istedikleri için; beklentisizce, çok büyük fedakârlıklarda bulunmuşlardır.

Zaman geçer ve ailemizin bize sağladığı imkânlarla eğitimimizi tamamlar, daha sonra da mesleğimizi elimize alırız. Hayatımızı, kendi ailemizi, düzenimizi kurduğumuz; kendi paramızı kazanmaya başladığımız anlar gelir. Belki de çocuklarımıza, eskiden bize sunulmuş olan imkânlardan daha iyisini sunarız. İşte nefis öyle bir mekanizmadır ki, tam da böyle anlarda bize şöyle fısıldamaya başlar: "Baksana, ben çocuklarıma nasıl da kaliteli bir hayat sundum; oysa anne-babam, asla bana böyle imkânlar sağlamadı." Bu düşüncelerin önü alınmazsa, iç dünyamızda öyle bir hâl oluşur ki artık sonuçta; anne-babamızı küçük görmeye ve onlara tepeden bakmaya başlayabiliriz. Oysa baktığımızda; anne-babamızın, o dönemin şartlarına ve kendi durumlarına göre bize verebilecekleri en iyi imkânları sunduklarını görebiliriz.

Bulunduğumuz konuma, anne-babalarımızın fedakârlıkları ile geldik. Şu an sahip olduğumuz imkânları anne-babamız sayesinde elde ettik. Bu hakikati asla unutamayız. Eğer unutursak işin sonu; "Siz, bana karışamazsınız. Ben artık büyüdüm, kendi paramı kendim kazanıyorum. Benim de bir ailem var." gibi söylemlerle anne-babamızı aşağılamaya, onlara tepeden bakmaya kadar gidebilir.

Meslek sahibi olup, para kazanmaya başladık diye; evlat olduğumuzu ve anne-babamızın nice fedakârlıklarla bize nasıl baktığını, o günleri unutamayız. Anne-babamızın bizi yetiştirirken; hangi zor şartlarla mücadele ettiklerini, neler yaşadıklarını bilmiyoruz. Annemizin bizim için hangi fedakârlıkları yaptığını biliyor muyuz? Babamızın işe giderken neler yaşadığını; sırf evlatları okuyup meslek sahibi olsun, hayatlarını kurtarsın, kendilerinin yaşadığı zorluklara maruz kalmasın diye; nelere katlandığını biliyor muyuz? Anne-babamız yaşlanıp, hoşumuza gitmeyen bazı konuları daha çok konuşmaya başladıklarında onlara, "Öff tamam! Bilmeden konuşuyorsun!" demeye, onları azarlayıp küçük görmeye hakkımız olabilir mi? Anne-babamızın eğitim seviyesi bizimkinden düşük diye; onlara tepeden bakabilir, onları cahil görebilir miyiz? Ya da aile içindeki herhangi bir anlaşmazlıkta; haklı olduğumuzu, bizim aleyhimizde karar verdiklerini düşünerek bu durum karşısında anne-babamıza öfkelenip onları aşağılayabilir ya da onlara hakaret edebilir miyiz? Bunları yapmaya hakkımız olabilir mi? Elbette hayır.

Her ne olursa olsun; nefsin istekleri, çıkarları doğrultusunda ve onun telkinleri ile hareket edemez, anne-babamızı küçük göremeyiz. Eğitim seviyemiz çok yüksek olsa; kendi ayaklarımızın üzerinde duracak güce, çok büyük maddi imkânlara sahip olsak, hatta ülke yöneticisi olsak bile anne-babamıza karşı şefkat ve tevazu ile davranmalıyız.

Elbette bu durum; "Onları, hiçbir durumda uyarmayalım, hiçbir zaman onlara yanlış yaptıklarını ve hakikatleri söylemeyelim!" demek de değildir. Karşımızdaki kişi anne-babanız dahi olsa; ona Kur'an ve Sünnet'e göre yanlış olan davranışlarını göstermek ve onu; "İslam'a göre bu yaptığın doğru değil. Allah bu konuyla ilgili Kur'an'da şöyle buyuruyor. Son peygamber Muhammed (S.A.V.) de bu davranışın yanlış olduğunu bildiriyor." diyerek güzellikle uyarmak zorundayız. Fakat onlara karşı asla kibirlenemez; onları aşağılayıp, hor göremez, onlarla kavga edemez ve kanatlarımızı kabartarak, âdeta saldırıya geçecek vahşi bir kartal gibi davranamayız. (Kur'an, Sünnet, Muhammed için bkz.)[2]

---

2. Kur'an: Son peygamber Muhammed'e (S.A.V.) 23 yıllık süreçte, Cebrail meleği aracılığı ile gönderilen, Allah'ın mesajının yazılı olduğu kitaba verilen isimdir.
Sünnet: Sözlükte, "izlenen yol, yöntem, örnek alınan uygulama, örf ve gelenek" demektir. Terim anlamı ise, "dinî delillerin ikincisi" ve "son peygamber Muhammed'in söz, fiil ve onaylarının ortak adı" dır.
Muhammed (S.A.V.): Son peygamberdir. Soyu, İbrahim (A.S.) ile oğlu İsmail'e (A.S.) kadar dayanır. 20 Nisan 571'de Mekke'de dünyaya gelmiştir. Annesinin adı Amine, babasının adı Abdullah'tır. Henüz dünyaya gelmeden önce babası, 6 yaşındayken de annesi vefat etmiştir. Bundan sonra bakımını ilk olarak dedesi, o vefat edince de amcası Ebu Talip üstlenmiştir. Daha peygamberlik vazifesi gelmeden önce Mekkeliler O'na; güvenilirliği ve güzel ahlakı sebebiyle "Muhammed'ül Emin" diyorlardı. Kırk yaşındayken, ilk ayetlerin

Allah (C.C.), ayette mealen; "Böyle yapmayın! Anne-babanıza karşı mütevazıce davranışlar sergileyin." buyurarak bizi uyarıyor. Bu konuda taviz veremeyiz.

Burada, şöyle bir ölçü daha arz edelim:

Bazen öyle zamanlar yaşarız ki; anne-babamıza mütevazıca davranmanın yanında, onları kendilerinden de korumamız gerekebilir. Yaşlandıkları zaman, insanlar bazı meseleleri doğru analiz edemeyebilirler. Çocuklarımızı düşünelim: Henüz altı-yedi yaşlarında oldukları hâlde; bilmedikleri bir konu hakkında, sanki o konunun uzmanı gibi konuşabilirler. Oysaki hakkında konuştukları şeyden belki haberleri bile yoktur. Böyle bir durumda; çocuklarımız böyle konuşurken tebessüm eder, konuşmalarını kesmez; fakat sonuçta onlara şefkatle doğruyu anlatırız, öyle değil mi? İşte zaman içerisinde, anne-babamızla ilgili de böyle durumlar yaşayabiliriz. Onlar da bu hâle gelebilir ve tıpkı bir çocuk gibi davranabilirler. Böyle durumlarda, çocuğumuza nasıl şefkatle muamele ediyor, onlara karşı nasıl dikkatlice davranıyorsak; anne-babamıza da öyle davranmalıyız.

Anne-babalarımızla, doğru şekilde iletişim kurmalıyız. İletişim kurarken de onlara yaptıklarının, söylediklerinin yanlış olduğunu ispatlamak yerine; tevazu ile yaklaşmalıyız. Yanlış yaptıklarını, yanlış konuştuklarını bilsek dahi bunu; onların yüzüne vurmamalıyız. Çünkü böyle davrandığımızda, egomuzu tatmin etmekten başka elde edeceğimiz hiçbir şey yoktur. Bunun yerine; onlara şefkatle, doğru bir tonla ve doğru bir üslupla hakikati anlatmalıyız.

Bugün tek bir tuşla; dünyanın her yerine ulaşabiliyor ve pek çok bilgi elde edebiliyoruz. Anne-babamız; sahip olduğumuz bu imkân ve koşullara hiç sahip olmamış ve dolayısıyla da yabancı kalmış olabilirler.

---

vahyedilmesi ile birlikte kendisine peygamberlik vazifesi verildi. 632 yılında vefat edene kadar insanlara Allah'tan aldığı mesajları iletmiş, Allah'ın kitabı olan Kur'an'ı yaşayarak hayata geçirmiştir. Kabri, hicret ederek hayatının kalan kısmını geçirdiği Medine'de bulunmaktadır.

Hatta belki telefon kullanmayı dahi yeni öğreniyor ve bu konuda zorlanıyor olabilirler. Veya hâlâ geçmişte yaşıyor ve o dönemdeki konuları tekrar tekrar konuşmak, anlatmak istiyor olabilirler. Böyle durumlarda da onları asla azarlamamalı ve bu düşünceler, bu konuşmalarla kendi kendilerine zarar vermelerine engel olmalıyız. Yaptıklarının yanlış olduğunu bilsek bile, tıpkı mütevazıca ve koruma amacıyla kanatlarını indiren bir kuş gibi hareket etmeli ve anne-babamızı o yanlıştan dolayı kendilerine verebilecekleri zarardan, korumaya çalışmalıyız.

Peki, anne-babamızla doğru bir iletişim kurmak için ne yapmalıyız?

Bunu şöyle bir örnekle açıklamaya çalışalım: Ergenlik dönemindeki çocukların zihni dağınık olur. Bu nedenle de düşüncelerini kontrol edemezler. Bir şeyi defalarca söylediğiniz hâlde, duymaz; bir soru sorduğunuzda ya da onlarla iletişime geçmeye çalıştığınızda da; size kısa cevaplarla karşılık verebilirler. Örneğin; odasında oyun oynayan bir ergen, "Yavrum ödevini yaptın mı?" sorunuza, "Hı hı." diye cevap verebilir ya da "Yemek hazır, hadi gel." diye seslendiğinizde size, "Tamam tamam." dese de istediğini yapmaya devam edebilir. Yani bir şeyi defalarca söylemenize rağmen, sizi dinlemeyebilir ve ancak siz daha sert bir tonla; "Hadi!" dedikten sonra, söylediklerinizi yapabilirler.

Arz edilen bu örnekte olduğu gibi, anne-babalar da yaşları ilerlediğinde; defalarca söylememize, uyarmamıza rağmen; aynı şeyleri yapmaya devam edebilirler. Bu durum bizim içimizde de bazı reaksiyon oluşmasına ve "Öff! Bin kere söylememe rağmen, yine aynı şey!" dememize sebep olabilir. Fakat böyle anlarda, enerjimizi kontrol etmeliyiz. Anne-babamıza; "Yine unuttun, yine yapamadın, bak ne hâle geldin." diyerek, kendilerini kötü hissettiremeyiz. Bu; asla onları korumak ya da onlara tevazu ile davranmak değildir.

Anne-babamız yaşlanmış ve unuttukları için aynı şeyleri tekrar edip duran bir hâle gelmiş olabilirler; fakat biz onlara karşı hep şefkatle yaklaşmalı ve doğru iletişim stratejileriyle hareket etmeliyiz. İşte ayette, hem anne-baba hem de evlatlar ile karşılıklı doğru iletişimin nasıl olması gerektiği, doğru stratejilerle kalp kırmadan ilerlenilmesi gerektiği anlatılıyor.

Konunun daha iyi anlaşılması için, bir örnek daha arz edelim:

Kur'an'ın adaletle alakalı en önemli ayetlerinden biri, Nisâ suresinin 135. ayetidir.

Allah (C.C.) bu ayette şöyle buyuruyor:

Nisâ 135- "Yâ eyyuhâllezîne âmenû kûnû kavvamîne bil kıstı şuhedâe lillâhi ve lev alâ enfusıkum evil vâlideyni vel akrabîn, in yekun ganiyyen ev fakîran fallâhu evlâ bihimâ fe lâ tettebiûl hevâ en ta'dilû, ve in telvû ev tu'rıdû fe innallâhe kâne bi mâ ta'melûne habîrâ."

"Ey iman edenler! Haktan yana olup, var gücünüzle ve bütün işlerinizde adaleti gerçekleştirin. Allah için şahitlik eden insanlar olun. Bu hükmünüz ve şahitliğiniz; isterse bizzat kendiniz, anneniz, babanız ve yakın akrabalarınız aleyhinde olsun. İsterse onlar zengin veya fakir bulunsun; çünkü Allah, her ikisine de sizden daha yakındır. Onun için, sakın nefsinizin arzusuna uyarak adaletten ayrılmayın. Eğer dilinizi eğip bükerek gerçeği olduğu gibi söylemekten çekinir veya büsbütün şahitlikten kaçarsanız; iyi bilin ki Allah, bütün yaptıklarınızdan haberdardır." (İman için bkz.)[3]

Şimdi bir evladın bu ayeti okuduğunu ve evde de adaletle alakalı bir konu geçtiğini düşünün! Anne-babasının yaptıkları ya da söyledikleri hoşuna gitmeyen bu evlat; "Anne-babam bana adil davranmıyor. Oysa Allah (C.C.), ayette mealen, 'Anne-babanın aleyhine bile olsa, sen Hakk'tan yana ol!' buyuruyor. Öyleyse, ben de onları dinlemeyeceğim." gibi bir reaksiyon verebilir.

Dikkat edin! Ayette "anne-baba" denilmeden önce; "ve lev alâ enfusikum - nefislerinizin aleyhine bile olsa" deniliyor. Yani anne-babanın yanlış davranmasından; adalet, hak, doğruluk gibi konulardan bahsedilmeden önce Allah (C.C.), ayette; "nefsinin aleyhine dahi olsa" buyurarak, kişiye en başta mealen; "Sen tüm şartları yerine getirdin mi?" diye soruyor.

---

3. İman: Kesin karar vererek kabul etmek, gönülden inanmak demektir.

Bizler de birer evlat olarak kendimize soralım: Hak, adalet, anne-babaya muamele gibi konuların bütün şartlarını; bize bakan yönleriyle ve tam manasıyla yerine getirdik mi ki, anne-babalarımıza yönelip onları düzeltmeye çalışıyoruz? Yoksa, "Allah (C.C.) böyle diyor; anne-babam da olsa, onların aleyhine de olsa; ben hakkı konuşurum." mu diyoruz?

İç dünyamıza dönüp soralım! İsrâ suresi 23. ayette sayılan; "Anne- babana 'öff' bile deme, onları azarlama, onlara tevazu ile davran ve onlara karşı şefkatle hareket et. Onlara; sanki bir kral ve kraliçeymiş gibi davran. Sakın, üzerlerinde bir baskı kurma." şartlarını yerine getirdik mi? Bu prensiplere mi, yoksa nefsimize göre mi hareket ediyoruz? Unutmayın! Ölçümüz bellidir. Biz her zaman, Kur'an ve Sünnet'te anlatılan disiplinlere göre hareket etmek zorundayız.

Burada, şu noktaya da dikkat çekelim.

Elbette, anne-babaların da; "Allah bana yetki verdi." diyerek, evlatları üzerinde baskı kurmaya ve evlatları ile olan ilişkilerini, dinin söylemediği bir alana çekmeye hakkı yoktur. Evlat da, anne-baba da; "Allah (C.C.), her an beni görüyor." düşüncesiyle hareket etmelidir. Ancak böyle olursa, ilişkide doğru ve orta yol bulunabilir.

Unutmayın! Allah'ın huzurunda yaptığımız her şey için hesap vereceğiz. Allah (C.C.); evlada, "Anne-babana ihsan seviyesinde iyi bir şekilde davrandın mı?" diye, anne-babaya da "Evladına karşı vazifeni yaptın mı; adil oldun mu, onun hakkını verdin mi, ona şefkatle davrandın mı?" diye soracak. Bu nedenle herkes; öncelikle kendisine bakmalı "Aleykum enfüsekum. - Siz kendinize bakın!"[4] hakikatini hep hatırında tutarak, "Allah (C.C.), beni her an görüyor." düşüncesiyle ile hareket etmelidir.

Bazen, bazı anne-babalar; evlatlarına öyle baskı kurarlar ki evlat için hayat, yaşanmaz hâle gelebilir. Ya da bazı evlatlar, anne-babalarına karşı öyle terbiyesizleşir ki; anne-babalar âdeta çileden çıkabilir. Bu mesele, tek taraflı değildir. Bu ilişkinin; tıpkı bir terazinin iki kefesi olduğu gibi karşılıklı iki

4. Mâide Suresi, 105

tarafı vardır. Bundan dolayı; bir mesele, her iki taraf açısından düşünülmeli ve sonuçta da dengeli hareket edilmelidir.

Konumuza, evlatlar açısından vereceğimiz bir örnek ile devam edelim.

Düşünün şimdi! Çocuksunuz ve anne-babanızın yanında yaşıyorsunuz. Bütün imkânlarınızı onlar sağlıyor; tüm ihtiyaçlarınızla ilgileniyor ve size sahip çıkıyorlar. Bununla birlikte, evin bazı kuralları da var. Şimdi anne-babanız size, "Gel, sen de şurada bize yardım et." dediklerinde; "Bu haksızlık! Ben bunu yapmam." diyemezsiniz. Evin belli kuralları vardır ve siz de üzerinize düşeni yapmalısınız. Çünkü o evde, anne-babanızın sorumluluğu altında yaşıyorsunuz. Yani otorite anne-babanızın elindedir ve siz de vazifelerinizi yapmakla yükümlüsünüz. Ancak büyüyüp, kendi geçiminizi sağlamaya başladığınızda; çocukluğunuzdaki o otoritede doğal bir değişim yaşanır.

Allah, bu konu ile ilgili Yâsîn suresinin 41. ayetinde; "Bir delil daha onlara; nesillerini dopdolu gemilerde taşımamızdır." buyurur. Bu ayeti daha iyi anlaşılması için şu şekilde izah edebiliriz: Eskiden anne-babalar; hayata atılmaları için evlatlarını gemilere bindirir, uzak diyarlara gönderirlermiş. Tabii ki, okyanusu geçip başka bir beldeye gittikleri zaman da evlatlar; artık her yaptıklarını anne-babalarına soramazlar ve kendi başlarına hareket etmeye başlarlarmış. Yani ayaklarının üzerlerinde durmak zorunda kalırlarmış. Böylece, anne-babaların çocukları üzerindeki otoritesinde bir değişim olur ve evlatlar da hayatlarını kendi başlarına devam ettirebilen, maddi açıdan anne-babasına ihtiyaç duymayan, kendi kararlarını alabilen bireyler hâline gelirlermiş. Böylece, otoritede doğal bir değişim olurmuş.

Burada, şu önemli noktadan da bahsedelim. Büyüyüp ailemizden ayrıldığımız ve kendi ayaklarımız üzerinde durmaya başladığımızda da "Ben artık para kazanıyor, kendi ayaklarımın üzerinde duruyorum. Dolayısıyla, bundan sonra siz bana karışamazsınız." diyemeyiz. Çünkü bu, ayette anlatılanın dışına çıkmak olur.

Ne hâlde olursak olalım; anne-babamıza ihsan seviyesinde muamele etmeli, onlara karşı hep saygılı, mütevazı ve korumacı olmalıyız. Onlara "Öff!" dahi dememeliyiz. Bu şartlar, hiçbir zaman üzerimizden kalkmaz.

Aile de kursak; eşimiz, evlatlarımız da olsa, her zaman ve her şartta, anne-babamıza, ayette anlatılan ve Allah'ın bizden istediği şekilde davranmak zorundayız.

Tabii, bu madalyonun bir de diğer tarafı var.

Elbette anne-babalar; evlenmiş, aile kurmuş ve artık kendi kararlarını alabilecek yaşa gelmiş evlatlarına, gerektiğinde nasihat edebilir. Fakat bazı anne-babalar; evlatları otuz-kırk yaşına gelmesine ya da evlenip kendi ailesini kurmasına rağmen; "Hayatını, bizim istediğimiz gibi dizayn edeceksin. Yaşayacağın ev, bizim semtimizde olsun. Şu marka arabayı al. Şu yatırımları yap. Çocukların şu okula gitsin. Bu konularda böyle davran." diyerek; sanki çocukları hâlâ beş yaşındaymış ve yanlarında yaşıyormuş gibi davranabiliyorlar. Bu, onların hayatına müdahale etmektir ve ayette bahsedilenden çok farklıdır.

Kur'an bizlere; anne-babaya karşı saygılı ve tevazu sahibi olmayı, onlara hassas davranmayı, sahip çıkmayı, "Öff!" bile dememeyi emrediyor. Ancak bu, "Anne-baba evlat üzerinde, mutlak otorite sahibidir." demek de değildir. Bizler, Allah'ın kıymetli yarattığı ve cüzi irade verdiği bireyleriz. Kendi hakkımızı, eşimizin, evlatlarımızın haklarını yok sayamayız. (Cüz-i irade için bkz.)[5]

Anne-babalar, "Allah, anne babaya bu yetkileri vermiş." diyerek kendi evlatlarına; "Eşine şöyle davran. Çocuklarına şöyle davran. Bizim dediklerimizi, istediklerimizi yap." diyemezler. Bazı kültürlerde, toplumlarda bu tarz uygulamalar yaygın olabilir. Fakat, Allah'ın sınırları ve bir evladın yapması gerekenler; Kur'an'da çok net bir şekilde anlatılmıştır. Anne-babalar dahil hiç kimse, bu konuyu suistimal edemez. Birkaç satırlık bilgiyle; Kur'an'ı ve Allah'ın belirlediği sınırları, hakları detaylı şekilde araştırmadan, yaşananların sebep ve sonuçlarına bütüncül olarak bakmadan; genel değerlendirmeler yapamayız.

---

5. Cüz-i irade: İnsanın dilediği gibi hareket edebilme ve tercih yapabilme kabiliyetidir. Yani herhangi bir şeyi yapmak veya yapmamak hususunda, bir tarafı tercih etmek güç ve serbestliğini temin eden duygu ve kabiliyete cüzi irade denir.

Hiçbir anne-baba, belli bir yaşa gelmiş; kendisine bir hayat kurmuş, bir hayat arkadaşı seçmiş evladına; "Eşinin ailesini hiç beğenmiyorum. Hareketleri hoşuma gitmiyor. Siz bu evliliği, asla yürütemezsiniz. Bu nedenle, yol yakınken boşanın." baskısını uygulayıp sonra da "Allah, Kur'an'da; Annebabaya 'Öff!' bile demeyin." buyuruyor. Bana bu yetki verilmiş. Dolayısıyla, senden bunları istemem normal." diyemez. Böyle bir şeye, kimsenin hakkı yok. Bir insan; anne-babasının, eşiyle ilgili şikâyetlerini bizzat kendisi değerlendirmeli ve bu konudaki kararı da kendisi vermelidir. Anne-babanın bu konu ile ilgili yetkisinin olduğunu düşünmesi ve öyle hareket etmesi; aşırıya gitmektir. Kur'an, bize bunu anlatmıyor. Herkesin, sahip olduğu haklar vardır ve her hak sahibinin hakkı verilmelidir.

Kendi ayakları üzerinde durmaya başlamış bir insanın; aldığı her karara karışıp "Ben, senin üzerinde mutlak otoriteyim." gibi sözlerle üzerinde baskı kurmak, onun gelişimini engellemek olur. Evlatlarımıza bunu yapmamalıyız.

Elbette, evlatlar da bu konuda dikkatli olmalıdır. Artık yetişkin bir birey de olsa, bir evlat; her zaman evlattır. "Artık kendi hayatımı kurdum. Paramı da kazanıyorum. Bundan sonra, her istediğimi yapabilirim; kimseye hesap vermek zorunda değilim. Anne-babam; benim kadar okuyup, kendilerini geliştirmemişler ki! Beni, bu konuları nasıl anlayabilirler ki! Onlar, bana karışamazlar." diyemez, kibirli bir şekilde hareket edemeyiz. Kur'an, buna da izin vermiyor. Anne-babamıza karşı tevazu kanatlarımızı indirmeli, korumacı olmalı ve onları incitecek sözler söylemekten kaçınmalıyız. Çünkü Allah (C.C.) ayette; Allah'a kulluktan sonraki en önemli vazifemizin, annebabamıza ihsan seviyesinde muamelede bulunmak olduğunu bildiriyor.

Bu konuda dikkat edilmesi gereken bir başka nokta da şudur:

Eşlerden birinin diğerine, "Senin anne-babandan hoşlanmıyorum. Onların evine gitmek, onlarla görüşmek istemiyorum." demesinden dolayı; diğerinin anne-babasını ziyaret etmemesi, onlarla ilişiğini kesmesi doğru değildir. Bunu yapamayız! Dengeli olmalı; "Allah (C.C.) beni her an görüyor." düşüncesi ile ve Allah'ın belirlediği sınırlara uygun şekilde hareket etmeliyiz. Bu şekilde davranmak; aile içi ilişkiler için de çok önemlidir.

Konumuza, İsrâ suresi 24. ayetin son kısmındaki bir ayrıntı ile devam edelim.

Ayetin son kısmında, bize öğretilen bir dua olduğunu görüyoruz. Allah (C.C.) "Ve kul rabbirhamhumâ kemâ rabbeyânî sagîrâ. - Ve şöyle dua et: 'Ya Rab'bi, onlar küçüklüğümde nasıl beni ihtimamla yetiştirdilerse; ona mükâfat olarak, Sen de onlara merhamet buyur!'" buyuruyor. Buradaki; "Ve kul. - Ve sen, şunu söyle." anlamındadır. Tercüme edilirken, "Sen şöyle dua et." denilmiş; fakat aslında ayette mealen "Anne-babana değil, Allah'a şöyle söyle; yani anne-baban için dua et." buyruluyor.

Buradaki; "kemâ rabbeyânî - nasıl terbiye edip yetiştirdilerse" ifadesi mealen; "Ya Rab'bi, onlar bana nasıl şunları şunları verdilerse; Sen de onlara ver. Onlar; küçükken bana baktılar, en güzel şartlarda ellerinden gelenin en iyisini yapıp; eğitimim için, bakımım için, kültürlü ve Sen'in yolunda ilerleyen biri olmam için gerekli imkânları nasıl sağladılarsa, Sen de onlara şimdi ve yaşlandıklarında şunları ver." demektir. İşte ayetteki bu dua; Kur'an'da bize öğretilen ve içinde şart anlamı barındıran çok farklı, özel bir duadır.

Ayrıca şu ayrıntıyı da unutmayalım.

Ne yazık ki; bazı anne-babalar, zalim olabiliyor. Mesela; içki içip sarhoş bir hâlde evine gelen ve sonra karısını, çocuklarını döven, onlara zulmeden, eziyet eden insanlar ya da geçerli hiçbir sebebi olmadan eşini ve çocuklarını terk edenler olabiliyor. Dünyada bu durumu yaşamış ve yaşamaya devam eden birçok insan vardır. Dolayısıyla akıllara; "Acaba, ayetteki bu dua onlara da hitap ediyor mu?" gibi sorular gelebilir. Bu konu hakkında dikkatlice düşünmeliyiz.

Ayette; "Anne-baban sana ne yaparsa yapsın; nasıl zulmetmiş olursa olsun, evlat olarak sen; onlara istediğin duayı et, hep onların iyiliği için dua et." mi deniliyor? Elbette hayır. Buradaki ayrım önemlidir. Ayette mealen; "Onlar bana nasıl imkânlar sağladılarsa, beni nasıl yetiştirdilerse, bana ne kadar güzel davrandılarsa; yaşlandıkları zaman Sen de onlara o şekilde muamele et, ihtiyaçlarını o şekilde karşıla." deniliyor. Yani bu dua, şartlı bir duadır. Unutmayın, bu dünyada anne-babası ile ilgili çok ciddi sıkıntılar yaşayan birçok çocuk var. Biz; onların neler yaşadıklarını, çektikleri sıkıntıları tam manasıyla anlayamayabiliriz. Dolayısıyla da genelleme yapamayız.

Bakın, bu ayetlerin doğru anlaşılması çok önemlidir. Hayatı boyunca babası tarafından zulüm görmüş bir evlat, "Ben; bu hayırsız, sarhoş, madde bağımlısı ya da beni sürekli döven adama neden güzel bir şekilde muamele edeyim ki? Onun yaptıklarından daha kötüsünü, bu dünyadaki hiç kimse bana yapmadı ki! Bütün bu yaşadıklarıma, bana yaptıklarına rağmen; bir de benim ona dua etmem, merhametli olmam mı gerekiyor?" diyebilir. Bu şekilde hisseden bir evlada; Allah'ın bu ayette ne buyurduğu, tam olarak ve doğru bir şekilde anlatılmalıdır.

İslam'da; evladına zulmetmiş bir anne-babaya, sanki hiçbir şey yapmamışlar gibi; evlatları üzerinde sınırsız bir otorite ile baskı kurma yetkisi, asla verilmiyor. Ya da evladı sebebiyle sıkıntı çeken anne-babalara, "Evladınız ne yaparsa yapsın, siz onun yaptıklarını görmezden gelin." denilmiyor.

İslam; akla ve kalbe hitap eden, rasyonel, yaşanabilir bir din ve muhteşem bir sistemdir. İslam; balans ve sırât-ı müstakîm dinidir. (Sırât-ı müstakîm için bkz.)[6] Allah'ın (C.C.) belirlediği kurallar, Kur'an'da bize sunduğu çözümler hem dünya hayatımızı hem de ahiret hayatımızı güzelleştirmek içindir. (Ahiret için bkz.)[7] Rab'bimiz bize karşı hep çok merhametlidir. Bazen, hayatımızda kaldıramayacağımızı düşündüğümüz problemlerle, imtihanlarla karşılaşıyor olabiliriz. Ama unutmayalım ki Allah (C.C.) bizi hiçbir konuda çözümsüz ve yalnız bırakmaz, bırakmayacaktır.

Toparlayalım.

Bahsettiğimiz konular; insanların karşılıklı sıkıntı yaşamaları muhtemel olan ve çok zorlanılan konulardır. Anne-babalar kendilerince; "Evladım,

---

6. Sırât-ı müstakîm: Gerçeğe götüren doğru yol anlamında bir Kur'an tabiridir. Sözlükte "anayol; doğru ve apaçık yol" mânalarına gelen sırât ile "dengeli ve dosdoğru" anlamındaki müstakîm kelimelerinden oluşan sırât-ı müstakîm "apaçık, dosdoğru ve hak yol" demektir. Burada "yol" kelimesinin "dosdoğru" diye nitelendirilmesi onun "hedefe ulaştıran en kısa yol" anlamına geldiğini gösterir.
7. Ahiret: "Son" anlamındaki "ahir" den türemiştir. Terim olarak, dünya hayatından sonra başlayıp ebediyen devam edecek olan ikinci hayat demektir.

bana şöyle söyledi." derken evlatlar da kendilerince; "Anne-babam, bana şunları yaptı." diyebilirler. Fakat günün sonunda, çözüm; "Allah (C.C.), beni her an görüyor. Huzuruna çıktığımda, Allah (C.C.) bana neyi neden yaptığımı soracak. Acaba o sorulara doğru cevap verebilecek miyim?" diyerek herkesin kendi muhasebesini yapabilmesi ve bu perspektife göre yaşayamaya gayret etmesinde saklıdır.

Çalışmanın önceki bölümünde; "Anne-babaya 'Öff!' bile dememe, onların üzerlerinde baskı kurmama, onları azarlamama ve onlara ihsan seviyesinde iyilikle davranma" konuları analiz edilmişti. Bu bölümde ise; anne-babalarımız ile olan ilişkilerimizde; "koruyucu ve tevazu sahibi olma" konularını anlamaya gayret ettik. Ayette; anne-babanın rızası ve memnuniyeti; Allah'ın rızası ile birlikte anılarak, bize çok özel bir formül verildi. (Rıza için bkz.)[8]

Anne-babalarımızı memnun edelim. Pozitif ve şükreden bir biçimde, bizim için neler yaptıklarını tek tek hatırlayalım ve ellerimizi açıp onlar için dua edelim. Yaşlandıklarında da onları; tüm tehlikelerden, hatta yeri geldiğinde kendi nefislerinden bile sabırla ve tevazu ile koruyalım. Zarar görmelerini engelleyelim; yemelerine, içmelerine özen gösterelim; almaları gereken ilaçlara dikkat etmiyorlarsa, ilaçlarını takip edelim. Kısacası onlara; hep tevazuyla, şefkatle davranalım.

Unutmayın! Biz, "Artık büyüdüm, paramı kazanıyorum, kendi ailem var. Ben, kendi hayatıma bakarım. Anne-babam, ne yaparlarsa yapsınlar." diyemeyiz. Böyle hareket edersek, evlatlık vazifemizi tam manasıyla yerine getirmemiş oluruz. Her davranışımızdan hesaba çekileceğimizi unutmamalı ve Allah'ın razı olacağı şekilde hareket etmeliyiz.

Anne-babalar da evlatları ile olan ilişkilerinde dikkatli olmalı ve Kur'an'da anlatılan ayetleri; kendi mutlak otoritelerini sağlamak için bir baskı unsuru olarak kullanmamalıdırlar. Onlara düşen; evlatlarına destek olmak ve Allah'ın belirlediği sınırlar çerçevesinde, evlatlarının kararlarına, yaptıklarına saygı duymaktır.

---

8. Rıza: Sözlükte "hoşnut olmak, razı olmak" anlamına gelir. Terminolojik olarak da insan kalbinin, yaşanan olaylar karşısında sarsılsa da yaşadıklarını içsel bir tatminle karşılaması ve kalp mekanizmasının sakin kalması anlamına gelir.

Bir anne-baba, evladını yetiştirirken; kendi anne-babasının her şeye karışmasından nasıl rahatsız olduysa, evladının da aynı hissiyatı yaşayabileceğini aklında tutmalı ve buna göre aksiyon almalıdır. Bu; "Evlatlarına hiç tavsiyede bulunma, nasihat etme." demek de değildir. Dengeli hareket edilmeli; anne-baba olarak, gerektiğinde evlada nasihat etmeli, tavsiyede bulunmalı; ancak evlatların hayatlarına negatif etkisi olacak şekillerde hareket etmekten kaçınılmalıdır.

Buradaki altın kural şudur: Büyük olarak gerektiğinde tavsiyede bulunulmalı, ancak gençlerin ayakları üzerinde durmalarına müsaade edilmeli ve kararlarına saygı duyulmalıdır.

Anne-babalar, evlatları üzerinde; "Biz anne-babayız. Evlatlarımız, dediklerimizi yapmalı." şeklinde baskı kuramaz. İslam'da; anne-babaların evlatları üzerinde böyle bir baskı kurmasına mutlak manada müsaade edilmiyor. Dinde olmayan bir meselenin, sanki İslami bir kuralmış gibi sunulması, doğru değildir.

Karşılıklı saygı, sevgi ve şefkatle kurulan bir ilişkide, anne-baba ile evlat arasında niye problem çıksın ki? Allah (C.C.), bize sınırları göstererek, problem çıkma ihtimali olan alanları öğretiyor ki; hataya düşmeyelim.

Anne-babamıza; sevgi ve saygıyla sarılalım. Onları memnun edelim ve onlar için; "Ya Rab'bim! Ben, anne-babamdan razıyım; Sen de razı ol! Ya Rab'bi! Onlar küçükken bize nasıl sahip çıktılarsa, şimdi Sen de onlara öyle sahip çık. Anne-babamıza hem bu dünyada hem de ahirette nimetlerin en güzellerini ver. Bizi ne kadar da güzel yetiştirdiler. Bize ne kadar da çok imkân sundular; fedakârlıklar yaptılar. Ne olur, şimdi de Sen de onlara bu şekilde muamele et." diye dua edelim. Anne-babalar da evlatları için dua etsinler.

Unutmayın! Anne-babasının razı olduğu, anne-babasının dua ettiği bir evlat; her türlü başarıyı elde edebilir ve onun önünde, hiçbir engel duramaz.

Bu, öncelikle; yaşananlara pozitif bakmamız ve Allah'ın çizdiği sınırlar çerçevesinde hareket etmemiz gereken çok önemli bir ilişkidir.

Ayette tarif edildiği gibi; anne-babamıza ihsan seviyesinde iyi davranalım ve bize ihtiyaç duydukları zaman da kibirlenmeden, şefkatle, tevazu kanatlarımızı yerlere kadar indirerek onlara sahip çıkalım.

Bu bölümde, İsrâ suresi 24. ayet perspektifinden anne-babalarımız ile olan ilişkilerimizde; "koruyucu ve tevazu sahibi olma" konularını analiz ettik. Sizden, bir sonraki çalışmayı okuyana kadar; ayette anlatılan disiplinler perspektifi ile anne-babalarınız ve evlatlarınızla olan ilişkinizi gözden geçirmenizi ve kendinizi muhasebe etmenizi istiyoruz. İsterseniz bu konuyla ilgili notlar da alabilirsiniz.

Bir sonraki bölümde "On Emir"in Kur'an'daki karşılığı olan İsrâ suresinin 25 ve 26. ayetlerini analiz ederek "toplumsal yardımlaşma" konusu üzerinde duracağız.

4- Toplumsal Yardımlaşmada Öncelik ve Yöntem Nasıl Olmalıdır?

Önceki bölümlerde; "Allah'a kulluk", "anne-babaya ihsan seviyesinde muamele etme, onlara karşı tevazu ve şefkat sahibi olma" konularından ve anne-baba-evlat ilişkilerindeki ölçünün nasıl olması gerektiğinden bahsettik. Bu bölümde ise İsrâ suresi 25 ve 26. ayetleri analiz ederek; "toplumsal yardımlaşmada öncelik ve yöntem" konularını anlamaya çalışacağız.

Analizimize, ayetlerimizi okuyarak başlayalım.

İsrâ 25- "Rabbukum a'lemu bi mâ fî nufûsikum, in tekûnû sâlihîne fe innehu kâne lil evvâbîne gafûrâ."

"Rab'biniz ruhlarınızdaki duyguları pek iyi bilir. Eğer siz iyi kimseler iseniz; şunu bilin ki Allah kötülüklerden, (özellikle anne ve babasına yaptığı kötü muamelelerden) tövbe edenlere karşı, günahları çok affedicidir."

İsrâ 26- "Ve âti zel kurbâ hakkahu vel miskîne vebnes sebîli ve lâ tubezzir tebzîrâ."

"Yakınlarına, yoksula, yolda kalmışa hakkını ver, sakın saçıp savurma! Çünkü savurganlar şeytanların kardeşleri olmuşlardır. Şeytan ise Rab'bine karşı pek nankördür."

İsrâ suresi 25. ayetin tercümesi; "Rab'biniz ruhlarınızdaki duyguları pek iyi bilir." şeklindedir. Fakat burada kastedilen mana aslında şudur: "Rab'biniz, nefislerinizde olanı pek iyi bilir."

Daha iyi anlaşılması açısından konuyu biraz açalım.

İsrâ suresinin bu bölüme kadar incelenen 22-24. ayetlerinde; öncelikle "Allah'a kulluk" konusundan, daha sonra da anne-babaya ihsan seviyesinde muamele etmekten ve böyle ilişki kurmanın nasıl olacağından bahsedilerek sınırlar çizilmişti. Allah (C.C.) bir sonraki emre geçmeden önce, 25. ayette bizi tefekkür etmeye davet ediyor. Bu, Kur'an'da sık kullanılan bir yöntemdir.

Allah (C.C.), kullarını her zaman tefekküre; derin düşünmeye ve tedebbür etmeye sevk eder. (Tefekkür, Tedebbür için bkz.)[1] Bu yapılmadığı zaman ise; "Yoksa kalplerinin üzerinde üst üste kilitler mi var?"[2] gibi sorular sorarak; insanların Kur'an üzerinde, gerektiği gibi düşünmediğini bildirir. Düşünmek, tefekkür etmek; sadece akılla yapılan bir aksiyon değildir. Tedebbür; aklımızla kabul ettiklerimize kalbimizin de ikna olmasını sağlar.

Kur'an içerisinde sadece, "Şunu yap! Bunu yapma!" gibi emirlerin sıralandığı bir kitap değildir. O; Allah'ın çizdiği sınırları, Allah'ın emirlerini hayatımıza nasıl uygulayacağımızı bize göstererek tam manasıyla idrak etmemizi ve ona göre aksiyonlar almamızı sağlayan muhteşem bir rehber ve bir hidayettir. (Hidayet için bkz.)[3]

Bakın bu, üzerinde düşünmemiz gereken önemli bir konudur! Sadece emirleri uygulayıp farzları yerine getirmek ve yasaklardan kaçınıp onları terk etmek; tek başına "hidayet" değildir. Hidayet; emir ve yasaklara neden uyulması gerektiğini bilmek, bu anlayışla hareket etmek ve bu vesileyle Allah'a yaklaşmaktır.

Allah (C.C.), pek çok ayette emir ve yasakların sebebini açıklar. Örneğin, "Beni zikretmek için namaz kıl.", "Takva için oruç tut."[4] ayetleri namaz ve

---

1. Tefekkür: Bu kelime, "düşünmek ve hatırlamak "anlamındaki "fikr" kelime kökünden türer ve "bir şey hakkında iyice düşünmek, bir işin sonucunu hesaplamak anlamında" bir terimdir. Tefekkür, İslam'da önemli bir ibadet ve ayrıca insanı diğer varlıklardan, farklı kılan ayırıcı bir özellik olarak kabul edilir. Kişinin; kendini, hatalarını, kâinatı, yaratılmışları düşünmesi ve Allah'ın yarattıklarından ibret alması anlamına gelir. Kur'an'da tefekkür, fiil şeklinde 18 ayette geçer. Bu ayetlerde, insanın düşünmesi teşvik edilmiş ve düşünenler övülmüştür. (Âl-i İmrân, 191)
Tedebbür: Derinlemesine ve etraflıca düşünmeyi ifade eden bir kelimedir.
2. Muhammed Suresi, 24
3. Hidayet: Bu kelime, "doğru yol, doğru yola girmek, doğru yolu göstermek, kılavuzluk" demektir. "Amaca ulaştıracak yolu gösterme, bu yol için kılavuzluk etmek" diye de tanımlanabilir. Dini literatürde ise; dünya ve ahiret mutluluğunu sağlayacak yolu gösterme anlamında bir terimdir. (Kamus Tercümesi, "hdy" md.; Ebü'l-Beka, s. 952-953)
4. Tâhâ Suresi, 14; Bakara Suresi, 183

orucun neden yapılması gerektiğini açıklayan ayetlerdendir. (Takva, Namaz, Oruç için bkz.)[5]

Şöyle düşünün: Dışarıdan bakıldığında, bir insan dinin tüm emirlerini yerine getiriyor; ibadetlerine karşı çok hassas davranıyor gibi görünebilir. Ancak asıl önemli olan, bu ibadetlerin neden yapıldığını bilmek ve buna kalpten inanmaktır. Kalbi ikna olmadığı hâlde, dinin emirlerini yerine getiriyor gibi görünen bir kişi; hidayetten mahrum kalmış biridir.

Dinin teknik detayları elbette önemlidir. Ancak bahsedilen bu detayları; istese, bir kâfir de öğrenip yerine getirebilir. (Kâfir için bkz.)[6] Fakat, hidayet çok farklı bir konudur. Hidayet sahibi biri, işlediği amelleri niye yaptığını bilerek, Allah (C.C.) için yapar ve bu vesileyle de Allah'a (C.C.) yaklaşmaya çalışır.

Unutmayın! Sadece teknik bir şekilde ve ihlas olmadan yapılan işler, bırakın yapan kişinin Allah'a (C.C.) yaklaşmasını; toplumun diğer fertlerinin dini yanlış anlamasına, hatta Allah'tan uzaklaşmasına bile sebep olabilir.

İhlas, bir işi sadece; "Allah emrediyor." diye yapmaktır. Bu anlayış, tüm amellerin özünü oluşturur. Bunun için bir insan; yaptığı her işte, aldığı her aksiyonda iç dünyasına dönüp kendisine; "Ben, bu işi niye yapıyorum?" diye sormalı ve bu sorunun cevabı üzerinde, detaylıca düşünmeli.

---

5. Takva: Allah'ın farkındalığı ve bilinci ile dini yaşamak demektir.
Namaz: Arapçada "salah" diye ifade edilen namaz; "sıla" kelime kökünden gelir ve "bağ" demektir. Günün belli vakitlerinde, kendine özel bir temizlenme ve uygulama şekliyle; Allah'a yapılan dua, ibadet demektir. Kur'an'da, Allah'ın gönderdiği bütün dinlerde namaz ibadetinin olduğu bildirilir.
Oruç: İslam'da, güneşin doğuşundan önce başlayıp akşam güneş batımına kadar geçen zaman içerisinde; yemek, içmek ve cinsel ilişkiden uzak durarak yapılan bir ibadettir. Kur'an'da, Allah'ın gönderdiği bütün dinlerde oruç ibadetinin olduğu bildirilir.
6. Kâfir: "Kefere" kelimesinden türemiştir. Kelime kökünde, "inkâr, nankörlük ve gömmek" anlamları vardır. Bu nedenle çiftçiye, tohumu toprağa gömdüğü için "kâfir" denir. Yani "kâfir" teriminin dini açıdan üç ana anlamı vardır: Hakikati inkâr ve reddetmek, nankör olmak, hakkı gömmek.

Burada; konuyla ilgili güzel bir ölçü olması açısından, babamız İbrahim'in (A.S.) hayatından bir örnek verebiliriz. (İbrahim için bkz.)[7]

Bakara suresinin 260. ayetinde anlatıldığı üzere, İbrahim (A.S.) bir vakit Allah'a (C.C.): "Ya Rab'bi, ölüleri nasıl dirilteceğini bana gösterir misin?" demişti. Allah (C.C.) O'na: "Ne o, yoksa buna inanmadın mı?" diye sormuş, İbrahim de (A.S.): "Elbette inandım, lakin sırf kalbim tatmin olsun diye bunu istedim."[8] demişti.

İbrahim (A.S.), hayatı tefekkür ve tedebbür ile geçmiş bir peygamberdir. Fakat O (A.S.), tüm bunlara rağmen Allah'tan "mutmain olmayı" istemiş

---

7. İbrahim (A.S.): Yahudi, Hristiyan ve İslami kaynaklar tarafından "en büyük" ata ve temel referans noktası kabul edilir. İbrahim (A.S.) ile ilgili Tevrat ve genel Yahudi dini literatüründe, Hristiyan kültüründe ve Kur'an ile İslami literatürde birçok peygambere oranla daha geniş bilgi bulunmaktadır. İbrahim (A.S.) hakkında özellikle Yahudi ve İslam kaynaklarında "tevhit inancını" yerleştirmek üzere gösterdiği faaliyetler öne çıkarılarak bilgi verilir. O'nun (A.S.) ismi, Tevrat'ın bazı bölümlerinde, Avram (Abram), Ahdi Atik'in diğer yerlerinde Avraham (Abraham) olarak geçmektedir. Tevrat'a göre İbrahim'in (A.S.) adı önce "ulu ata" anlamında "Abram" iken daha sonra "milletlerin babası" anlamında Abraham'a dönüşmüştür. (Tekvin, 11/26-17/4); Nehemya (9/7); I. Tarihler (1/27)
İbrahim (A.S.), Kitabı Mukaddes'te Terah'ın oğlu, İbranilerin atası, inananların babası ve Allah'ın dostu olarak takdim edilmektedir (Tekvîn, 11/26; Galatyalılara Mektup, 3/7-9; Yakup'un Mektubu, 2/23) İbrahim (A.S.) Hristiyan kültüründe de özel bir yere sahiptir. Ahdi Cedid'de Zekeriya ve Meryem, İbrahim'e (A.S.) yapılan vaatleri ve onunla yapılan anlaşmaları dile getirmektedirler. (Luka, 1/55, 73)
İbrahim (A.S.), Kur'an'da kendisinden "babanız İbrahim" şeklinde hitap edilerek yaşadıklarıyla ilgili detaylıca söz edilir. O (A.S.), "ulu'l azm" denilen büyük peygamberler arasındadır. Son peygamber Muhammed'in (S.A.V.) de büyük atasıdır. İbrahim (A.S.), genç yaşta kavminin dini anlayışının yanlışlığına dikkat çekerek onlara gerçeği akli yöntem kullanarak anlatmıştır. Bu, Kur'an'da En'âm suresi, 75;79. ayetlerde anlatılır. İbrahim'in (A.S.) yaşadığı en önemli olaylardan biri putları kırmasıdır. Bu olaydan sonra, devrin hükümdarı Nemrut tarafından ateşe atılmış; ancak Allah'ın koruması ile ateş yakmamıştır. Bu olay Enbiyâ suresi, 69. ayette anlatılmaktadır.
8. Bakara 260- "Bir vakit de İbrahim: 'Ya Rab'bi, ölüleri nasıl dirilteceğini bana gösterir misin?' demişti. Allah: 'Ne o, yoksa buna inanmadın mı?' dedi. İbrahim şöyle cevap verdi: 'Elbette inandım, lakin sırf kalbim tatmin olsun diye bunu istedim.' Allah ona: 'Dört kuş tut, onları kendine alıştır. Sonra kesip her dağın başına onlardan birer parça koy. Sonra da onları çağır! Koşa koşa sana geleceklerdir. İyi bil ki Allah Aziz'dir, Hakîm'dir. (Üstün kudret, tam hüküm ve hikmet sahibidir.)"

ve bunu elde etmek için de aksiyonlar almış, Allah'a (C.C.) soru sormaktan çekinmemiştir. (Mutmainlik için bkz.)[9]

İbrahim'in hayatı ve buradaki tutumu, bizim için de önemli bir örnektir. Yaptığımız işlerde, aldığımız aksiyonlarda hidayetle hareket etmeliyiz. Çünkü hidayet, sadece teknik meseleleri yerine getirmek değil; o teknik işlere bir anlam yüklemektir. Bu anlam da "yapılacak her şeyi Allah için yapmak ve sonucunda da Allah'a yaklaşıp, Allah'ı razı etmeyi hedeflemek" olmalıdır. Sadece dinin teknik detaylarını yerine getiren ve ibadetlerine dikkat ediyor gibi görünen biri, hidayetten mahrumdur ve işin özünü anlamamıştır. Örneğin, ibadetlerin neden yapıldığını; namazın, aslında Allah (C.C.) ile bir bağ olduğunu bilmez. Yani hidayet, farklı bir kulvardır.

Şöyle düşünün: Âdemoğlunun azılı düşmanı olan şeytan, öyle tehlikelidir ki bazen, insanı ibadetlerle bile aldatır. (Âdemoğlu, Şeytan, İbadet için bkz.)[10] Mesela; kişinin gözünde, ibadeti kültürel bir hâle sokup, teknik

---

9. Mutmainlik: Mutmain kelimesi, Arapçada "emin olmuş; şüphe, korku ve endişelerden kurtulup rahatlamış ve gönül huzuruna kavuşmuş kimse" anlamında kullanılan bir kelimedir. Kur'an'da tarif edilen "mutmain olma" hâli ise kişinin; yaşadıklarını kabullenmesi, anlamlandırması, kendine verilen nimetlerle yetinmesi; imkânlarından, hâlinden razı olması ve Allah'ın vaadiyle tatmin olmasını ifade eder.

10. Âdemoğlu: İlk insan Adem'in (A.S.) soyundan gelen bütün insanlar için kullanılan genel bir tabirdir.

Şeytan: Sözlükte "uzaklaşmak, haktan ve hayırdan ayrılmak, muhalefet etmek" anlamındaki "şatn" veya "öfkesinden yanıp tutuşmak" anlamındaki "şeyt" kökünden türemiştir. Esas ismi "İblis" olan şeytan; ateşten yaratılmıştır ve cinnîlerdendir. Kibirlenerek Allah'ın emrine karşı geldiği için "hayırdan ve rahmetten uzaklaşmış; yanıp helâke maruz kalmış varlık." anlamında "şeytan" olarak isimlendirilmiştir. Kur'an'da detaylıca bu varlıktan ve yaptıklarından bahsedilir. (A'râf 11;22) "Şeytan" kelimesi, cinnîlerden ve insanlardan şerli yaratıkları nitelemek için de kullanılan bir cins isimdir.

Bazı kaynaklarda "şeytan" kelimesinin İbranicedeki karşılığı olan "satan"ın "düşmanlık etmek, suçlamak, karşı gelmek" anlamında "stn" veya "gezinmek, hareket etmek, rahatsız etmek, yoldan çıkmak; sadakatsiz, inançsız olmak" anlamlarında "sth" kökünden türediği kabul edilmektedir. (Koehler-Baumgartner, III, 1312, 1316-1317)

Hristiyanlıkta otorite kabul edilen, Yahudilerin kutsal kitabını da kapsayan Kitab-ı Mukaddes'te şeytan kavramı; başlangıçta daha genel ve dolaylı anlamda kötü işlerle ilişkilendirilirken zamanla özel ve aktif anlamda kötülükle özdeş hâle gelmiştir. Bu dönüşüm, Ahdi Atik'te şeytanın dünyevi anlamda soyut bir kavramdan, semavi somut bir varlığa geçmesi şeklinde gerçekleşmiştir. Ahdi Atik'ten Ahdi Cedid'e geçiş sürecinde şeytan,

detaylara indirgeyerek hidayetten mahrum kalmasına sebep olur. Oysa, iç dünyamızdaki karar verici ve otorite; duygular, kültürel yapılar değil; Allah (C.C.) olmalıdır. Her şey, Allah'a (C.C.) göre dizayn edilmeli; "Allah beni görüyor." düşüncesiyle yapılmalıdır. İnsan her an; "Allah, benim içimde olan sesleri dahi işitiyor." hissiyatında olmalı ve "Acaba Allah, alacağım bu aksiyondan dolayı benden razı mı?" sorusunu kendine sormalıdır.

Burada, şöyle bir detaydan da bahsedelim:

Bir insan kendi adına; Allah'ın emirlerini yerine getirme motivasyonunu devam ettirip hidayetle hareket etmeye ve bahaneler üreterek nefsini temize çıkarmaktan da kaçınmaya çalışıyor, bu nedenle de temkinle hareket ediyor olabilir. (Nefsi temize çıkartmak için bkz.)[11] Fakat işin asıl zor olan tarafı; insanlarla olan ilişkilerde hidayetli davranabilmektir. Mesela; bir insanın, Allah (C.C.) ile olan özel ilişkisinde, yapıp yapmadıkları ya da dikkat edip etmedikleri olabilir. Böyle bir kul, "Ya Rab'bi! Sen Gafûr ve Rahîm olansın. Kullarını affeder, onların tüm ihtiyaçlarını giderirsin, merhametin eşsizdir. Beni de affetmeni istiyorum." hissiyatıyla istiğfar edip, daha sonra da yolculuğuna kaldığı yerden devam edebilir. (Gafûr, Rahîm, İstiğfar için bkz.)[12] Ancak asıl zor olan; diğer insanlarla olan ilişkilerde, karşılıklı menfaatler söz konusu olduğunda, Allah'ın koyduğu sınırlara ve prensiplere göre hareket edebilmektir.

Tanrı'dan aşağı konumda yer alan ve fazlaca önem verilmeyen bir melek durumundan Tanrı'nın rakibi olan kozmik güç, düşman durumuna yükselmiştir. Talmut'ta şeytandan somut anlamda ayartıcı ve sınayıcı özelliğe sahip semavi bir varlık olarak söz edilir. (I. Tarihler, 21/1-14; krş. II. Samuel, 24/1-10)

İbadet: Kulluk vazifelerini İslamiyet'in bildirdiği şekilde yerine getirmek, Allah'ın emir ve yasaklarına uymak demektir.

11. Nefsi temize çıkartmak: İnsanın kendine ait bir parçası olan nefsinde; hiç kusur görmemesi, var olan kusurlarını örtmesi, hatta elinden gelirse bunları faziletmiş gibi göstermesidir.

12. Gafûr: Sözlükte, "birinin kusurunu örten, suçunu bağışlayan" demektir. Allah'a nispet edilerek O'nun ismi olarak kullanıldığında ise; Allah'ın kulunu azap görmekten koruması, kusurunun bağışlanması anlamına gelir.

Rahîm: Allah'ın isimlerinden olan "Rahîm"; "Allah'ın sonsuz şefkat ve merhametiyle lutuf ve ihsanda bulunması" demektir.

İstiğfar: Allah' tan, suçların bağışlanmasını dilemek, tövbe etmek demektir.

Gelin şimdi, ayette bahsedilen "anne-babaya ihsan seviyesinde iyi muamele etme" disiplinine, bir de bu perspektiften bakalım.

Anne-baba-evlat ilişkisi, dikkatli olunması gereken zor bir ilişkidir. İnsan bu ilişkide, "Benim elimden bu kadarı geliyor. Bu, benim yapabileceğimin en iyisi." deyip kolayca nefsini temize çıkarabilir. Peki, gerçekten öyle midir? Acaba, yapılabilecek olanın en iyisi yapılmış mıdır, yoksa "iyi" kriteri; kişinin kendi konfor alanına göre mi belirlenmiştir? Bunlar, üzerinde düşünülmesi gereken önemli sorulardır.

Daha önce de arz edildiği gibi, "anne-babaya ihsan seviyesinde muamelede bulunma" konusu için; herkesin kendine özel, subjektif bir kapasitesi vardır. Bizden istenen ise, bu kapasiteyi en iyi şekilde kullanarak anne-babamıza ihsan seviyesinde muamele etmemizdir. Böyle bir durumda, elbette nefis devreye girerek insana; "Anne-babam bana şöyle davranmıştı. Oysa ben, onlar için elimden gelen ne varsa, en iyi şekilde yapmaya çalışıyorum. Daha ne yapabilirim ki?" dedirtebilir. Peki sizce bu anlayış, Allah'ın belirlediği standartlarla örtüşüyor mu? Elbette hayır. Çünkü ihsan seviyesi ile ilgili; "Şu kadar şunu yaptım. Bu yaptığım yeterli." gibi bir sınırlama yoktur. Zaten bu nedenle; İsrâ suresi 23. ayette, anne-babamıza nasıl davranmamız gerektiği ile ilgili disiplinler anlatmıştır.

Daha sonra gelen 25. ayette Allah (C.C.); "Rabbukum a'lemu bi mâ fî nufûsikum. - Rab'biniz ruhlarınızdaki duyguları pek iyi bilir." buyurmaktadır. Bu ifadeyle mealen, "Nefislerinizle, kendinizle ve iç dünyanızdaki; 'Anne-babam bana böyle davranırken, kardeşlerime şöyle davrandılar. Bana, hakkım olanı vermediler.' gibi hırıltılarla baş başa kaldığınızda; anne-babanıza; yapabileceğinizin en iyisine göre, ihsan seviyesinde muamelede bulunuyor musun?" buyrularak; iç dünyamızda olanlara en vâkıf olanın Allah (C.C.) olduğu bildiriliyor.

İnsan, kendisine ya da başkalarına yalan söyleyebilir veya bahaneler uydurabilir. Sunduğu delil ve argümanlarla hem kendini hem de başkalarını kandırabilir. İnsan, istediği kadar yaptığını süslesin, karşında olanı suçlayıp baskı kursun, şantaj yapsın; ancak günün sonunda, hiç kimse Allah'ı (C.C.) kandıramaz.

İşte ayetteki, "Rabbukum a'lemu bi mâ fî nufûsikum. - Rab'biniz nefislerinizdeki duyguları pek iyi bilir." ifadesiyle, Allah'ın iç dünyamızda olan sesleri, mücadeleleri, nasıl bahaneler ürettiğimizi çok iyi bildiği anlatılıyor.

Bazen öyle anlar olur ki bazı kişiler, sırf hitabetleri iyi olduğu için veya ellerindeki argümanları kendi menfaatlerine uydurdukları için; kesinlikle haksız oldukları bir konuda bile muhataplarını kandırabilir, hatta haklı bile çıkabilirler. Fakat unutulmamalıdır ki Allah (C.C.), kimin ne yaptığını ve kimin iç dünyasında ne olduğunu en iyi bilendir.

Allah (C.C.), bu konu ile ilgili Necm suresi 32. ayette şöyle buyuruyor:

Necm 32- "Ellezîne yectenibûne kebâiral ismi vel fevâhışe illâl lemem, inne rabbeke vâsiul mağfirati, huve a'lemu bikum iz enşeekum minel ardı ve iz entum ecinnetun fî butûni ummehâtikum, fe lâ tuzekkû enfusekum, huve a'lemu bi menitteka."

"O iyiler, ufak kusur ve günahlardan olmasa da büyük günahlardan, aşikâr hayasızlıklardan kaçınırlar. Senin Rab'binin mağfireti boldur. O sizi topraktan yaratırken ve siz annelerinizin karınlarında döl hâlinde iken mayanızın ne olduğunu gayet iyi bilir. Öyleyse kendinizi temize çıkarmayın, övünüp durmayın. Çünkü kimin Allah'ı daha çok sayıp, O'na karşı gelmekten sakındığını; O pek iyi bilmektedir."

Buradaki, "Fe lâ tuzekkû enfusekum." ifadesi mealen; "Kendinizi, nefislerinizi temize çıkarmayın." demektir. Yani Allah (C.C.) bu ayetle bize; nefislerimizi temize çıkarmamamız gerektiğini ve kimin daha takvalı olduğunu en iyi bilenin ancak Kendi Zat'ı olduğunu bildirmektedir.

Bu, aynı zamanda şu anlama da gelir: Allah'ın emirlerinden, hidayetinden herhangi bir şey duyduğumuz zaman, ilk önce nefsimize dönüp kendimizi muhasebe etmeliyiz. Burada anlatılanlar başkalarına hitap ediyor diye düşünüp, sanki bizim hiç hatamız yokmuş ya da bu hidayetlere ihtiyacımız yokmuş gibi davranamayız.

Allah (C.C.) "Nefsinizi temize çıkarmayın!" buyuruyor. Önce, kendi nefsimize bakmalı, eksik ve zayıf yönlerimizi geliştirmeye çalışmalı ve ayetleri, sanki bizim için inmiş gibi okumalıyız.

Biz kendimizi düzeltmeye ve iç dünyamızdaki sesleri Allah için susturmaya başladığımızda; bu durumdan, çevremizdekiler de istifade edecektir. Önemli olan, öncelikle kendi nefsimize dönmektir. Bu, çok önemli bir konudur. Allah (C.C.) bu önemi vurgulamak için, ayetin devamında; belirlediği kuralları esnetip, onları suistimal etmememiz gerektiğini bildirmek için "İç dünyanızda, nefislerinizde olanları en iyi Allah bilir." buyuruyor.

Şimdi gelin, bu perspektifle İsrâ suresi 25. ayetin devamındaki; "in tekûnû sâlihîne - eğer gerçekten salihlerden iseniz" bölümünü anlamaya çalışalım.

"İn tekûnû sâlihîn" ifadesi ile mealen; "Sen, salih bir kişi olduğun etiketini kendine takma. Şayet salihlerden isen, Allah sana elbette o mükâfatı verecektir. İç dünyanda olanları; kimin salihlerden olup, kimin olmadığını, kimin ihsan şuuru ile hareket edip kimin etmediğini; Allah zaten biliyor. Bu nedenle bahane üretme; anne-babana ihsan seviyesinde iyi davran." buyruluyor. (Salih, İhsan için bkz.)[13]

Yani bu ayetle mealen; "Nefsini hatasız, kusursuz görme! Kendine, 'Ben salihim.' etiketi takma! İstediğin kadar bahane uydur, istediğin kadar; 'Anne-babam da bana şöyle yaptı.' diye, delil sun. Allah kulunun neyi, hangi motivasyonla nasıl yaptığını çok iyi bilir. Öyle ki senin salih olma dereceni, iç dünyandaki sesleri; anne-babana ihsan mertebesinde davranıp davranmadığını da biliyor." deniliyor.

---

13. Salih: Dine ve dünyaya yönelik iyi, doğru, faydalı işler yapan kişiler için kullanılan bir kavramdır.
İhsan: Sözlükte "güzel olmak" anlamına gelen "hüsn" kelime kökünden türetilmiş bir mastar olup genel olarak "başkasına iyilik etmek" ve "yaptığı işi güzel yapmak" şeklinde kısmen farklı iki anlamda kullanılmaktadır. Bu anlamların yanında ihsan; Allah'ı görüyor gibi ibadet etmek anlamına da gelmektedir. Bir insanın yaptığı bir işin ihsan seviyesine ulaşabilmesi için ise; hem neyi nasıl yapması gerektiğini iyi bilmesi hem de bu bilgisini en güzel biçimde eyleme dönüştürmesi gerekir.

Allah (C.C.) bizi, fıtratımızı, neyi ne kadar yapabileceğimizi ve yaptığımızı biliyor. Mütevazi olmalı, yerimizi bilmeliyiz. Anne-babamız için yaptıklarımızla yetinmemeli, ihsan şuuruyla "Acaba, anne-babamı, daha nasıl razı edebilirim?" demeli ve hep bu motivasyonla hareket etmeliyiz.

İsrâ suresi 25. ayet şöyle devam ediyor:

"Fe innehu kâne lil evvâbîne gafûrâ. - Allah kötülüklerden tövbe edenlere karşı, günahları çok affedicidir."

Buradaki "evvâbîn" kelimesi, "evba" kelime kökünden türetilmiştir ve "geri gelmek, dönmek" anlamlarına gelir. Ayette bu kelime kullanılarak mealen; "Onlar o kimselerdir ki devamlı iç dünyalarına döner ve davranışlarını muhasebe edip dururlar. Nefisleriyle hep bir mücadele hâlindedirler. Nefislerini temize çıkarmazlar, bahanelerin arkasına saklanmazlar ve 'Rab'bim, ben daha iyisini yapabilirdim.' diyerek tövbe ederler. Üstelik bunu, tekrar tekrar yaparlar. Allah da (C.C.) onlara karşı Gafûr'ur Rahîm'dir." buyrulmaktadır. "Evvâb" kelimesi Arapçada, "patern"; yani "devam eden, süreklilik bildiren aksiyonlar" için kullanılır. Dildeki bu kullanıma da "sîgatul mübalağa" denilir. Mesela; sürekli ekmek pişiren fırıncı için "habbâz", sürekli et kesme işlemi yapan kişi için de "kassâs" kelimesi kullanılır. Aynı şekilde, Allah'ın Vehhâb esmasında da "arka arkaya durmadan ihsanda bulunan" anlamı, "Gaffâr" esmasında da "durmadan affetme" anlamı vardır. Yani burada da bir "pattern - süreklilik" söz konusudur.

İşte ayetteki "evvâbîne" kelimesiyle de "kendini durmadan kontrol eden, sorgulayan, yaptıklarına dönüp dönüp bakan ve tövbe eden" bir kişi anlatılır. Bu kişinin davranışlarını kontrol etmesi, sadece belirli gün ve gecelerle sınırlı değildir. O; gün içinde birçok defa içine dönüp kendini muhasebe eder. İşte, aksiyonlarında "evvâb" olan, nefsiyle her an mücadele eden böyle kimseler için de Allah (C.C.) affedici olduğunu buyurmaktadır.

Bu perspektifle bakıldığında; beş vakit namaz kılmak, "evvâbîn"den olmak demektir. Çünkü namaza durduğumuzda; "Allah'ım, işte huzurundayım. İşlediğim günahları, nefsimin zaaflarını Sana itiraf ediyorum. N'olur, lütfunla beni bağışla." dediğimizde, istiğfardaki ilk adımı, yani "tövbe"yi yapmış oluruz.

Beş vakit namazı aksatmadan, kendimizi muhasebe etme şuuruyla düzenli olarak kıldığımızda ise, tövbenin üçüncü adımı olan "evbe"yi yerine getirmiş oluruz.

"Evbe", "tövbe"nin tekrar eden hâli demektir. (Tevbenin dereceleri için bkz.)[14] Allah (C.C.), bu şekilde hareket edenlerin günahlarını affedeceğini vadediyor. Ayette özellikle, anne-babaya karşı yapılan kötülüklerin, yanlışların affedileceğini anlatılıyor. Kısacası; anne-babasıyla ilişkide, "Acaba, daha iyi nasıl davranabilirim?" diye kendini sürekli muhasebe edenleri, Allah'ın affedeceği anlatılıyor.

Bir önceki bölümde bu konu için, detaylı bir analiz yapılmış ve hangi grubun nasıl hareket etmesi gerektiği detaylı bir şekilde izah edilmişti.

Evladının hakkını gözetmeyen, onlara zulmeden ebeveynler değil, sürekli evlatlarının iyiliği için çalışan anne-babalardan ve evlatların, onlara ihsan seviyesinde davranmasından bahsediliyor. Ayette; evlatların anne-babalarına karşı muamelelerini sürekli kontrol etmeleri, hep daha iyisini yapmaya gayret etmeleri, hatta yapamadıkları için de istiğfar etmeleri emrediliyor. "Mütevazılaşma" ile beraber tekrar tekrar "tövbeye yöneltme" anlatılıyor. Böyle yapıldığında Allah (C.C.), kişinin diğer kusurlarını da affedeceğini söylüyor. Bu bizler için, muhteşem bir müjdedir. Çünkü Allah, vaadinden asla dönmez!

Buraya kadar, Musa'ya (A.S.) verilen "On Emir"in Kur'an'daki karşılığı olan İsrâ suresi ayetlerindeki "Allah'a kulluk, anne-babaya ihsan mertebesinde iyi muamele ve şartları" anlatıldı. Allah (C.C.) bu hidayetleri verdikten sonra, diğer emre geçiyor:

İsrâ 26- "Yakınlarına, yoksula, yolda kalmışa hakkını ver."

---

14. Tevbenin dereceleri: İç muhasebesi yaparak Allah'a yönelmenin üç hâli vardır. İlki "tövbe" dir ki bu; Allah'a sağlam, yürekten bir dönüş ile dönmek demektir. İkincisi "inâbe"dir ki bu da Allah'a dönüşü bütün ruhu, kalbi, hissi ve vicdanı ile devam ettirmektir. Bunun bir kademe üst derecesi ise "evbe" dir. Bu da sürekli Allah'a yönelme hâlinde olmak demektir.

Dikkat edin! Allah (C.C.), anne-babamız ile ilişkimizden sonra, diğer insanlarla olan ilişkimizi de adım adım dizayn ediyor.

Gelin, ayetin detayları ile devam edelim.

Ayette mealen; "Sana yakınlık derecesine göre herkese hakkını ver." deniliyor. Buradaki sıralamanın; kan bağı olan kişilerle başlayıp, dışarıya doğru devam ettiğini görüyoruz. Allah (C.C.) çok net bir biçimde; Zât'ına kulluk, anne-babaya ihsan derecesinde muamele emrinden sonra; akrabalara ve sırasıyla, çevremizdeki insanlara iyi davranmak ve onlara sahip çıkmak gerektiğinden bahsediyor. Bu, üzerinde düşünmemiz gereken önemli bir konudur.

Bu sıralamayla ne kastedildiğini ve yapılması gerekenleri Son peygamber Muhammed'in (S.A.V.) şu hadisi ile daha net anlayabiliriz:

Enes b. Mâlik diyor ki: "Teinim oğullarından bir adam gelip Resulallah'a (S.A.V.) şöyle dedi: 'Ey Allah'ın Resul'ü! Ben; çok malı olan, çoluk çocuğu bulunan ve gayr-i menkulü olan birisiyim. Bana, bunları nasıl harcayacağımı ve ne yapacağımı söyle.' Resulallah (S.A.V.) şöyle buyurdu: 'Şayet malın varsa, zekâtını vereceksin. Zira zekât, seni temizleyen bir temizleme vasıtasıdır. Akrabana iyilikte bulunacaksın, dilencinin, komşunun ve yoksulun hakkını gözeteceksin.' Adam: 'Ey Allah'ın Resul'ü, bunu benim için biraz azalt.' dedi. Resulallah da (S.A.V.) bunun üzerine, 'Yakınlarına, yoksula, yolda kalmışa hakkını ver, sakın saçıp savurma!' ayetini okudu. Adam: 'Ey Allah'ın Resul'ü, zekâtı Sen'in memuruna verirsem, Allah'a ve Peygamber'e karşı onun sorumluluğundan kurtulabilir miyim?' diye sordu. Resulallah da (S.A.V.) ona, 'Evet, zekâtı Ben'im memuruma verirsen; onun sorumluluğundan kurtulmuş olursun. Bu davranışından dolayı senin için sevap da vardır. Onu senden alan, onda herhangi bir değişiklik yapacak olursa; ödediğin zekâtın sevabı sana, günahı da onu değiştirene aittir." diye cevap verdi.[15]

---

15. Ebu Said Abdüsselam b. Said b. Habib et-Tenuhi, el-Müdevvenetü'l-kübra, Matbaatü's-Saade, Kahire, 1323, C.2: s.88

Ayetteki önemli bir diğer ayrıntı da kullanılan hitap formudur. Allah (C.C.), ayette "sen" diyerek hitap etmiş, yani fiili tekil hâlde kullanmıştır. Bu ayrıntı çok önemlidir. Peki, neden? Acaba bu kullanımla bize anlatılmak istenen nedir?

Bu sorunun cevabını şöyle açıklayalım: Bazen, akrabalar arasında anlaşmazlıklar yaşanabilir. Örneğin; iki kuzen kavga etmiş ve bu kavganın ardından gelişen olaylar sebebiyle konu; iki kişi arasında olmaktan çıkıp akrabalar arasındaki bir kavgaya dönmüş olabilir. Bu, istenmeyen bir durumdur. Siz biriyle kavgalısınız diye; abiniz, ablanız, bütün aileniz de o kişiye kavgalı olmak zorunda değildir. Çünkü bu konu, sadece sizi ilgilendirir.

Ayetteki tekil kullanıma ve "Sen hakkını ver." ifadesine dikkat edelim. Burada mealen; herkesin, bireysel olarak yaptıklarından mesul olacağı ifade ediliyor. Bakın, bu konu önemli ve iyi anlaşılmadığı zaman; iki kişinin arasındaki herhangi bir anlaşmazlık, bütün aileyi, çevreyi olumsuz etkileyebilir.

Mesela; siz, abinizin kavgalı olduğu bir yakınınızla ilişkinizi devam ettiriyor olabilirsiniz. Böyle bir durumda insanlar size; "Nasıl hâlâ onunla görüşmeye devam ediyorsun? Sen kimin tarafındasın?" diyor olabilirler. İşte ayetteki; "Sen hakkını ver." ifadesi ile bunun önüne geçiliyor ve mealen; "Abinin biriyle kavgalı olması, senin de kavgalı olman gerektiği anlamına gelmez. Herkes kendinden, kendi akrabalık bağını devam ettirmekten mesuldür. Yani sen, kendinden mesulsün." buyruluyor.

Bununla ilgili şöyle bir örnek daha arz edelim.

Bazı çiftler, boşanıp ayrılabilir. Ancak bu durum onların çocuklarına; "Beni seviyorsan, babanla konuşmayacaksın. Babanın tüm akrabaları ile ilişkini kes; çünkü biz, babanla ayrıldık." ya da "Bu evliliği annen bitirdi. Bundan dolayı artık annenle ve onun yakınlarıyla görüşmeni istemiyorum, çünkü ben hepsine dargınım." diyebilecekleri anlamına gelmez. Bunu yapamazlar. Evlatlar da bu söylenenleri dinlememelidir. Herkesin ilişkisi, koruması gereken akrabalık bağları kendi ile ilgilidir. Her birimiz, kendimizden sorumluyuz ve herkese hakkını vermeliyiz.

Allah (C.C.), kurallarını bildikten sonra, bize düşenler, yani yapmamız gerekenler aslında çok nettir. Ayette; "Ve âti, hakkahu. - Hakkını ver." buyuruluyor. Bu konuda dikkatli olmalı ve sorumluluklarımızı yerine getirmeliyiz.

Şöyle hayal edin: Diyelim ki sevmediğimiz veya daha önce sorunlar yaşadığımız amcamız, dayımız ya da halamız hastanede ve paraya ihtiyaçları var. Bu durumdan haberdar olduk ve aslında onlara yardım edebilecek kadar maddi imkânlara da sahibiz. İşte böyle bir durumda, onlara yardım edip etmeme konusunda karar verirken ölçümüz; "Ben onu sevmiyorum." olmamalıdır. Yani "Sevdiğimiz insanlara yardım edip, sevmediklerimize yardım etmeyelim." diye bir durum söz konusu değildir. Hakkı olana, hakkını vermeli ve Allah'ın koyduğu kurallara göre hareket etmeliyiz. Bu, "O akrabanın, o kişinin senin üzerinde hakkı varsa; ona hakkını vermelisin." anlamına gelir.

Unutmayın! Kan bağımızı biz belirlemedik; dayımızı, amcamızı, halamızı, teyzemizi biz seçmedik; Allah (C.C.) seçti. "Ben onu sevmiyorum." diyerek onları yok sayamayız.

Allah (C.C.); sadaka vermeye, yardım etmeye ilk önce kişinin en yakınındakilerden başlamasını emrediyor. Burada dikkat edilecek ölçü; bizim sevip-sevmememiz değil, Allah'ın emri ve belirlediği kurallar olmalıdır. Bu vazife yerine getirirken de ihlas ölçüsü ile hareket etmeli ve "Bu, onun hakkı. Allah böyle emrediyor ve ben de bu hakkı yerine getiriyorum." demeliyiz. (İhlas için bkz.)[16] Bu hakkı akrabamızın ya da yakınlarımızın değil, bizzat Allah'ın (C.C.) belirlediğini de asla unutmamalıyız.

İnsan bazen, sevdiği ve sevmediği akrabaları arasında seçim yapar. Bu, insani bir durumdur. Bir akrabamızla diğerlerine nazaran daha fazla vakit geçirebiliriz, onu daha fazla da sevebiliriz. Diğerini de kendimize daha uzak

---

16. İhlas: Sözlükte, "arınmak, saflaşmak, kurtulmak" anlamındaki "hulûs-halâs" kelime kökünden türetilmiştir. İhlas; "bir şeyi, içine karışmış ve değerini düşürmüş olan başka şeylerden temizleyip arındırmak, saflaştırmak" anlamına gelir. Terim olarak ise ihlas, "ibadet ve iyilikleri riyadan ve çıkar kaygılarından arındırıp sadece Allah için yapmak" demektir.

görebiliriz. Ancak bu durum bize; sevmediğimiz veya kendimize uzak gördüğümüz akrabamızı yok sayma hakkını vermez, ihtiyacı olduğunda ona sahip çıkmayacağımız anlamına gelmez. Bizim ölçümüz, her zaman Allah'ın emirlerine ve belirlediği kurallara uymak, ona göre hareket etmek olmalıdır.

Şeytan, özellikle bu alanda çok aktiftir. O; akrabalık ilişkilerini bozmak, insanlara sıla-i rahimi terk ettirmek için çok çabalar. (Sıla-i rahim için bkz.)[17] Çünkü bu, Allah'ın çok önem verdiği bir alandır. Ve bu alanda; insanlar, yaptıklarını yalnızca Allah'ın rızasını kazanmak için yapmanın "ihlas imtihanı"na tabi tutulurlar.

Burada şu ayrıntıdan da bahsedelim. Ayette ifade edilen "hakkını verme" ile kastedilen ilk şey; maddi imkânsızlıklar esnasında, ihtiyaç sahibi olan kişiye yardım etmektir. Âlimler, ayette kastedilenin öncelikle bu konu olduğu görüşünü benimserler.

Tabii bu durumun suistimal edilmesine de müsaade edilmemeli. Çünkü bazı insanlar, bu durumu suistimal edip; "Sen Müslüman'sın. Allah da akrabanın hakkını vermeyi söylüyor. Şu arabanın yeni çıkan modelinden almak istiyorum. Akraba olduğumuzdan, bu arabayı almam için, bana şu kadar yardım etmeli, hakkımı vermelisin." diyebilir. Ya da kardeşimiz; kendi maddi durumunu düzeltmek, içinde bulunduğu şartları geliştirmek için belli aralıklarla bize; "Bana yardım et. Paraya ihtiyacım var." diyerek borç alıp geri ödemeyebilir. Ayette kastedilen hak ile, akrabaya yardım etmek elbette bu değildir. Bu, suistimal edilecek bir mesele değildir. Bu hakkı suistimal edenlere, kendi rahatını düşünüp karşısındakini zora sokanlara, sürekli borç alıp ödemeyenlere karşı dikkatli olmalı ve bahsedilen bu konularla ilgili gerekli hükümleri de öğrenmeliyiz.

---

17. Sıla-i rahim: Sözlükte "bağ, ilişki" anlamına gelen sıla ile "döl yatağı, ana rahmi" ve mecazen "insanlar arasındaki soy birliği, akrabalık bağı" mânasındaki rahim kelimelerinden oluşur. Sıla-i rahim; terim olarak "kan bağı ve evlenme yoluyla oluşan akrabalık bağlarını yaşatma, akrabalarla ilişkiyi sürdürme, haklarını gözetme, onlara ilgi gösterme, iyilik ve yardımda bulunma, ziyaret etme" şeklinde açıklanmaktadır.

Resulallah (S.A.V.); "Komşusu açken tok olarak yatan kimse bizden değildir."[18] buyuruyor. Burada anlatılan, komşunuzun size gelip; "Komşum ben açım. Bana da yemek ver." demesi değildir. Komşumuzun hâlini takip etmeli, durumunu gözlemlemeli, bir şeye ihtiyacının olup olmadığını öğrenmeliyiz. Yani o kapımıza gelmeden biz, onun durumundan haberdar olmalıyız.

Bazı insanlar izzetlidir, başkalarından bir şey istemezler. Buna örnek olarak Bakara suresinin 273. ayetinde Ashâb-ı Suffa'dan (Ashâb-ı Suffa için bkz.)[19] şöyle bahsedilir:

Bakara 273- "Lil fukarâillezîne uhsirû fî sebîlillâhi lâ yestatîûne darben fîl ardı, yahsebuhumul câhilu agniyâe minet teaffuf, ta'rifuhum bi sîmâhum, lâ yes'elûnen nâse ilhâfâ ve mâ tunfikû min hayrin fe innallâhe bihî alîm."

"Bu yardımlar, kendilerini Allah yoluna vakfeden yoksullar içindir. Bunlar, yeryüzünde dolaşıp geçimlerini sağlama imkânı bulamazlar. Halktan istemekten geri durmaları sebebiyle, onların gerçek hâllerini bilmeyen kimse, onları zengin sanır. Ey Resul'üm, sen onları simalarından tanırsın! Onlar yüzsüzlük ederek, halktan bir şey istemezler. Şunu bilin ki, hayır adına her ne verirseniz; mutlaka Allah onu bilir."

Ayette; "cahl" kelimesi geçiyor. Arapçada "cahl" kelimesi, "duygularıyla, aklına geldiği gibi hareket eden, duygularını kontrol edemeyen, freni olmayan, prensiplerle hareket etmeyen" demektir. Bu, Allah'ın sevmediği bir özelliktir. Bakara suresi 273. ayete göre, cahil insanın özelliklerinden biri insanların hâllerinden anlamamalarıdır.

Ayette mealen, "Sen onların hâllerinden habersiz olma, cahil gibi hareket etme!" deniliyor. Yani o insanlar hakkında; "Durumunun iyi olduğunu düşünüyorum. Zaten eskiden de iyiydi.

---

18. Hâkim, Müstedrek, 4/183, h. No: 7307
19. Ashâb-ı Suffa: Medine' de, Peygamber mescidi ile yan yana kurulmuş "suffa" denilen gölgelikte yaşayan; bütün zamanlarını son peygamber Muhammed'ten (S.A.V.) İslam'ı öğrenmekle geçiren, genellikle genç, bekar ve fakir durumda olan Kur'an ve Sünnet öğrencilerine verilen isimdir.

Onun ihtiyacı yoktur. İhtiyacı olduğunda da arayıp söylesin. İlla benim sormam, takip etmem mi lazım?" demek; duruma prensiplere göre bakmamak, kendini kandırmak; çevresini, akrabalarını gözetmemek demektir.

Cahil kişi kafasını kaldırıp etrafına bakmaz, "Bu kişinin ihtiyacı yoktur, sıkıntıda değildir." diye düşünür. Karşısındakinin sıkıntısı, çok bariz anlaşılmasına rağmen; onunla ilgilenmez, hâlini sormaz. "İyidir ya, ihtiyacı olsa söylerdi." der. "Komşum ne hâlde? Akrabalarım ne hâlde?" diye düşünmez, hatta onlar umurunda bile olmaz. O, kendi hayatını yaşamaya devam eder. Allah bunları yapan, böyle düşünen, bu şekilde hareket eden kişileri "cahil" olarak tanımlıyor.

"Cahillik", Allah'ın sevmediği bir hâldir. Bu hâlden korunmak için; akrabalara, yakınlara karşı hassas olmalı, ihtiyaçları olunca onlara yardım etmeli, onları aramalı, hâllerinden haberdar olmalıyız. Ancak ayette bize mealen; "Kafanı kaldır, bak, araştır. Acaba, akrabalarımın durumu iyi mi? Acaba, sıkıntı yaşıyorlar mı? Komşum ne hâlde? Acaba, komşum için bir şey yapabilir miyim?" diye düşünmemiz ve bu konuda hassas davranmamız gerektiği öğretiliyor.

Anlatılan bu ölçülere dikkat etmeli, hassas olmalıyız. Bazı insanlar, izzetlidir; "Benim şuna ihtiyacım var." demez. Ancak bizim dikkatli ve farkında olmamız gerekir. Böyle bakarsak; gerçekten ihtiyaç sahibi olanları, yüzlerinden anlarız. Allah (C.C.), onları bize hissettirir. Eğer bu işin hakkını vermezsek, cahiller gibi hareket etmiş oluruz. Ayette mealen; "Hayatını yaşa, kafana göre takıl, başkalarını umursama. Zaten, sıkıntısı olan söyler. Sen mi kapısına gideceksin?" değil, "Onları gidip sen bulmalısın, onlara sahip çıkmalısın." deniliyor.

Burada şu noktaya da dikkat etmeliyiz: Ayette bahsedilen "hakkını verme" kavramı ile kastedilen; kişinin "rahatını, konforunu artırma" değil; "ciddi ihtiyaç hâlini giderme" dir. Bu ayrım doğru yapılmalıdır.

Ayet, "vel miskîne" ifadesi ile devam ediyor. "Sekene" kelime kökünden türetilen "miskîn" kelimesi, "yoksul" diye tercüme edilmiş. Ancak bu tercüme, kelimenin anlamını tam olarak karşılamıyor. "Miskin" kelimesi, aynı kökten türemiş olan "meseka" ve "sekena" ifadelerindeki anlamların birleşiminden oluşuyor. "Sekena"; "sükun hâli"ni ve "hareket edilemeyecek durumlar"ı ifade eder. "Meseka" ifadesi ise, "başını sokacak bir meskeni bile olmayan" kişiler için kullanılır. İşte, bir kişide bu iki durum varsa, o kişi "miskin" demektir. Yani "miskin"; yetersiz imkânlar içinde kendini sıkıntıdan kurtaramayacak kadar daralmış durumda olan kişiye denilir.

Ayet daha sonra; "vebnes sebîli - yolda kalmışa" ifadesi ile devam ediyor. Bu ifadenin tam tercümesi "ibni sebil - yolun oğlu, bir oraya bir buraya giden, savrulan, yerinde duramayan kişi" demektir. Bu ifade ile; "hakkı verilecek" diğer bir gruptan bahsediliyor. Yani ayette mealen "Yolculara da ihtiyaçları hâlinde haklarını ver." deniliyor.

Toparlayalım.

İsrâ suresi 25 ve 26. ayetlerle bize, güçlü bir toplumun nasıl olması gerektiğinin şifreleri gösteriliyor.

Bunu, bir metafor üzerinden şöyle açıklayalım:

Önce, küçük bir daire çizdiğinizi varsayın. Sonra onu içine alan büyük bir daire çizdiğinizi, daha sonra onları da içine alan daha büyük bir daire çizdiğinizi düşünün! Çizdiğiniz dairelerin en içte olanı, Allah'a (C.C.) kulluk dairesidir. Sonraki daire, anne-baba ile ilişkiler dairesidir. Yani insan; Allah (C.C.) ile ilişkisini kuvvetlendirip O'na yaklaşmaya çalışmazsa, anne-babasıyla ihsan seviyesinde bir ilişki kuramaz. Bunu tersten okursak; "Allah'la ilişkimizi kuvvetlendirmek, O'na yakınlaşmak istiyorsak anne-babamıza ihsan seviyesinde iyi davranmalıyız." Bunu yapabilen bir kişi, daha sonra "Yakın akrabana sahip çık." dairesine gelir. Bu dairedeki kişi; akrabası istemeden, söylemeden onun hâlini bilir ve ona sahip çıkar. Bunu yapabilen kişi de bir sonraki adıma geçer ve kendi çevresinden haberdar olur, onlara da sahip çıkar.

Resulallah (S.A.V.) döneminde mescit; sadece ibadet edilen, namaz kılınan bir yer değildi. Oraya herkes gelip toplanır, vakit geçirir, etraflarındakileri gözlemler; kimin ihtiyaç sahibi olup olmadığını, kimin hangi durumda olduğunu araştırıp öğrenir ve gerektiğinde yardım ederlerdi.

Etrafımızdakilerden, yaşadığımız toplumdakilerden, onların hâllerinden ve ihtiyaçlarından haberdar olmalıyız. Miskini, uzun zamandır yolda olanı, sahipsiz olanı görmeli; çevremizdekilere dikkatli bakmalı, araştırıp ihtiyacı olanlara sahip çıkmalıyız. Ve bunu da sadece Allah (C.C.) için, O'nun emri olduğu için yapmalıyız.

Günümüzde; sıkıntıda olan, çalışamayan, ihtiyaç sahibi ve miskin statüsünde olan birçok insan var. Kafamızı kaldırıp bakmamız, onları bulup, onlara sahip çıkmamız lazım. Bunun için, onları araştırmalıyız. Allah (C.C.) bize yardım edebileceğimiz miskin birisini gönderdiği zaman da "Ohh be! Elhamdülillah ya Rab'bi, sıkıntıda olanın sıkıntısını benim vesilemle giderdin. Bana ne kadar da büyük lütufta bulundun!" hissiyatında olmalıyız. Ayette anlatılanlara göre, buradaki tavır; "ihtiyacı olan kişiye yardımda bulunmuş olmak" gibi değil de "ona yardım etmek suretiyle kendine yardım etmek" şeklinde olmalıdır.

Bu ayet bize; yardımlaşan bir toplumun nasıl olması gerektiğini, nasıl yardımlaşılacağını, nereden başlanılacağını ve nereye doğru gidileceğini gösteriyor. Bu şifre alınıp sosyoloji biliminde uygulandığında; insanlar arasında sağlıklı, düzgün ilişkiler kurulacaktır. Yukarıda bahsedilen daireler hususunda dikkatli olmak ve bunlara göre ilerlemek gerekir.

Bu çalışmadan alınacak önemli hidayetlerden biri de şudur:

Akrabalarımızı biz değil, Allah (C.C.) seçti. Allah'ın seçtiği ve hayatımıza koyduğu bu akrabalık bağını yok sayamayız. Onların bizim üzerimizde hakkı var ve bu hakkı onlara vermeliyiz. Bunu yaparken de jest yapıyor gibi davranmamalıyız. Yaptıklarımızı, onları sevip sevmememiz önemli olmadan; Allah'a (C.C.) yaklaşma vesilesi kılarak, "Allah emretti, ben de yapıyorum. Bu, onların hakkı." hissiyatıyla yapmalıyız.

Miskinleri araştırıp, onlara sahip çıkmalıyız. Onlar izzetinden söylemese de bizler onları tanımalı, bulmalıyız. Onlara baktığımızda; "Yemek yememiş gibi duruyor. Ancak bunu söyleyemiyor, bir şey isteyemiyor olabilir. Ben de onun yerinde olsam, onun gibi davranırdım. Büyük ihtimalle o da söyleyemiyor." demeliyiz. Rencide etmeden, gerekirse başkası üzerinden ona yardım etmeliyiz. Yolda kalmışa da yolcu olacak olanlara da bir yerden başka bir yere gitmek isteyen, fakat imkânı olmayanlara da sahip çıkmalıyız. Duygularla değil, prensiplerle hareket etmeliyiz.

Yukarıda bahsedilen; "Allah'a kulluk, anne-babaya ihsan seviyesinde iyi davranma, yakın akrabaya, miskine, yolcuya sahip çıkma" dairelerini aklımızdan çıkarmayalım. Bir iyilik hareketine yakın çevremizden başlamalı, sonra da onu; nur gibi çevremize, her tarafa yaymalıyız. Bu hareket bireyden tüm topluma yayılır ve toplum değişir.

İşte İslam, insan ilişiklerine çok önem veren sosyal bir dindir. Eğer Allah'la bağımızı kuvvetlendirmek, O'na (C.C.) yakınlaşmak istiyorsak bu şartları yerine getirmeliyiz. Böyle davrandığımızda ibadetlerimiz daha da anlam kazanacaktır. Toplumun yapısı da işleyişi de düzelecektir. Çünkü herkes, Allah (C.C.) için şartları yerine getiriyordur.

Allah (C.C.) için yaptığımızda, Allah (C.C.) bizi affeder. Yeter ki Kur'an'da öğretilen disiplinlerle hareket edelim. Akrabalarımızın bize olan tavırlarına göre değil, duygularımıza göre değil; prensiplere göre hareket edelim. İşte o zaman, gerçekten ihlasla hareket eden kullar oluruz.

Bu bölümde; yakın akrabalarla ilişkinin miskinlere, çaresizlere, ihtiyaç sahiplerine, yolda kalmışlara yardım etme konusunun öneminden, nasıl olması gerektiğinden bahsettik. İsrâ suresi 25 ve 26. ayetleri analiz ederek; bu ayetler perspektifinden, toplumsal yardımlaşmanın ve bu yardımlaşma için belirlenen öncelik sırasının nasıl olması gerektiğini anlamaya çalıştık. Bir sonraki bölümde, Musa'ya (A.S.) verilen "On Emir"in Kur'an'daki karşılığı olan İsrâ suresinin 27-30. ayetlerini analiz ederek, anlatılan emir ve disiplinleri incelemeye devam edeceğiz.

Bir sonraki bölümü okumadan önce, sizden bu çalışmada anlatılanları göz önünde bulundurarak, yakınlarınızla olan ilişkilerinizi, yardımlaşma konusundaki düşüncelerinizi muhasebe etmenizi ve kendinize dair notlar almanızı istiyoruz.

5- Harcama Yapılırken Nelere Dikkat Edilmelidir?

Musa'ya (A.S.) verilen "On Emir"in Kur'an'daki karşılığı olan İsrâ suresinin ayetlerini analiz etmeye devam ediyoruz. Bu emirler; hayatımız için çok önemli disiplinlerdir. Onları tıpkı bir çekirdek gibi düşünebilir; hatta, onların dışında kalan diğer bütün emirleri de bu çekirdekten meydana gelen ağacın dalları olarak kabul edebiliriz.

Önceki bölümlerde, Allah'a (C.C.) kulluk, anne-babaya ihsan seviyesinde muamele etme; onlara karşı tevazu ve şefkat sahibi olma, anne-baba-evlat ilişkilerindeki ölçü ve toplumsal yardımlaşmadaki öncelikler ile yöntemin nasıl olması gerektiği konularından bahsedildi. Bu bölümde ise, İsrâ suresinin ayetleri perspektifinden; bir insanın harcama yaparken nelere dikkat etmesi gerektiği konusunu analiz etmeye çalışacağız.

İsrâ suresinin bu ayetlerindeki disiplinler, sadece; "Şunu yap, bunu yapma." şeklindeki emir ve yasaklar değildir. Anlatılan her disiplin; aslında bir anlayış ve bir bakış açısıdır. Yani hayatını onlara göre dizayn eden ve yaşayan biri için bu disiplinler, tıpkı birer yol haritası gibidir.

İncelediğimiz ayetlerde verilen bu disiplinler, hayatımız için çok gerekli, faydalı hatta âdeta birer çekirdek hükmündedir.

Gelin, bunu biraz daha açalım.

Kur'an'daki birçok ayette; "Ve ekîmûs salâte ve âtûz zekâte. - Namazı kılın (ikame edin) ve zekâtı verin."[1] buyrulur. Yani namaz ile zekât bir arada anılır. Peki neden? Neden bu iki emir, birçok ayette beraber zikredilir? Ya da neden sıralama bu şekilde yapılıp önce; "Ekîmûs salâte. - Namazı ikame edin, kılın." sonrasında da "Âtûz zekâte. - Zekâtı verin." buyrulur? Bunca emir, farz ve yapılacak ibadet varken, Allah (C.C.); ayette neden önce

1. Nûr Suresi, 56; Bakara Suresi, 43

"namaz"dan bahsetmiş ya da neden özellikle bu iki ibadeti seçmiş ve art arda zikretmiş? Bunun sebebi; namaz ile zekâtın, âdeta Allah'ın bütün diğer emirlerinin özeti oluşudur.

Gelin, bunun ne demek olduğunu da şöyle açıklayalım:

Arapçada "namaz" için kullanılan "salât" kelimesi, "sıla" kelime kökünden türemiştir ve "bağ kurmak" anlamına gelir. Bu kelime bize; her insanın Allah (C.C.) ile özel, dizayn edilmiş bir ilişkisi olduğunu, yani insanın Allah (C.C.) ile arasında özel bir bağ bulunduğunu gösterir.

"Salât" kelimesi, başta namaz olmak üzere kişinin yerine getirdiği bütün ibadetleri ifade eden özel bir kavramdır. Mesela; kişinin namazını tüm şartlarına uyarak hakkıyla kılması, onun aslında yaratıcısı ile olan özel bir bağı ve ilişkisi olduğunu gösterir.

Aynı denklem perspektifi ile bakıldığında, insanın diğer yaratılmışlarla olan ilişkilerinin de "zekât" kavramı ile ifade edilebildiği açıkça görülür.

Bunu da şöyle açıklayalım:

Allah (C.C.) tüm yarattıklarına olduğu gibi insanlara da pek çok nimet vermiştir. İslam'a göre; Allah'ın bir insana verdiği nimetler, sadece ona ait değildir. Yani kişi; kendisine verilen nimetleri, belirlenmiş ölçüler içinde; imkânı olmayan diğer insanlarla paylaşmalıdır. Hatta bu paylaşım; sadece insanlarla da sınırlı kalmadan, bütün canlıları kapsamalıdır. Çünkü dünyada; insanların sahip çıkmasına, kollamasına ve ihtiyaçlarını gidermesine muhtaç olan pek çok hayvan da mevcuttur. Kısacası, insanın diğer yaratılmışlarla olan ilişkilerini düzenlemesi; elindekini başkalarıyla paylaşması "zekât" kavramı ile ifade edilir.

Kur'an'a göre zekât; "başkaları ile paylaşmak" ve "bu davranış sebebiyle insanın kendisini, malını temizlemesi" anlamına gelir. Bu sebeple de çok önemli bir ibadettir.

Allah (C.C.) ile olan ilişkisini "salât - namaz" ile dizayn eden bir insan, diğer yaratılmışlarla olan ilişkilerini de "zekât" ile dizayn eder.

Yani bir insanın hayatındaki ilişkilerin dizaynında çok önemli iki ana dal vardır ve bunlar sırasıyla:

1- Kişinin yaratıcısı ile olan münasebeti ve O'na karşı sorumlulukları

2- Kişinin yaratılmışlarla olan münasebeti ve onlara karşı sorumluluklarıdır.

Geri kalan diğer tüm emirler, bu ana dallardan türer. Bundan dolayı da birçok ayette arka arkaya, birlikte anılmış ve Allah'a (C.C.) karşı olan sorumluluk "namaz" ile, yaratılmışlara karşı olan sorumluk da "zekât" ile temsil edilmiştir.

Burada, ilginç bir detaydan da bahsedelim.

İnsan, namaz kılarken, onun şartlarını yerine getirmelidir. Yani namazın hangi zamanlarda ve hangi şekilde kılınacağı bellidir. Mesela namaz, günün belli vakitlerinde farz kılınmıştır ve bu sayede, âdeta insanın Allah (C.C.) ile olan bağının kopması engellenmiştir. Sürekli olarak Allah (C.C.) ile münasebette olan bir kul, elbette hayatını buna göre dizayn eder.

Peki, yaratılmışlarla olan ilişkilerimizi dizayn eden "zekât"a nasıl bakabiliriz?

Zekât, uygulanması gereken birçok emri de beraberinde getiren özel bir ibadettir. Aslında bu durum; zekât veren kişinin, otomatik olarak pek çok alanda gelişmesini de sağlar. Örneğin zekât veren biri; uyması gereken şartlara göre hareket ettiğinden ilişkilerinde hassas olmaya, vücut dilini bile kontrol etmeye çalışır. Çünkü Allah (C.C.); zekât ibadetinin ve ibadetle yapılan yardımın, muhatabı incitmeden verilmesi gerektiğinin üzerinde durmuş ve birçok ayette, bunların ölçülerini bize bildirmiştir. Zekât, tıpkı namaz gibi bir çekirdektir ve şartlar yerine getirildiğinde; bu çekirdekten bir hayat tarzı, anlayış, düşünce tarzı ortaya çıkar. Muhteşem değil mi?

İşte bu örnekler gözlüğüyle bakıldığında; İsrâ suresinde incelenen emir ve disiplinlerin, neden birer çekirdek hükmünde olduğu, çok daha net bir şekilde görülebilir.

Çalışmamıza Allah'a (C.C.) kulluk, anne-baba ile ilişki konularını analiz ederek başladık. Daha sonra sırasıyla yakın akrabalarla ilişki; miskinlere, çaresizlere, ihtiyaç sahiplerine, yolda kalmışlara, yaratılmışlara yardım etme konuları geldi. Bunların her birine, ayrı birer müessese ve iç içe sıralanmış daireler gibi bakılabilir.

İnsan bunlarla ilgili hükümleri anladığı, hayatını, bakış açısını bu hükümlere göre dizayn ettiği ve sonra da onları uygulamaya başladığı zaman; öğrendiği bu disiplinlerle bağlantılı bir sürü emri de yapmaya başlar, anlayışı değişir ve global bir transformasyonun içine girer. Böyle olunca da hem bakış açısı hem de hayatı pozitif manada değişir.

Unutmayın! "Anne-babana, 'Öff!' bile deme!" sadece bir emir değil, aynı zamanda bir anlayıştır. İnsanın anne-babası ile kurduğu ilişki; sadece onlarla kurulan ilişki olarak kalmaz, diğer insanlarla olan ilişkilerini de etkiler. Çünkü bu emirle artık, nefsin sıkıntılı bir alanına müdahale edilmiş ve bir transformasyon başlamıştır. Son peygamber Muhammed (S.A.V.) bu transformasyonu; yirmi üç senede, Kur'an'la adım adım gerçekleştirmiştir. İnsanları sıkıntıya sokan, Cahiliye döneminden kalma birçok adet, anlayış Kur'an'ın bu etkisi ile değişmiştir.

Bunu anlayan bir insan, İslam'ın aslında ne kadar güzel bir sistem olduğunun farkına varır. Her detayın öğrenilmesi yerine; temel disiplinler öğrenilip, uygulanmaya başlanıldığında; geri kalan tüm diğer emirler de anlaşılır hâle gelir. Yani ağacın her dalını öğrenmeye çalışmak yerine, öncelikle kökleri ve gövdesi öğrenilmelidir ki dallar otomatik olarak anlam kazansın. İşte bu nedenledir ki İslam'ı araştıran ya da yeni Müslüman olmuş biri; öncelikle Allah'a kulluğu, daha sonra anne-babayla olan ilişkiyi ve bu ilişkideki sınırların nasıl olması gerektiğini anlamaya çalışmalıdır. Daha sonra da sırasıyla; yakın akrabalarla, ihtiyaç sahipleri ile bağ kurmayı öğrenmelidir.

Örneğin; İslam'la ilgilenip İslam'ın sosyal yönünü anlamaya çalışan ve bu bakış açısıyla insanlara yardımcı olmak isteyen birinin, Resulallah'ın (S.A.V.) "Komşusu açken, tok olarak yatan kimse, bizden değildir." hadisini doğru anlaması çok önemlidir.[2] Çünkü Resulallah (S.A.V.) bu hadisi ile

2. Hâkim, Müstedrek, 4/183, 7307

bize; toplumsal yardımlaşmanın nasıl olması gerektiğini, bu konuda nelere dikkat etmemiz gerektiğini çok güzel bir şekilde izah etmiştir.

Bakın, bütün bu emirler; öncelikle kişinin bireysel manada gelişimini, daha sonra da toplumsal ve sosyal anlamda çok ciddi transformasyonların gerçekleşmesini sağladığı için çok önemlidir.

Şu ana kadar genel bir çerçeve çizerek, önceki bölümlerde anlatılan disiplinleri hatırlamaya gayret ettik. Bu bölümde ise, surenin 27-30. ayetlerini analiz edecek ve İsrâ suresindeki emir ve disiplinleri incelemeye devam edeceğiz.

Ayetlerimizi okuyarak analizimize başlayalım:

İsrâ 26;27- "Ve âti zel kurbâ hakkahu vel miskîne vebnes sebîli ve lâ tubezzir tebzîrâ. İnnel mubezzirîne kânû ihvâneş şeyâtîn ve kâneş şeytânu li rabbihî kefûrâ."

"Yakınlarına, yoksula, yolda kalmışa hakkını ver; sakın saçıp savurma! Çünkü savurganlar, şeytanların kardeşleri olmuşlardır. Şeytan ise, Rab'bine karşı pek nankördür."

İsrâ 28- "Ve immâ tu'ridanne anhumubtigâe rahmetin min rabbike tercûhâ fe kul lehum kavlen meysûrâ."

"Eğer elinin dar olması sebebiyle Rab'binden umduğun bir lütfu, bir imkânı beklerken; o hak sahiplerine şimdilik ilgi gösteremiyorsan, hiç değilse onlara gönül alıcı bir şeyler söyle."

İsrâ 29- "Ve lâ tec'al yedeke maglûleten ilâ unukıke ve lâ tebsuthâ kullel bastı fe tak'ude melûmen mahsûrâ."

"Eli sıkı olma, büsbütün eli açık da olma ki; herkes tarafından ayıplanan, kaybettiklerine hasret çeken bir hâle düşmeyesin."

İsrâ 30- "İnne rabbeke yebsutur rızka li men yeşâu ve yakdiru, innehu kâne bi ibâdihî habîran basîrâ."

"Şu kesin ki, Rab'bin dilediği kimsenin nasibini bollaştırır, dilediğinin nasibini daraltır. Çünkü Rab'bin kullarının her hâlini bilip görmektedir."

İsrâ suresi 27. ayetteki "mubezzirîne - savurganlar" kelimesi dikkat çekiyor. Peki sizce Allah (C.C.) neden bu kelimeyi kullanıyor, acaba bu ifade ile bize anlatılmak istenen nedir?

Şöyle izah edelim: "Mubezzirîne" kelimesi, "bezzir" kelime kökünden türetilmiştir ve "saçıp savurmak" anlamına gelir. Arapçada bu ifade; "kişinin eline aldığı bir şeyi, mesela; tohumları, gittiği her yere saçması, dağıtması" anlamında da kullanılır.

Allah (C.C.) kullandığı bu metafor ile bazı insanların ellerinde olan parayı nasıl kontrolsüzce savurduklarını bize bildiriyor. Kişinin zengin ya da fakir olması fark etmez; savurganlık, nefsin bir hastalığıdır. Bazı insanlar, ellerine para geçince; düşüncesizce savurur, para bittiği zaman da başkalarından borç isterler. Ya da maaşlarını alır, üç gün içinde harcar; sonra da parasız kalırlar. İşte burada tam da bu durum anlatılıyor ve "mubezzirîne" kelimesi, "saçıp savurmak" manasında kullanılıyor.

"Mubezzirîne" kelimesinin anlamlarından bir diğeri de "israf"tır. Âlimler; bu kelimenin israfı tarif etmek için kullanıldığını, ayette kastedilen mananın da "israf" olduğunu söylemişler ve bu konu üzerinde çok detaylı tefsirler yapmışlardır.

Gelin; detaya girmeden önce, bu konuyu da iki ana başlıkla özetleyelim.

Kur'an'da "israf" konusu üzerinde durulmakta ve bu konu şu iki ana başlıkta toplanmaktadır:

1- Kişinin, ihtiyacı olan şeylerde israfa kaçması

2- Kişinin, ihtiyacı olmayan şeylerde israfa kaçması

Bir insan, ihtiyacı olan şeylerde nasıl israfa girebilir?

Şöyle açıklayalım: Yemek yemek bir ihtiyaçtır. Fakat geliri belli olan birinin; maaşını aldıktan sonra, şehrin en lüks restoranına yemek yemeğe gidip, aldığı tüm maaşı harcaması israftır. Buradaki ölçü, iyi anlaşılmalıdır. Ya da ayakkabı bir ihtiyaçtır. Fakat marka takıntısı olan birinin; "Ya bu çok güzelmiş. Aslında bu ayakkabının şu rengi bende vardı, ama bunu da alayım. Nasıl olsa, indirim var!" düşüncesiyle aynı marka üründen birden fazla alması israftır. Çünkü kişi böyle bir davranışı, nefsinin obsesyonu ile yapar; ihtiyacı yoktur, fakat yine de satın alıp durur.

Resulallah (S.A.V.) bir hadisinde bu konuyla ilgili şöyle buyuruyor:

"Allah kıyamet gününde üç kişiyle konuşmaz, onları temize çıkarmaz, suratlarına bile bakmaz; onlar için acıklı azap vardır: Bunlar; zina eden ihtiyar, yalan söyleyen hükümdar, kibirlenen fakirdir."[3]

Hadisteki "kibirli fakir" ifadesi ile tarif edilen kişi; "imkânları, sınırları belli olduğu hâlde, içinde bulunduğu durumu kabul etmeyen ve elindeki mevcut imkânların, sınırların üzerinde yaşamaya çalışan; bunun için uğraşan kişi" demektir. Böyle bir kişi; maddi sınırları belli olmasına rağmen, o sınırları zorlar; lüks restoranlara gitmeyi, ünlü markaları kullanmayı kendisine takıntı hâline getirir. Hadiste ifade edildiği gibi, böyle bir kişi; ne yazık ki Allah'ın (C.C.) kıyamette kendisine şefkatle muamele etmeyeceği bir kişidir.

"Kibirli fakir" ifadesi ile kastedilen bir diğer mana da kişinin, Allah'ın verdiği imkânlardan dolayı memnun olmadığı için isyan hâlinde olması demektir. Böyle durumdaki bir kişi; Allah'ın kendisi için takdir ettiklerini, konumunu kabul etmez ve kibirlenir. Mesela; kazandığı paranın miktarı bellidir, fakat o en pahalı arabaya sahip olmak, çok lüks bir evde oturmak ister; imkânları bu isteklerine yetmediği için de bankadan kredi çeker ve dolayısıyla da yüksek miktarlarda faiz ödemek zorunda kalır. Bu nedenle sıkıntılı günler geçirir.

Buradaki ayrıma dikkat etmemiz gerekiyor. Elbette, insanın her şeyin en güzelini istemesinde bir sorun yok. Fakat insan, sahip olduğu imkânların farkında olmalı; sınırları aşmaktan kendini korumalıdır.

---

3. Müslim, İman 172; Tirmizî, Cennet 25; Nesai, Zekât 75,77

Allah'ın takdir ettiklerine rıza göstermek yerine, sınırları aşmaya çalışan bir insanın davranışları; israf etme, saçıp savurma statüsüne girer ki bu da birçok dengeyi bozabilir. Bu konuda dikkatli olmalı ve hassas davranmalıyız.

Kur'an'da, israf konusunda kendilerinden bahsedilen ikinci zümredekiler ise; ihtiyacı olmadığı hâlde saçıp savuran karakterlerdir. Savurganlık, bu kişilerde bir obsesyon hâline gelmiştir ve artık kendilerini durduramazlar. Mesela saçıp savuran bir kişi; temel ihtiyacı olmadığı hâlde, sadece en yeni modele sahip olmak amacıyla sürekli telefon satın alır. Sahip olduğu telefonun hep yeni bir modeli çıkar, o da her defasında, elindekini daha yeni modeli ile değiştirmek ister. Bu durumu öyle kuvvetli bir obsesyon hâline gelmiştir ki, son model telefona sahip olmayı âdeta kendisi için bir zorunluluk olarak görür. İşte, "elindekini saçıp savurmak" olarak tarif edilen durum tam da budur. Ayette de bundan; yani ihtiyacı olmamasına rağmen, isteklerini obsesyon hâline getirip, olmazsa olmaz görmekten bahsediliyor.

Günümüz; her şeyi kolaylıkla ve hızla elde edebildiğimiz, müşterinin âdeta ilahlaştırıldığı bir "tüketim çağı" hâline geldi. Her şeyi kolaylıkla, hızla ve yerimizden bile kalkmadan internet üzerinden satın alabiliyoruz. Satıcılar, müşterilerin sitelerine yaptıkları beğenileri, yazdıkları mesajları; yani müşterilerinin tüm fikirlerini dikkate alıp, ürünleri ile ilgili düzeltmeler yapıyorlar. Bir müşteri, önce alışveriş yapıp; sonra da beğenmedim diyerek, aldığı ürünü iade edebiliyor. Hatta bazı mağazalar, sebebini bile sormadan ürünlerini iade alıyorlar. Müşteri; "Ürünü beğendim." diyerek alıyor, sonra; "Artık bunu istemiyorum, iade edeceğim." diyor ve firmalar, müşterilerinin kapılarına kadar bedava kargo imkânı sunup ürünlerini geri alıyorlar. Bunlar, tam anlamıyla bir tüketim toplumu hâline dönüştüğümüzün göstergeleridir.

Şöyle bakın: Bir insanın on çeşit ayakkabıya ihtiyacı yoktur. Kullanabileceğimiz ayakkabı sayısı bellidir. Ancak tüketim toplumu hâline gelmemiz nedeniyle; ihtiyacımız olup olmadığına bakmadan "Bu ayakkabıyı çok beğendim, mutlaka almalıyım. Sürekli alışveriş sitelerini kontrol ediyorum, aklım hep bununla meşgul. Bir alsam, rahatlayacağım." düşüncesiyle hareket edip, indirime girer girmez, o ayakkabıyı internet üzerinden kolayca satın alabiliyoruz. Ve bunu devamlı yapmak istiyoruz.

Dikkat edin! İhtiyaçlarımızın olması normaldir. Ancak, ihtiyacımızdan fazla yaptığımız harcamalar ve bunları kendi hayat standardımız hâline getirmemiz farklı bir konudur. Günümüzde "saçıp savurma", öyle bir hâl aldı ki insanlar, "Black Friday, sevgililer günü, anneler günü, yılbaşı" gibi günlerde; fiyatlarda indirim olacak düşüncesiyle geceden mağazaların kapılarında beklemeye başlıyorlar, mağazalara önce girebilmek için izdihamlar yaşanıyor. Hatta bu meseleyi o kadar ileri götürenler var ki, kredi çekip en iyi telefon modelini almaya çalışıyorlar. İnsanlar ihtiyaçları olmadığı hâlde; "Bu ürüne ihtiyacım yoktu, normalde de alacağım bir ürün değildi. Fakat %60 indirimi de kaçıramazdım." diyerek alışveriş yapıyorlar. Alınan çoğu ürün ise, bir yerlerde kullanılmadan işlevsiz duruyor. İnsanlara; "Neden bu ürünü aldın, niçin kullanmıyorsun? diye sorulduğunda; "Ben almayı seviyorum." diyorlar. Neden? Çünkü nefis, bu durumu bir obsesyon hâline getiriyor. Şeytan da nefsin bu zaafını kullanarak kişiye, elindeki birikimini şuursuzca harcatıyor. Öyle ki insanlar; satın alma isteği ile uyuyamaz, durmadan alışveriş sitelerini kontrol eder ve "Şu sitede, indirimin başlayacağı saat yaklaşıyor. Ekranda olmalı ve site açılır açılmaz çanta, saat, ayakkabı gibi indirimde ne varsa almalıyım." diye düşünen biri hâline geliyorlar. Durumun ne kadar ciddi olduğunu fark edin! Bu durumdaki bir insan için, ihtiyacının olup olmaması önemli değildir. Çünkü o, sadece nefsini tatmin etmeye odaklanmıştır.

Ayetteki önemli bir detaydan daha bahsederek, analizimize devam edelim.

Bu ayetteki uyarıların; ihtiyaç sahibi olan üç zümre sayıldıktan sonra, yani; "yakın akrabalar, miskinler ve yolculuğa devam eden; yolda kalmış kişiler"den bahsedildikten sonra yapılıyor olması dikkat çekicidir. (Miskin için bkz.)[4]

Buradaki sıralamayla ayette, aslında mealen şöyle denilmektedir: "İhtiyacın olmayan şeylere saçıp savurmak yerine; yakınların, miskinlerin, yolculuk hâlinde olanların hâllerini araştır. İmkânlarını, onlarla paylaş; onların hakkını ver. Çünkü saçıp savurduğunda, sadece nefsini tatmin etmiyorsun ve aslında ihtiyaç sahiplerinin haklarını da gasp ediyorsun."

---

4. Miskin: İmkânları yetersiz ve kendini sıkıntıdan kurtaramayacak kadar daralmış durumda olan kimselere denir.

Gelin, bu manayı; "İnnâ lillâhi ve innâ ileyhi râciûn. - Biz Allah'a aitiz ve vakti geldiğinde, elbette O'na döneceğiz." ayeti perspektifinden yeniden düşünelim.[5]

Şunu asla aklımızdan çıkarmamalıyız: Canımız, mallarımız, sahibi olduğunu düşündüğümüz her şey; aslında Allah'a (C.C.) aittir. Çünkü mülkün asıl ve tek sahibi, Allah'tır. Elimizdekiler, sahip olduğumuzu düşündüklerimiz; sadece bize verilmiş birer emanettir. İşte bu nedenle, bize emanet olarak verilenleri; istediğimiz gibi değil, Allah'ın bize izin verdiği ölçüde kullanabiliriz. Bu anlayış çok önemlidir. Öncelikle, bu konuyu doğru anlamalıyız.

Şöyle düşünün: Ekonomik olarak özgürlüğünü kazanan bir kişi doğal olarak: "Bu parayı ben kazandım ve onunla ne istersem, yaparım." şeklinde bazı düşüncelere sahip olabilir. İşte Allah (C.C.) ayette bize; böyle bir düşüncenin neden tehlikeli olduğunu, insanı nasıl tehlikeli bir duruma sokma potansiyeli taşıdığını göstererek bir sınırlama getiriyor. "Ne istersem, yaparım." anlayışı, tehlikelidir. Çünkü bu anlayıştaki karar verici tek otorite, insanın kendisidir ve bu düşünce, insanı şirke sürükleme potansiyeline sahiptir. (Şirk için bkz.)[6]

Oysaki mülkün sahibi Allah'tır; bizler de mallarımız da Allah'a (C.C.) aitiz. İstediğimiz gibi davranamayız. Malımızı nereye, nasıl, kimler için harcayacağımız konusunda tamamen özgür değiliz. Bazı insanlar bu hakikate; "Para kazanmak için deliler gibi çalışıyorum. Tabii ki istediğim gibi harcarım." diyerek reaksiyon verebilirler. Ancak bu, nefsin verdiği bir reaksiyondur. Bizler para kazanıp harcayabiliriz, ancak bu; kazandıklarımızı istediğimiz gibi ve kontrolsüzce harcayabileceğimiz anlamına gelmez.

İslam, hayatımızı düzene sokan, kolaylaştıran bir sistemdir. Ve her konuda olduğu gibi, bu konuda da Allah'ın kuralları işler. Yani Allah (C.C.), parayı

---

5. Bakara 156- "Sabırlılar o kimselerdir ki başlarına musîbet geldiğinde, "Biz Allah'a âidiz ve vakti geldiğinde elbette O'na döneceğiz." derler.
6. Şirk: Sözlükte, "ortak olmak" ve "ortaklık"; "ortak koşmak" anlamındadır. Terim olarak, "Allah'ın zatında, sıfatlarında, fiillerinde veya O'na ibadet edilmesinde ortağı, dengi, yahut benzerinin bulunduğuna inanmak" demektir.

nasıl kazanacağımızı, bu süreçte nelere dikkat etmemiz gerektiğini bize bildirdiği gibi, bize onu nasıl harcayacağımızı da öğretir.

Allah (C.C.) bir sistem kurmuş ve bu sistemle de kazandığımız parayı nasıl harcayacağımızın sınırlarını belirlemiştir. Kazanıyoruz diye saçıp-savuramaz, ihtiyacımız olmayan şeyleri alıp, israf yapamayız. Kur'an'da bu konu ile ilgili birçok örnek verilir. Firavun gibi, Karun gibi karakterler; sahip oldukları zenginlik ile büyüklenen, gösteriş yapan ve insanların hakkını gasbeden karakterlerdir. Onlar gibi davranamayız.

Diyelim ki çevremizdeki ihtiyaç ve hak sahiplerine haklarını verdik, böyle bir durumda bile yine istediğimiz gibi (ölçüsüzce) harcama yapamaz; ihtiyacımız olmayan şeyleri alamaz ve paramızı saçıp savuramayız. Bu, dikkat etmemiz gereken önemli bir disiplindir.

Bakın, ayet nasıl devam ediyor?

“Çünkü savurganlar, şeytanların kardeşleri olmuşlardır. Şeytan ise, Rab'bine karşı pek nankördür.”

Ayette geçen “mubezzirîne” kelimesi; fiilin ifade ettiği malum işi yapan kişiyi ifade eder. Yani bu, saçıp savurma davranışını bir hayat tarzı hâline getirmiş olanlara verilen bir isimdir. Böyle bir kişi, artık saçıp savurma faaliyetinin vücut bulmuş hâlidir.

Allah (C.C.), böyle kişiler için; “ıhvâneş şeyâtîn - şeytanların kardeşleri” diyor ve bu ifade, Kur'an'da başka hiçbir yerde geçmiyor.

Dikkat edin! Bu mesele; basite alınacak bir konu değildir. Allah (C.C.), bu ifadeyle mealen; “Kardeşi olmuşsun. Onun çok yakın arkadaşı olmuşsun.” buyuruyor. Çünkü “ihvan” kelimesi, sadece kan kardeşi için değil; “aynı şeyden hoşlanan, aynı şeyleri yapan, aynı yolda giden, aynı tarzda hareket eden” kişiler için de kullanılır.

“Şeytanın kardeşi” benzetmesi çok korkunçtur. Bu ifade ile kastedilen mana; şeytan ile aynı yoldan gitmek, onunla aynı yolda yürümektir. Allah (C.C.), sorumsuzca ve obsesif bir biçimde saçıp savurmayı; “şeytanın yolu” olarak belirtiyor. Sınır tanımamak; "Para benim, ben kazandım, istediğimi yaparım, istediğim kadar harcarım." hissiyatı ile hareket etmek, kişinin; nefsinin arzularını, tutkularını ve eğilimlerini tanrılaştırması demektir. Tabii bu da şeytanın yoludur.

İnancımızın gereği olarak; yapmamız gereken ibadetleri yapıp, uymamız gereken dini kurallara dikkat ederek yaşarken bile, sınırsızca ve ihtiyacımız olmadığı hâlde harcama yapıyor olabiliriz. Bu durum; alma eyleminin, artık nefsimizin bir zaafı hâline geldiğinin göstergesidir ve bir süre sonra, her şeyin gözümüzde "kıymetsiz, değersiz" bir hâle gelmesine sebep olur. Ne yazık ki bu da bizi, ayetteki "şeytanın kardeşi" ifadesine muhatap edebilir. Bu tehlikenin farkında olmalı ve dikkatli davranmalıyız.

Ayet şöyle devam ediyor:

"Ve kâneş şeytânu li rabbihî kefûrâ. - Şeytan ise, Rab'bine karşı pek nankördür."

Allah (C.C.) ayette şeytan için, "nankör" ifadesini kullanıyor. Peki Allah (C.C.), bizim reaksiyonlarımızdan bahsederken neden bir anda şeytanın nankörlüğünden bahsediyor? Bunun nedeni; "sorumsuzca saçıp savurma" davranışının, Allah (C.C.) indinde çok büyük bir nankörlük olmasıdır.

Elbette kişi; ihtiyaçlarını karşılayabilir, kendisine bir ev, bir araba alabilir. Fakat bunları yaparken; evinin perdelerine, arabasının jantlarına bir servet harcamamalı, parasını saçıp savurmamalı, isteklerini obsesyon hâline getirip olmazsa olmazı yapmamalı. Çünkü ayette mealen, "Böyle yapmak, Allah indinde büyük bir nankörlüktür." buyruluyor.

Bakın; saçıp savurmanın gittiği yer, "nankörlük" yani "nimetin farkında olmama ve nimet vereni bilmemek"tir. Böyle davranan birinin hâlini şöyle tarif edelim: Bu kişi, aldığı bir kıyafetin, her renkle kombinini yapar. "Şu rengi de güzel." diyerek aldığı bir kıyafeti, sene içinde belki sadece birkaç kez ancak giyer. Beğendiği ayakkabının üç farklı renk tonu varsa, üçünü de alır. Gardırobu; neredeyse ona bir ömür yetecek kıyafetle doludur.

Dikkat edin! Burada nefis devreye girip, insanın aklına, "Buradaki hüküm beni çok daraltıyor. Neden çok sayıda kıyafetim olamaz ki? Gencim, şimdi giymeyeceğim de ne zaman giyeceğim? Üstelik, bunların hepsini indirimden aldım. Param var ki alabiliyorum." gibi düşünceler getirebilir. Ancak, insanın aynı rengin beş farklı tonundan kıyafet almaya ihtiyacı yoktur. Zaten buna ihtiyaç da denilemez.

Bazıları da vardır ki "Saçıp savurmamam lazım." diyerek pintileşir, hayatı kendisine ve ailesine zehir eder. İhtiyaçları için bile harcayamaz hâle gelir. Her iki durum da obsesyon hâline gelmemeli, insanı uç noktalara götürmemelidir.

Peki, buradaki balansı nasıl sağlayabiliriz?

Allah (C.C.) bir sonraki ayette, bununla alakalı bize muhteşem bir ölçü veriyor.

İsrâ 28- "Eğer elinin dar olması sebebiyle Rab'binden umduğun bir lütfu, bir imkânı beklerken o hak sahiplerine şimdilik ilgi gösteremiyorsan; hiç değilse onlara gönül alıcı bir şeyler söyle."

Burada anlatılan ölçüyü, şöyle bir örnekle izah edelim:

İmkânları iyi olan ve başkalarına da yardım eden biri olduğunuzu düşünelim. Öyle ki ihtiyaç sahipleri genellikle sizin kapınıza geliyor, sizden yardım istiyor ve ihtiyaçlarını sizin vesilenizle gideriyorlar. Sıkıntısı olan herkesin yardımına siz koşuyorsunuz. İnsanlar, sizden; "Şu kişiye git, o sana yardım eder." diyerek bahsediyor. Ve bütün bunları; sadece Allah rızası için yapıyorsunuz.

Fakat, gün geliyor ve bu konuyla ilgili imtihan oluyorsunuz. Mesela; beklediğiniz bir ödemeyi alamıyorsunuz, bir yerde kriz oluşuyor ve parasız kalıyorsunuz. Öyle bir dönem geliyor ki, finansal anlamda çok sıkıntıya düşüyorsunuz. Dışarıdan bakıldığında, yaşam standartlarınızda bir değişim yok gibi görünüyor; aynı evde yaşıyor, aynı arabaya biniyor, aynı işte çalışıyorsunuz, fakat maddi sıkıntılar içerisindesiniz.

Tüm bu olanları dışarıya belli etmemeye çalışıyorsunuz. Yaşadığınız toplum, çevrenizdekiler; sizi yardım eden biri olarak biliyor. Bu süreçte, ihtiyacı olan kişiler kapınıza geldiğinde ya da size; "Şöyle yardıma ihtiyacı olan biri var, yardım eder misin?" denildiğinde; imkânınız olmadığı için, "Hayır!" demek zorunda kalıyorsunuz. Ve bu durum sizi çok üzüyor. Hayal edin bu durumu!

İhtiyaç sahibi için, "istemek" yapılması çok zor olan bir aksiyondur. Ancak, başkalarına yardım etmeyi, vermeyi kendisine adet edinmiş biri için, borç istemek daha zordur. Böyle biri için, ihtiyacı olan birine yardım edememek, imkânı olmadığı için, kendisinden yardım isteyen birilerine; "Hayır!" demek zorunda kalmak zor bir imtihandır.

Böyle bir durumda ne yapmak, nasıl davranmak lazım?

Allah (C.C.), böyle bir durumda nasıl davranılması gerektiğini de bize öğretiyor. Ayette; "ibtiğâe rahmetin" deniliyor. Bu ifade, "kendi sıkıntın geçsin diye; Allah'tan bir rahmet, bir imkân beklerken" manasına gelmektedir.

Bazı insanlar vardır, sıkıntıdadırlar ve kendi problemlerinin çözümü için çalışıp dururlar. Fakat bazı insanlar da vardır ki, onlar Allah rızası için infak eder ve sadece kendini, kendi ihtiyaçlarını düşünmez. İnsanlara tekrar tekrar yardım edebilmek için fırsatlar arar ve "Ya Rab'bi! Ne olur işlerimi düzelt. Şu sıkıntımı gider, eski hâlime geleyim, hatta ondan daha iyi bir hâle geleyim. Sen'in kullarına da yardım edeyim." hissiyatıyla âdeta Allah'ın rahmet kapısında beklerler. (İnfak için bkz.)[7]

Hayal edin! İmkânlarınızın kısıtlı olduğu bir zamanda, birilerinin gelip sizden yardım istediğini düşünün. Nasıl davranırsınız, ne yaparsınız? İşte ayette; kapınıza gelen o ihtiyaç ve hak sahiplerine nasıl davranmanız gerektiği ile ilgili, Allah (C.C.) mealen; "İlgi gösteremiyorsan bile, hiç değilse onlara gönül alıcı bir şeyler söyle." buyuruyor.

---

7. İnfak: Allah'ın hoşnutluğunu kazanma niyetiyle yapılan her türlü yardıma verilen isimdir.

"Meysûrâ" kelimesinin kullanımı, mealen ayete; "Kendi durumunu onlara; yumuşak bir şekilde, incitmeden, gönül kırmadan, açıkla. Onlarla, 'Acaba bunu söylersem, incinir mi?' şeklinde; ruh hâllerini, ailelerinin durumunu, psikolojilerini düşünerek, empati kurarak ve çok hassas bir şekilde konuş." anlamını katıyor. Yani ayet bize; reddetmek zorunda olsak bile, bu davranışı güzel bir üslupla, karşımızdaki kişinin kalbini kırmadan, onu incitmeden söylemeyi emrediyor.

Konuya şu açıdan da bakılabilir: Bizden yardım isteyen kişiyi, Allah'ın bize Kendisi'ni razı edebilelim diye gönderdiği bir hediye gibi görürsek, onu incitmeden hareket edebilir ve iç dünyamızdan da "Ya Rab'bi! Keşke imkânım olsaydı da, o istemeden ben onu araştırıp bulsaydım. Yanına giden, daha o istemeden ihtiyaçlarını karşılayan ben olsaydım." diyebiliriz. Bu, ayette bize öğretilen ve aslında sosyolojik olarak da çok kıymetli olan bir hedeftir.

Konumuza; "eli sıkı olma" ve "savurganlık" balansını nasıl sağlayabileceğimizden bahsederek devam edelim.

Allah (C.C.), İsrâ 29. ayette şöyle buyuruyor:

"Eli sıkı olma, büsbütün eli açık da olma ki herkes tarafından ayıplanan, kaybettiklerine hasret çeken bir hâle düşmeyesin."

Ayetteki "eli sıkı olma" şeklinde tarif edilen durum; sadece, "bir yumruğun sıkılmış hâli" demek değildir. Bu durumu; "kişinin elleri ile boğazını sıkma hâli" gibi de düşünebiliriz. Böyle bakıldığında; "Büsbütün ellerin açık olma!" ifadesi ile kastedilenin de "avcu doluyken parmaklarının arasını tamamen açtığı ve avucundakilerin döküldüğü" bir hâli, yani savurganlık hâlini tarif ettiğini söyleyebiliriz.

Elleriyle boğazını sıkmış gibi yaşayan birini düşünün! Markete gittiğinde, alışveriş yapacağında; elleri boğazında gibi sıkılıp daralıyor. Hele ödeme yapacağında; sanki nefesi kesiliyor ve hareket edemiyor. İşte Allah (C.C.), ayette bize böyle bir tablo çiziyor.

Bu insanlar; para verdikleri zaman, sanki nefesleri kesiliyormuş gibi, sanki canları alınıyor gibi hissederler. Onlar öyle cimrilerdir ki ne kendileri ne aileleri ne de bir başkası için harcama yaparlar. Para verdikleri ya da verecekleri zaman, karşılarındakilere; "Ne yaptın? Nereye harcadın? Ne kadar harcadın? Niye harcayacaksın? Şu kadar versem yetmez mi?" gibi onlarca soru sorar, karşısındakileri sık boğaz eder ve davranışları ile hem kendilerini hem de hem de karşılarındakileri boğarlar.

Ayette mealen, "Böyle olma! Kendinin ve karşındakilerin boğazını sıkıyormuş, nefesini kesiyormuş gibi davranma!" deniliyor. Bu, ayette yapmamamız gerektiği bildirilen, men edildiğimiz ilk uç noktadır. Ayette men edildiğimiz diğer uç nokta ise; saçıp savurmak, sınırı olmadan harcama yapmaktır. Tarifi yapılan her iki davranıştan da uzak durmalıyız. Ayette bize; balanslı, normal bir şekilde, uçlara gitmeden "Sırât-ı müstakîm"de yürümemiz gerektiği anlatılıyor. (Sırât-ı müstakîm için bkz.)[8]

Uçlarda yaşarsak, ne olur biliyor musunuz?

Ayette böyle kimseler için, "melûlen mensûra - hasret içinde kınanmak" ifadesi kullanılıyor. "Mensûra - kaybettiklerine hasret çeken bir hâle düşmek" demektir. Bu hâldeki bir insan ya bulunduğu durumdan pişman olur ya da elindeki tüm kaynakları tüketip kaybeder.

Peki, eli boğazında olan ve harcama yapmayan bir kişinin kaynakları nasıl tükenir?

Kişi eğer çok cimri olur, her kuruşun hesabını yapıp, sanki herkes kendisinin maddiyatından faydalanmaya çalışıyor gibi hareket ederse; çevresindeki insanları bunaltır, incitir ve onların haklarını vermez. Bu durum sebebiyle hem insanları kendinden uzaklaştırır hem de sağladığı imkânlar insanlara lezzet vermez. Hatta onun bu davranışı, insanları; farklı yollara,

---

8. Sırât-ı müstakîm: Gerçeğe götüren doğru yol anlamında bir Kur'an tabiridir. Sözlükte "anayol; doğru ve apaçık yol" manalarına gelen sırât ile "dengeli ve dosdoğru" anlamındaki müstakim kelimelerinden oluşan sırât-ı müstakîm "apaçık, dosdoğru ve hak yol" demektir. Burada "yol" kelimesinin "dosdoğru" diye nitelendirilmesi onun "hedefe ulaştıran en kısa yol" anlamına geldiğini gösterir.

farklı arayışlara itebilir. Günün sonunda kendisi de yapayalnız, pişmanlıklar içinde kalır ve kimse onun yaptıklarına teşekkür etmez. Hem kaynaklarını tüketir hem de insanları çevresinden kaçırır. İnsanlar bu kişiyle alakalı, "Ya Rab'bi! Ne olur, beni bunun eline düşürme! Allah'ım, beni ondan bir şey isteyecek pozisyona düşürme!" hissiyatında olur. Bu tip insanlar; kendi ailesinin de hayatını mahvettiği için, ailesi de onun hakkında bu olumsuz duyguları hisseder.

Diğer taraftan, eğer kişi eli açık olup; "İnsanlar benim imkânlarımı, yaptıklarımı konuşsun; herkes tarafından bilinir biri olayım." düşüncesi ile tüm varlığını dağıtır, bütün imkânlarını saçıp savurursa; elbette sonunda, her şeyini kaybeder, belki aç kalır ve kendi ihtiyaçlarını dahi gideremeyecek bir duruma gelir.

Mümin, her zaman "Sırât-ı müstakîm"e göre hareket etmelidir.

Peki, bu nasıl olur?

Bunu nasıl yapabileceğimiz, Kur'an'da ve Resulallah'ın (S.A.V.) hadislerinde detaylıca izah edilmiştir. Ancak gelin, daha iyi anlaşılması adına şöyle bir örnekle bunu izah etmeye çalışalım:

Allah (C.C.), verdiği nimetlerini kullarının üzerinde görmek ister. Mesela, milyon dolarlık bir şirketiniz, çok geniş maddi imkânlarınız olabilir. Böyle imkânlara sahipken, rakip şirket sahipleri yüksek model arabalar kullanırken; sizin çok düşük bir model bir araba kullanmanız uygun olmaz. Böyle bir durumda; sizin de yüksek model bir arabaya sahip olmanız gerekir. Bunun sebebi; bulunduğunuz konumun bir standardı olmasıdır. Siz de bu standarda uymalı ve ona göre yaşamalısınız. Bunu yapmanız, yadırganacak bir şey değil; doğal bir durumdur. Tıpkı; maddi durumu iyi olan sahabelerin, güzel develere, evlere sahip olması gibi. Mesela; Resulallah'ın (S.A.V.) en yakın arkadaşı Ebu Bekir (R.A.), develeri çok seviyordu. Osman'ın (R.A.), Resulallah'ın (S.A.V.) halasının oğlu Zübeyr'in (R.A.) güzel evleri, develeri bulunuyordu. Yani; "Müminin hiçbir şeyi olmasın, mümin hiçbir şey yapmasın." denilmiyor; "Kişi; konumuna, o anki şartlara göre, ancak aşırıya gitmeden yaşamalıdır." deniliyor. Bu dengeye dikkat etmeli, uçlara gitmeden; belirlenen şartlara uygun şekilde yaşamaya gayret etmeliyiz.

Allah (C.C.), harcamayla ilgili ayetleri şöyle tamamlıyor:

İsrâ 30- "İnne rabbeke yebsutur rızka li men yeşâu ve yakdiru, innehu kâne bi ibâdihî habîran basîrâ."

"Şu kesin ki Rab'bin; dilediği kimsenin nasibini bollaştırır, dilediğinin nasibini daraltır. Çünkü Rab'bin, kullarının her hâlini bilip görmektedir."

Allah (C.C.) rızkımızı bazen bollaştırır, bazen daraltır. Çünkü bizler de sahip olduklarımız da Allah'a (C.C.) aitiz. Malik olan Allah (C.C.), mülkünde dilediği gibi hükmeder. (Malik için bkz.)[9] Eğer dengeli yaşamaz, verilen rızkı saçıp savurursak; nankörlük etmiş oluruz. Nankörlük edince de hem malımızın hem evimizin hem de ömrümüzün bereketi gider.

İsraf ederek yaşarsak, bereket ortadan kalkar ve hiçbir zaman, hiçbir şeyle yetinemeyiz. Paramızın bereketi olmadığı için, hep elimiz sıkışık olur. Eğer şükreden bir kul olursak; Allah (C.C.), "Eğer şükrederseniz, nimetlerimi daha da artırırım."[10] ayetinde buyurduğu gibi, elimizdeki nimetlere bereket verir. Belki çok paramız olmaz, çok kazanmayız; fakat Allah (C.C.) bizi çok rahat bir şekilde yaşatır, hayatımızı bereketli kılar.

Unutmayın! Rızkın sahibi, Allah'tır. O; dilediğinin rızkını artırır, dilediğininkini ise daraltır. Allah'ın bu kanunu hep işler ve bu işleyiş içinde biz de hep bir imtihanda oluruz. Allah (C.C.) bazen rızkımızı artırıp bazen azaltarak bizi "Acaba, kulum nasıl davranacak?" diye imtihan eder.

Toparlayalım.

Kur'an, bizim için muhteşem bir rehberdir. Öyle ki Allah (C.C.), Kur'an'da, paramızı nasıl kazanıp nasıl harcayacağımızın şifrelerini, yöntemlerini bile anlatır. Allah'ın bize verdiği bu disiplinleri çok iyi anlamamız ve onlara uygun bir şekilde yaşamaya çalışmamız gerekiyor.

---

9. Malik: Mülkü ve gücü elinde bulunduran, bir şeye sahip olan kişi anlamına gelir.
10. İbrâhîm Suresi, 7

Mümin, denge insanıdır. O; elindeki nimetleri ne saçıp savurur ne de elleri boğazındaymış gibi davranıp cimrilik yapar. Mümin, "sırâtel müstakim"de bir hayat sürer. Kazandığını Allah'ın belirlediği helal yollardan kazanır, harcarken de yine helal yolda harcar. O; mülkün sahibinin, Allah (C.C.) olduğunu bilir. Karun gibi olmaktan; "Ben; bu servete ilmim ve becerim sayesinde kavuştum."[11] deyip kibirlenmekten kaçınır, böyle davranmaz.

Allah (C.C.) her an, her şartta ve en güzel şekilde bize bir sürü nimet veriyor. Allah'ın (C.C.) bize verdiği nimetler için, "Bunları; istediğim yerde, istediğim gibi, istediğim kadar harcarım." diyemeyiz. İhtiyacımız olmayan şeyleri alıp savurganlık edemeyiz. Savurganlık, nankörce hareket etmektir. "Saçıp savurma" fiilinin kişiyi "şeytanın kardeşi olma statüsü"ne çektiğini aklımızdan çıkarmayalım.

Unutmayın! Şeytan, nankördür ve bizim de onun gibi nankör olmamızı ister. Oysa bir Müslüman, onun gibi hareket edemez. Müslüman'ın harcama yaparken dahi, dikkat ettiği belirli prensipleri vardır. Kur'an'da; "Nasıl harcayacağız, nelere harcayacağız, harcarken hangi dengelere önem vereceğiz?" gibi ölçülerin hepsi, dizayn edilmiş, ihtiyacımız olan tüm cevaplar verilmiştir. Çünkü İslam, muhteşem ve yaşanabilir bir sistemdir.

Başkalarına yardım ettiğimizde, Allah (C.C.) için yardım etmeliyiz. Çünkü bu hissiyatla hareket ettiğimiz zaman, hassas davranırız. Bizden yardım isteyen kişiyi, Allah'ın bize hediye olarak gönderdiğini biliriz. Ayşe (radiyallahu anhâ) birine, yardım için bir şey vereceğinde; "Ben bunu, Allah'a gönderiyorum." düşüncesiyle; vereceği şeyi süsler, ona güzel kokular sürer ve öyle gönderirmiş. (Ayşe (radiyallahu anhâ) için bkz.)[12]

Allah (C.C.), yardım ettiğimiz insanlara karşı -o an yardım etmeyi reddedeceksek bile- nasıl davranacağımızı, onlarla nasıl konuşacağımızı, vücut dilimizin nasıl olması gerektiğini bize bildiriyor. Gönül kırıcı sözler söylemeden "Bunu, benden nasıl istersin?" tavrına girmeden, muhatabımızı terslemeden, çok yumuşak bir şekilde, kullandığımız kelimeleri âdeta özenle

---

11. Kasas Suresi, 78
12. Ayşe (radiyallahu anhâ): İslam'a ilk inananlardan Ebu Bekir'in (R.A.) kızı ve Resulallah'ın (S.A.V.) eşidir.

seçerek, insanlara durumumuzu açıklayıp; onları incitmeden yanımızdan ayrılmalarını sağlamalıyız.

Bu ayetler, sağlıklı bir toplumun nasıl olacağının şifrelerini barındırıyor. Bu formülleri uygularsak, sosyolojik anlamda yaşanan birçok problem çözülür. İsrafa kaçmayan, yardımlaşmayı bilen, insan ilişkileri kuvvetli bir toplum ortaya çıkar. Günümüzdeki gibi; saçıp savurma üzerine kurulu bir alışveriş alışkanlığı yerine; ihtiyaçları gideren, işleyen bir sistem olur.

Unutmayalım! Allah'ın ayetlerde anlattığı disiplinleri hayatımıza oturttuğumuz zaman; sağlıklı, birbirine yardım eden, ihtiyaçlarını gideren, mutlu bir toplum ortaya çıkar. Saçıp savurmak, mutluluk değildir. Maalesef, günümüz jenerasyonları mutluluğu alışverişte arıyorlar. Bu şekilde düşünerek alışveriş yapanlar "Şu tişörtün sarı rengi bende vardı, mavisi de çıkmış. Hemen onu da alayım; belki mutlu olurum." hissiyatıyla elde ettikleri üç dakikalık mutlulukla, kendilerini iyi hissetmeye çalışıyorlar. Ancak, israf ederek mutlu olamayız.

Asıl mutluluk, Allah (C.C.) ile münasebetle elde edilir. Ne yazık ki günümüzde; "O ürünü beğenmedim, iade ettim, kargo da bedava, ne olacak ki alayım; beğenmezsem geri veririm?" hissiyatıyla hareket eden, savurgan, hiçbir şeyden tatmin olmayan ve hiçbir şeyin kıymetini bilmeyen bir nesil yetişiyor. Allah'ın icraatları ve bize sunduğu onca nimet karşısında israf edemeyiz. Allah (C.C.) ayette, "Yiyin, için fakat israf etmeyin"[13] buyuruyor. İsraf, nankörlüktür. Allah'a nankörlük de şeytanların kardeşliğidir. Bunların farkında olmadan yetişen bir nesil nasıl şükredebilir ki?

Şeytanın en önemli gayesi, bizi; kendisi gibi şükürsüz bir hâle getirmektir. O; Â'raf suresi 17. ayette tarif edilen; "Sen de onların ekserisini, şükreden kullar bulmayacaksın." hedefini gerçekleştirmek için elinden geleni yapar. Bakın! Şükretmeyen bir nesil, saçıp savuran bir jenerasyon ortaya çıktığı zaman; şeytan başarılı olmuş demektir. Konu, sadece alışveriş yapmak değil; asıl mesele, nankörlük ve şeytanın "Ben istediğimi yaparım." hissiyatını bizim iç dünyamıza yerleştirmesi ve bu hissiyatla ya saçıp savuran ya da cimri kesilen jenerasyonların yetişmesi tehlikesidir.

---

13. A'râf Suresi, 31

Günümüzde, sadece bu ayetlerdeki disiplinler uygulansa; sosyolojik olarak toplumlarda çok büyük değişimler yaşanır, birçok problem çözülür. Rab'bimiz bizlere bu ayetleri hayatımıza uygulayabilmeyi nasip etsin, bu anlayışı bize versin.

Bu bölümde, İsrâ suresinin 27-30. ayetleri üzerinden harcama konusunda dikkat gösterilmediğinde ortaya çıkabilecek sonuçlar ele alındı. Ayrıca kişinin; nankör, hiçbir şeyden lezzet almayan, sürekli beğenmeyen ya da cimri bir karaktere dönüşmemesi için alınması gereken önlemlerden bahsedildi.

Bir sonraki bölümde, İsrâ suresi ayetlerini analiz etmeye devam edecek ve "cana kıyma" ile "zina"nın toplum sağlığı üzerindeki etkilerini anlamaya çalışacağız. Sizden, bir sonraki bölümü okumadan önce; bu bölümde arz edilen perspektifle iç dünyanıza dönüp "harcama" konusunda nasıl bir tutum sergilediğinizi ve kendinizi muhasebe etmenizi istiyoruz. Bu konu hakkında öğrendiğiniz şifreler ve bakış açıları üzerinde düşünüp, isterseniz notlar alabilirsiniz.

6- Cana Kıyma ve Zinanın, Toplum Sağlığı Üzerindeki Olumsuz Etkileri

Musa'ya (A.S.) verilen "On Emir"'in, Kur'an'daki karşılığı olan İsrâ suresinin 22-39. ayetlerini analiz etmeye devam ediyoruz. Bu bölümde İsrâ suresinin 31, 32 ve 33. ayetlerini analiz edeceğiz. Özellikle 32. ayetin üzerinde duracak ve günümüzün çok büyük bazı problemlerine sunulan Kur'anî çözümleri birlikte keşfetmeye çalışacağız.

İnceleyeceğimiz ayetleri okuyarak analizimize başlayalım.

İsrâ 31- "Fakirliğe düşme endişesi ile evlatlarınızı öldürmeyiniz! Onların da sizin de rızkınızı veren Biz'iz. Şüphesiz ki onları öldürmek, büyük bir suçtur."

İsrâ 32- "Sakın, zinaya yaklaşmayın! Çünkü o, çirkinliği meydanda olan bir hayasızlıktır, çok kötü bir yoldur."

İsrâ 33- "Haklı bir gerekçe olmaksızın, Allah'ın muhterem kıldığı cana kıymayın! Bir kimse zulmen öldürülürse onun velisine (mirasçısına) bir yetki vermişizdir; artık o da kısas hususunda aşırı davranmasın. (Meşru hakla yetinsin.) Zaten, kendisine yetki verilmekle gerekli destek sağlanmıştır."

Allah'a kulluk edilmesi gerektiğinden, anne-babaya saygı konusundan, rızık ve onun nasıl kullanılacağı, nasıl infak edileceği konusundan sonra; Allah (C.C.) İsrâ suresinin 31. ayetinde bize; anne-babaların, evlatlarına karşı olan sorumluluklarını anlatıyor. Önceki ayetler gibi, bu üç ayet de hem bireysel hem de toplumsal manada çok kıymetli yeni bakış açıları, yeni şifreler içermektedir. Bu ayetlerle de mealen, "Evlatlarınızı rızık endişesinden dolayı öldürmeyin. Zinaya yaklaşmayın. Haklı bir gerekçe olmadan, Allah'ın muhterem kıldığı cana kıymayın." denilerek; bir toplumun ayakta kalması, toparlanması için gereken şifreler verilmektedir.

Gelin, daha iyi anlaşılması için bunu biraz daha açalım.

Anne-babalar; çocukları için çok kıymetli ve önemlidir. Özellikle küçük yaştaki bir çocuk için anne-babası, mutlak bir otoritedir. Çocuklar; anne-babalarından gördüklerini kendi karakterlerine adapte edip, hayatlarını da buna göre dizayn etmeye çalışırlar.

Kısacası Allah (C.C.), anne-babalara çok önemli bir konum vermiştir. Bu konum, çocuk üzerinde öyle etkilidir ki onun ahiretini dahi etkileyebilir.

Allah (C.C.), çocukları anne-babalarına emanet etmiştir. Bu, ciddi bir konudur ve ebeveynlerin bu konudaki sorumluluğu; daha çocukları dünyaya gelmeden başlar.

Kısacası; anne-babaların, çocukları üzerinde sahip oldukları otorite, bazı sorumlulukları da beraberinde getirir. Bunlardan ilki ayette mealen; "Evlatlarınıza kıymayın." denilerek bahsedilen, "hamileliği sonlandırma" fiilidir. Bu fiil; anne rahminde gelişmeye başlayan çocuğun rahimden alınması, orada öldürülmesi gibi birçok konuyu kapsar. İşte ayet, günümüzün en önemli problemlerinden biri olan bu konuyu da kapsamaktadır.

Allah (C.C.), İsrâ suresi 30. ayette Zatı'ndan, "Dilediğinin nasibini bollaştırır, dilediğinin nasibini daraltır. Çünkü kullarının her hâlini bilir." diye bahsettikten sonra; 31. ayete; "Fakirliğe düşme endişesi ile evlatlarınızı öldürmeyiniz! Onların da sizin de rızkınızı veren Biz'iz. Şüphesiz ki onları öldürmek, büyük bir suçtur." diyerek devam ediyor. Burada bize söylenenleri şu şekilde düşünebiliriz: "Doğacak olan o çocuğun rızkını veren sen değilsin. Onun ve senin rızkını veren Allah'tır. Allah, yarattıklarının tüm ihtiyaçlarını karşılar, rızıklarını temin eder. Sen sakın, rızık endişesi duyarak, o çocuğun doğumunu engelleme!"

Bakın bu, önemli bir konudur. Ayette yapılan uyarılara dikkat edilerek yaşandığında; hem bireylerin hem de toplumun nasıl transform olacağı anlaşılabilir. Bunun için, ayetin indiği döneme, o dönemdeki kız çocuklarına nasıl muamele edildiğine bakılabilir.

Cahiliye dönemi Araplarında, kız çocuklarını öldürme geleneği varmış. (Cahiliye dönemi için bkz.)[1] O toplumda, kız çocukları bir utanç sebebi olarak görülürmüş.

Nahl suresi 58. ayette; o dönemdeki bir kız çocuğunun durumu şöyle tarif edilmektedir: "Onlardan birine, bir kızının dünyaya geldiği müjdelenince, öfkesinden ve üzüntüsünden, yüzü mosmor kesilir."

Peki neden?

Bunun nedeni; onlardan bazılarının bu Cahiliye âdetinin etkisi ile hareket etmesi, bazılarının ekonomik problemler yaşaması, bazılarının da sahip oldukları servetin, kızları aracılığıyla başkalarının eline geçeceği endişesi ve kabilecilik anlayışından kaynaklanan hırslarıydı.

O dönemde kadınlar, dış dünyada erkekler kadar etkili değildi. Örneğin, eğitim alamaz, çalışamaz ve belli bir yaşa geldikten sonra da evlendirilirlerdi. Erkekler hem çalışır hem savaşır hem de ailelerine sahip çıkardı. Yani o toplumda üretken olan erkeklerdi ve bu durum, onları daha tercih edilir bir hâle getirmişti.

O dönemin anlayışı ile insanlar, erkekler hakkında "Çalışır, para kazanır hem ailesine hem topluma katkısı olur." diye düşünürlerdi. Kızlarla ilgili ise, "Ne tarlada çalışır ne de başka iş yapabilir. Senelerce bakıp büyüteceğiz, sonunda evlenip gidecek. Bize ne faydası var ki?" der ve onları zarar olarak görürlerdi. Her şeye menfaat gözüyle baktıklarından dolayı da kalpleri âdeta katılaşmıştı ve kız çocuklarını canice öldürebilecek bir hâle gelmişlerdi.

İşte Allah (C.C.) gönderdiği ayetler ve son peygamber Muhammed (S.A.V.) ile; rızkın Allah'ın elinde olduğunu, bu konuda endişe duyulmamasını ve bu endişeden dolayı da hiç kimsenin böyle korkunç bir cinayete teşebbüs

---

1. Cahiliye dönemi: İslam öncesi Arap Yarımadasında, yaklaşık 6. yüzyıla kadar süren; putperestlik, kabilecilik, kölelik ve kan davalarının hüküm sürdüğü, kadın haklarının neredeyse hiç olmadığı bir dönemdir. Bu dönem; baskın sözlü bir kültüre sahiptir ve İslam'ın gelişiyle birlikte, uygulamaları sona ermiştir.

etmemesi gerektiğini anlatmış ve bu insanlık dışı muamelelerin, âdetlerin sonunu getirmişti.

Bu konu, neden önemlidir?

Eğer bir insan; rızık endişesiyle böyle bir aksiyon alıyorsa, bu durum onun kalbinin katılaştığını, insani yetilerini kaybettiğini gösterir. Düşünün! İnsan, bir kız çocuğunu nasıl bu şekilde öldürebilir? Bakın burada, dünyaya gelmiş bir çocuğun canlı canlı toprağa gömülmesinden bahsediyoruz. Ne kadar vahşice bir hareket, öyle değil mi?

Böyle davranan bir toplum; artık hissizleşmiş, tamamen materyalistleşmiştir. Öyle ki böyle bir toplumun fertleri artık, her şeyi bir meta olarak görür; menfaatine, çıkarlarına göre hareket eder, onlara uygun olanı tercih eder ve şayet çıkarlarına uygun değilse; bir insanı öldürmekten dahi çekinmez. İşte bu ayetin geldiği dönemde yaşananlar ve o Cahiliye dönemi; kuralın, kanunun, insani, ahlaki değerlerin tanınmadığı böyle bir zaman dilimiydi.

Bir de şu açıdan bakın: Kişinin bu şekilde bir rızık endişesi yaşıyor olması; Allah'ın ayetinde vadettiklerine inanmada, Allah'a (C.C.) duyduğu hüsnüzannında bir problemi olduğunu gösterir.

Allah (C.C.) ayette; "Onların da sizin de rızkınızı veren Biz'iz!" buyuruyor. Bu vaade rağmen, rızık sebebiyle endişe eden birinin; iç dünyasını, Allah'a (C.C.) olan hüsnüzan ve inancını kontrol etmesi gerekiyor.

Buradaki "endişe edilmemesi gerektiği"nden kasıt; mantıksızca hareket edip, imkânlarını göz önünde bulundurmadan çok fazla çocuk sahibi olmak da değildir. İnsan düşünüp tartmalı, planlamasını yapmalı, fakat "Acaba aileme bakabilir miyim, şu kadar çocuğum olursa ben ne yaparım?" gibi düşüncelere de girmemeli. Yani kişi; her konuda olduğu gibi bu konuda da bir "balans insanı" olmalı. Ayette, bunun nasıl olacağının şifreleri de veriliyor.

Şimdi gelin ayetteki, "Fakirliğe düşme endişesi ile evlatlarınızı öldürmeyiniz!" perspektifiyle, günümüze bir bakalım.

Bu konu, günümüz toplumlarının da gündeminde olan bir konudur. Gelişmiş toplumlardaki istatistiklere bakıldığında, nüfusun gittikçe azaldığı görülecektir.[2] Doğum kontrolü, kürtaj gibi konular; çok politize edilmiş ve dünya üzerinde ses getiren konulardır. Bu nedenle de insanlar, bu konular hakkında pek konuşmak istemezler. "Hamile olan benim. Vücut benim vücudum, buna ben karar veririm. Bana kim karışabilir ki?" gibi söylemler, oldukça yaygındır.

Toplumlar, senelerdir bu problemi çözmeye çalışıyor. Fakat bugün gelinen noktada görülüyor ki; ölüm oranları artmış, nüfus ciddi oranda düşmüş ve yaşlanmış durumdadır. İşte bütün bu problemler, aslında incelediğimiz ayetin kapsamına giriyor. Bu ayetler, detaylı bir şekilde incelendiğinde; günümüz için çok fazla hidayet ve çözüm bulunacaktır. Burada bizim bakacağımız en önemli nokta, "tevhit"tir. Allah (C.C.), "Rızkı ben veriyorum." diyorsa; doğacak çocuğun rızkı garanti altındadır. İnsan, bu vaade inanmalı ve rızık endişesiyle çocuğunu öldürmemelidir. Bu, işin maddi tarafıdır. İşin manevi tarafını da çocuğu üzerinde otorite sahibi olan anne-babanın, çocuğuna vermesi gereken manevi gıdayı, sevgiyi vermeyerek onu öldürmesi gibi düşünebiliriz. Bu, dikkat edilmesi gereken önemli bir noktadır. Nasıl ki karnı doyurulmayan, bakımı yapılmayan ve gerekli maddi ihtiyaçları karşılanmayan bir çocuk hastalanıp ölebiliyorsa; sevilmeyen, duygusal ihtiyaçları karşılanmayan ve manevi olarak gelişimi sağlanmayan bir çocuğun da ruhu ölebilir. Narsist bir anne-baba; davranışları sebebiyle, çocuklarının ruhunu öldürebilir. (Narsist için bkz.)[3]

"Gıda"; sadece yenilip içilen bir şey değildir. Bir insanın; pek çok alanda, birçok gıdaya ihtiyacı vardır. Mesela; şerefli, onurlu, kıymetli olma, insani vasıflar, ruh, kalp, güven duygusu gibi birçok nimet; insanın ihtiyaç duyduğu gıdalar olarak kabul edilebilir. Bu gıdaların, çocuğa; yeterli miktarda, gerekli zamanlarda verilmemesi; çocuğun ruhunun yavaş yavaş ölmesine sebep olabilir.

---

2. https://www.statista.com/statistics/264689/countries-with-the-highest-population-decline-rate/
3. Narsist: Sadece kendi isteklerini önemseyen, kibirli, ayrıcalık bekleyen, hayranlık ve ilgiye ihtiyaç duyan, empati eksikliği gibi karakteristik özellikler gösteren kişilik bozukluğu olan kişileri tanımlamak için kullanılan bir kavramdır.

Burada, konunun önemini daha iyi anlamak için; Rene Spitz tarafından 1940'larda yapılan bir deneyden de bahsedebiliriz. Bu deney; Psikolojide "çocuk-bakıcı" ilişkisine de ışık tutmuş, önemli bir deneydir.

Rene Spitz; çocuğun gelişimini belirleyenin, dürtüler olduğunu iddia eden dürtü kuramcılarının aksine; bebeğin gördüğü bakım ve ilginin, mental gelişim üzerinde daha belirleyici olduğu fikrini ortaya atmıştı.

Rene Spitz'in bu çalışmasından önce, ebeveynlerini kaybetmiş veya terk edilmiş bebekler; evlat edinilmek üzere, uzun bir süre bazı kurumlarda beklerlerdi. Bu süre içerisinde de bebeklerin ihtiyaçları, oradaki kişiler tarafından karşılanırdı.

Rene Spitz, yaptığı çalışma kapsamında; Arjantin'de çocukların kaldığı bir hapishanedeki kliniği ve Meksika'da "terk edilenler yuvası" adındaki bir yetimhaneyi, bebek ve bakıcılar arasındaki ilişkiyi saptamak amacıyla gözlemledi. Daha sonra da gözlemlerini karşılaştırdı.

Hapishane kliniğinde kalan bebekler; annelerinden ayrılmışlar ve kapalı bir alanda yaşıyorlardı. Bu yüzden yeterli uyarana maruz kalamıyor, özgürce gezip çevrelerini keşfedemiyorlardı. Fakat bebekler; anneleri ile sık sık görüşebiliyor, bakım alabiliyor ve birlikte vakit geçirebiliyorlardı. Bu sayede bebekler, annelerinin hapishanede olmasından etkilenmiyor gibi görünüyorlardı.

Yetimhanede kalan ve aileleri tarafından terk edilmiş bebeklerin bakımlarını ise, anneleri haricindeki birçok kişi yapıyordu. Yaşamlarını sürdürebilmeleri için temel ihtiyaçları karşılanıyor olsa da bu bebekler, sevgi ve ilgiden mahrum olarak büyüyorlardı. Yapılan gözlemlerde, bu bebeklerin; çevreleri ile etkileşime girmedikleri, etrafı izlemedikleri ve sadece uyudukları görülüyordu. Fiziksel bakımlarını yapan kişiler; bebeklerle oyun oynamak, gezmek, konuşmak gibi hiçbir aktiviteye girişmiyor, dolayısıyla da bebeklerin oldukça az uyarana maruz kalmasına sebep oluyorlardı. Hemşire sayısında yetersizlik vardı ve her çocukla tek tek ilgilenmek mümkün değildi.

Bir süre sonra, bebeklerde hem zihinsel hem de fiziksel rahatsızlıklar oluşmaya başlamıştı. Söz konusu bebeklerin çoğunluğunda; enfeksiyonlara karşı dayanıksız olma, gelişimde gecikme gibi birçok belirti görülüyordu. Çoğu "marasmus" adındaki; önce derin depresyon, sonrasında enfeksiyonlara karşı bağışıklığın düşük olmasından kaynaklı ve ölüm ile karakterize bir hastalığa sahipti. Henüz bir buçuk yaşlarındaki 91 bebekten 32'si ölmüştü. Geri kalan bebeklerin de neredeyse hiçbiri, yardım almadan yürüyemiyor ve konuşamıyordu. Öte yandan sürekli ağlıyorlar ve olaylara karşı tepkisiz duruyorlardı. Bebekler; konuşan bakıcılarına karşı boş gözlerle bakıyor, dürtüldüklerinde de sadece bir anlığına bakıp sonra kendi içlerine geri dönüyorlardı. Gelişimleri de hapishanede kalan çocuklarla kıyaslandığında, yavaşlamıştı.

Bu çalışmasının sonunda Spitz; temel ihtiyaçları düzenli olarak karşılansa dahi, yeterli sevgi ve ilgi ile beslenemeyen çocuklarda hem zihinsel hem de fiziksel olarak gelişim bozukluklarının oluştuğunu belirtti. Bu durumu da "hospitalizm" ve "anaklitik depresyon" terimleri ile açıkladı.

"Hospitalizm kelimesi"; uzun süre hastanede kalmanın, kişide oluşturduğu olumsuz etkileri anlatmak için kullanılan bir terimdir. Bu çalışmadaki "hospitalizm" kavramı; daha hayatlarının ilk evrelerinden itibaren çeşitli kurumlar tarafından (hastane, yetimhane vb.) bakılmaları sonucunda, bebeklerin uğradığı olumsuz etkilere işaret etmekteydi. "Anaklitik depresyon" ise bebekte; annesi ile alışkın olduğu bağın birdenbire kopuşu sonrasında, yaşadığı sevgi kaybına bağlı olarak hissettiği yoksunluk yüzünden ortaya çıkan; yas ve öfke tepkilerinin görüldüğü bir mahrumiyet durumuydu.

Özetle, Spitz'in bu çalışmasına göre; bebeklerin gelişiminde, yalnızca gıda sağlamak gibi biyolojik dürtülerin tatmine ulaştırılması değil; aynı zamanda bebeğin annesi ile devamlı bir bağ kurup kurmaması da önem taşımaktadır. Bebek; anne yoksunluğu çektiğinde, fiziksel ve zihinsel gelişiminin sekteye uğramasından tutun da ölüme kadar uzanan çeşitli sonuçlar ile karşılaşılabilmektedir.

Dolayısıyla anne-babalar, çocuklarını yetiştirirken bu konuya özellikle dikkat etmelidir.[4]

Konumuza, İsrâ suresinin 32. ayetini inceleyerek devam edelim. İsrâ suresi 32. ayet hem bireysel hem de toplumsal manada önemli bir konuyu işlediğinden; doğru anlaşılması gereken, çok kritik bir ayettir. Allah (C.C.), ayette şöyle buyuruyor:

İsrâ 32- "Sakın, zinaya yaklaşmayın! Çünkü o, çirkinliği meydanda olan bir hayasızlıktır; çok kötü bir yoldur."

Ayet kısa görünse de içinde, çok önemli hidayetler barındırıyor. Gelin, konuyu biraz daha açıp bu hidayetleri anlamaya çalışalım.

Ayette geçen "zina"; hem İslam'da hem de diğer bütün semavi dinlerde haram ve çok çirkin bir fiil olarak kabul edilmiştir. İslam dininde zina; bir erkeğin bir kadınla, herhangi bir kanun veya sözleşmeye dayanmaksızın; cinsel birliktelikte bulunması demektir ki bu da büyük günahlardandır. Bununla birlikte; bütün dinlerdeki zina kavramları incelendiğinde hepsinin, birbirine oldukça benzer unsurlar taşıdığı görülür. Genel kabul ile zina; "toplulukça onaylanmamış veya resmî olarak kabul edilmemiş, gizlice yaşanan birliktelikler" şeklinde tarif edilerek; suç ve günah sayılmıştır.

İslam'da "zina ve cinayet"; kişiye karşı işlenen iki ana suç olarak tarif edilir. Kur'an incelendiğinde; Furkân ve İsrâ surelerinde olduğu gibi bu iki suçun hep birlikte anıldığı görülür. Örneğin, Furkân suresi 68. ayette Allah'ın kıymet verdiği kulları tarif edilirken şöyle buyrulur:

"Onlar, Allah'la beraber başka bir tanrıya yalvarmazlar. Allah'ın muhterem kıldığı bir canı haksız yere öldürmezler. Zina etmezler. Kim de bunları yaparsa, günahının cezasını bulur."

---

4. Spitz, R. A., & Wolf, K. M. (1946). Anaclitic depression: An inquiry into the genesis of psychiatric conditions in early childhood, II. The psychoanalytic study of the child, 2(1), 313-342.
Emde, R. N., Polak, P. R., & Spitz, R. A. (1965). Anaclitic depression in an infant raised in an institution. Journal of the American Academy of Child Psychiatry, 4(4), 545-553.

Bu ayette; "cinayet" önce, "zina" ise sonra zikredilir. Fakat İsrâ suresi 32. ayette yapılan, "Zinaya yaklaşmayın!" uyarısı; "Evlatlarınızı öldürmeyin!" ve "Allah'ın muhterem kıldığı cana kıymayın!" ifadeleriyle tarif edilen iki cinayetin ortasında yer alır. Bu, önemli bir ayrıntıdır.

Peki, bu ayrıntı bizim için ne anlama geliyor? Zinanın, cinayetle birlikte zikredilmesi neden önemlidir?

Bunun sebebi; zinanın manevi bir cinayet ve ruhun öldürülmesi olmasıdır. Allah (C.C.) bu sebeple 32. ayette, "Sakın, zina yapmayın." değil; "Sakın, zinaya yaklaşmayın." Buyuruyor. Bir sonraki ayette de "Sakın, cinayete yaklaşmayın!" değil, "Sakın cana kıymayın!" deniliyor. Yani ayette geçen, "Sakın, zinaya yaklaşmayın." ifadesi ile mealen; "Onun yanından, yöresinden bile geçmeyin." denilerek; bu fiile karşı daha sert bir önlem alınıyor. Çünkü zina, cinayetten bile daha büyük bir tehlike olarak görülüyor.

Bunu, şöyle açıklayalım:

Bir toplumda zina yaygınlaştığı zaman, insanın kıymeti düştüğünden, işlenen cinayetler artar. Yani ayette, "Zina, cinayetleri artırır." anlamı da var. Dikkat edin, bu çok önemli bir noktadır.

İstatistikler incelendiğinde; Amerika'daki evlenme oranının 1950 yılından itibaren 60% oranında düştüğü görülecektir. Modern dünya insanı, artık evlenmiyor. Günümüzde, "evlenmeden beraber yaşama" gibi bir olgu var. Birçok ülkede insanlar; "partner" adı altında, evlilik bağı olmadan, birlikte yaşıyor; hatta devlet tarafından da sanki evlilermiş gibi muamele görüyorlar. Yani günümüzde zina, sadece yaygınlaşmakla kalmadı; yasal bir hâle de getirildi.

Bu, ciddi bir tehlikedir. "Evlenmeden beraber yaşama", "evlenmeden çocuk sahibi olma"; evlilik kurumunun bitirilmesi anlamına geliyor.

Bu durum hem sağlıklı jenerasyonların yetişmesini hem de kadının korunmasını oldukça zorlaştıran bir durumdur.

Peki, ayette insanlığa çözüm olarak ne sunuluyor?

Ayette bize, "Zinaya yaklaşmayın!" buyuruluyor. Burada aslında; "Zina etmeyi bırakın; hatta onun başlangıcı sayılacak öpmek, bakmak, dokunmak gibi insanın cinsel arzularını tetikleyecek davranışları dahi yapmayın!" anlamı vardır. Bu da mealen, "Zina aksiyonuna giden her yoldan uzak durun!" demektir. Zina insanın; uyması gereken kurallara karşı çıkmasına sebep olan, ona sınırları aştıran, çirkinliği açık ve yüz kızartıcı bir iştir. Zina sebebiyle toplumlarda; insan kıymetsizleştirilmiş, sağlıklı jenerasyonların yetişmesi engellenmiş ve birçok kötülüğün ortaya çıkmasına yol açılmış olur.

Son peygamber Muhammed (S.A.V.), zina eden bir kişinin dünya ve ahirette yaşayabileceği sıkıntıları şu şekilde sıralamıştır:

"Ey insanlar topluluğu! Zinadan sakınınız, zira onda; altı tane felaket vardır. Zina yapan bir kişi; kendisine üçü dünyada, üçü de ahirette verilecek olan altı ceza ile cezalandırılır.

Zina eden kişinin dünyada başına gelecekler şunlardır:

1- Zina, güzelliği giderir. Bu nedenle de zina yapan bir kişi, diğer insanların nefretini kazanır.

2- Zina, fakirliğe sebep olur. Yani; rızkından bereket kalktığı için, kişi; hayır ve iyiliklerden mahrum olur.

3- Zina, ömrü kısaltır.

Zina eden kişinin ahirette başına gelecekler ise şu şekildedir:

1- Zina; İlahi gazaba, yani Allah'ın kızgınlığına sebep olan bir davranıştır.

2- Zina; kötü bir şekilde hesaba çekilmeye, yani kişinin kıyamet günü vereceği hesabın zor olmasına sebep olur.

3- Zina, cehenneme girmeye sebep olur."[5]

---

5. İbnu'l Cevzi, el-Muntazam

Burada anlatılan cezalar ve yaşanacak hâller; Kur'an ve Sünnet'le belirlenmiş cezaları gerektiren aksiyonlar sebebiyle ortaya çıkacak durumlar olarak tarif edilmektedirler. Bir de Resulallah 'ın (S.A.V.) "zina" kapsamında belirttiği ve hassasiyetle dikkat etmemiz gereken bazı davranışlar vardır.

Resulallah (S.A.V.), bir hadisinde şöyle buyurmaktadır: "Âdemoğluna, zinadan nasibi takdir olunmuştur. O, buna mutlaka erişir. Gözlerin zinası bakmak, kulakların zinası dinlemek, dilin zinası konuşmak, elin zinası tutmak, ayakların zinası yürümektir."[6]

Bunu, daha iyi anlaşılması adına şöyle açıklayabiliriz:

Günümüzde, herkesin bir telefonu var. İnsanlar; ellerindeki telefonlarla, normal şartlarda ulaşılması mümkün olmayan birçok görüntüye, bilgiye ulaşma imkânına sahipler. Bu da zihinlerin ve kalplerin; filtresizce her veriye, bilgiye, görüntüye açık olması, yani korunmasız bir durumda olması anlamına geliyor. Böyle bir durum da ne yazık ki insanların zihinlerinin tamamen bulanmasına sebep oluyor.

Yapılan bir araştırmada; normal bir insanın beyni ile kokain kullanan ve porno film bağımlılığı olan insanların beyinleri karşılaştırılıyor. Elde edilen bulgulara göre; porno izleyen ve bu tarz görüntülere maruz kalan bir insanın beyni; uyuşturucu madde kullanan insanların beyinlerine göre daha çok zarar görüyor.

Almanya'daki "Max Planck İnsani Gelişme Enstitüsü"ndeki araştırmacılar da porno içerikli görüntülerin izlenme miktarının beynin frontostriatal ağındaki yapısal ve işlevsel değişikliklerle ilişkili olup olmadığını araştıran bir çalışma yürütüyorlar.

Beynin; porno içerikli görüntülerle, olmayanlara verdiği tepkileri test edip farklılıkları değerlendiren araştırmacılar, çalışmanın sonunda; bu içerikleri izleyen kişilerin beyinlerinde gri madde oranının azaldığını, yapısal ve işlevsel bağlantı azalması görüldüğünü tespit ediyorlar. Son olarak, araştırmacılar; bu tarz görüntüleri izleyen kişilerde, aynı zamanda alkol kullanımı

6. Müslim, Kader, 21; Buhari, İstizan, 12

ve depresyon görülme ihtimalinin de oldukça fazla olduğunu gözlemliyorlar. Bu ilişki seviyesi, henüz belirsiz olsa da oldukça endişe vericidir ve konu üzerinde yapılan araştırmalar devam etmektedir.[7]

Porno bağımlılığının nelere sebebiyet verebileceğinin en ilginç örneklerinden biri, Amerikan tarihinin en meşhur seri katili olan Ted Bundy'nin hayatıdır. 1970 ile idam edildiği 1989 yılları arasında 30'dan fazla kadını kaçırıp tecavüz eden ve öldüren bu seri katil; idam edilmeden önce, röportaj verdiği bir gazeteciye şöyle demiştir: "Hapishanede birçok mahkumla birlikte kaldım. Ve bunlarda gördüğüm istisnasız en önemli ortak nokta, porno bağımlılığıydı. Bu bağımlılık, insanı katilliğe kadar götüren bir bağımlılıktı."

Ted Bundy gibi bir cani; elektrikli sandalyede öldürülmeden önce neden böyle bir açıklama yaptı, bilinmez. Fakat, onun bu söylediklerine Kur'an'ın zina ve cinayeti yan yana zikretmesi gözlüğüyle bakıldığı zaman; "Zinaya yaklaşmayın!" statüsünde olan "porno" alışkanlığının da aslında, insanı seri katilliğe götürebilecek potansiyelde bir tehlike olduğu açıktır.

Porno alışkanlığı; günümüz insanının, özellikle de gençlerin en büyük problemlerden biridir. Porno içerikli filmleri seyreden ve bu konuda bağımlılığı olan bir kişinin beyni; ne yazık ki alkol, uyuşturucu gibi zararlı bağımlılıklardaki kadar, hatta onların kullanımındakinden çok daha fazla zarar görüyor. Ve ne yazık ki bu bağımlılığa bir kere yakalanan gençler, kolay kolay da kurtulamıyor.

Gözlerle yapılan bu zina; bireyleri, evlilikleri, evlilik müessesesini ve toplumları mahvedebilecek kapasitededir. Zina; cinayet gibidir, insanların ruhunu öldürür. Ne kadar çok insanın, ne kadar çok gencin bu durumda olduğunu biliyor musunuz? Bu sorun; üzerinde pek çok çalışma yapılmasına rağmen, çözülemiyor. Bununla başa çıkılamıyor; çünkü artık insanların olduğu her yerde internet ve telefonlar var. İnternet trafiğine bakıldığında da

---

7. Frontostriatal ağın bu kısa açıklaması Lindsay M. Yager ve diğerleri, "The Ins and Outs of the Striatum: Role in Drug Addiction", Neuroscience (2015): 529-541, doi: 10.1016/j.neuroscience'dan alınmıştır. 2015.06.033; ve Sibel Tekin ve Jeffrey L. Cummings, "Frontal-Subcortical Neuronal Circuits and Clinical Neuropsychiatry, an Update," Journal of Psychosomatic Research 53 (2002): 647-654.

ne yazık ki bu tarz içeriklerin ilk sıralarda olduğu, çok yoğun bir şekilde izlendiği görülüyor.

Bakın, ayette insanların; "Sakın, ona yaklaşmayın!" diye uyarılması, sadece "evlilik dışı bir şekilde, biriyle ilişki yaşamak" olarak anlaşılmamalıdır. Tarif edilen; o aksiyona gidecek hiçbir yola yaklaşmamak, yani o alanların hepsinden uzak durmaktır. Çünkü insan o kapıyı bir kere açtığında, artık büyük günaha doğru adım adım ilerlemeye başlar. (Büyük günah için bkz.)[8] Bu nedenle de çocuğundan gencine, gencinden yaşlısına, her insan; kendini bu tarz görüntülerden korumalıdır.

Şehvet duygusu; insana doğru ve helal olan bir şekilde kullanması için verilmiş olan bir duygudur. Ancak onun kontrol altına alınmaması; kişiyi zina yapmaya kadar götürebilir. Bu duygunun; nasıl kontrol altında tutulabileceği ile ilgili ihtiyacımız olan her şeyi Kur'an ve Sünnet'te bulabiliriz. Bu konuda dikkatli olmalıyız.

Şehvet duygusunu kontrol altına alıp, zinadan uzak durmak; kişi için çok önemli bir aksiyondur. Elbette, bu alan şeytanın da bizi kandırmak için hileler yapıp aksiyonlar aldığı bir alandır. Bakın, bununla ilgili bir anekdot şöyledir:

Şeytan, Musa (A.S.) ile karşılaşınca ona şöyle der: "Ey Musa! Sinirlendiğin zaman beni hatırla, o esnada benim yüzüm kalbindedir, gözüm senin gözündedir. Senin içinde, kan dolaşımı gibi dolaşırım. Düşmanla savaş için karşılaştığı zaman, ben insanoğluna gelir; savaştan kaçması için, ona çoluk çocuğunu, eşini ve ailesini hatırlatırım. Nikahlayabileceğin bir kadınla yapayalnız bir arada oturmaktan sakın; çünkü ben, o esnada ondan sana, senden ona aracılık ve elçilik ederim."[9]

---

8. Büyük günah: Dinen yasaklandığı konusunda kesin delil bulunan ve yapıldığında hem dünyevi hem de uhrevi cezası olan davranışlara denir. Başlıca büyük günah çeşitleri; Allah'a ortak koşmak, büyü yapmak, insan öldürmek, yetim malı yemek, zina etmek, Allah'ın rahmetinden ümidini kesmek ve akrabalarla ilişkiyi kesmektir.
9. Bedreddin eş-Şibli, Âkâmül-mercân

Dikkatli olmalıyız. Bizi zinaya götürecek her türlü fiilden sakınmalıyız. Çünkü zinada, pek çok kötülük vardır. Peki, zinadaki kötülükler nelerdir?

Zinanın kapsadığı pek çok çeşit kötülük ve fesattan bazılarını şu şekilde sıralayabiliriz:

1- Nesillerin karışması ve kaybolması: Kişi; zina yapan bir kadının doğurduğu çocuğun, kendi çocuğu mu; yoksa başkasının çocuğu mu olduğunu bilemez. Bu nedenle de doğan çocuğun sorumluluğunu alıp bakımı ile ilgilenmek istemez. Bu da böyle doğan çocukların, ilgisiz ve bakımsız kalarak zayi olmasına, neslin tükenmesine ve sonuçta da toplumun dağılmasına sebep olur.

2- Bir erkeğin bir kadınla olan birlikteliği, şayet yasal yollara yani nikah sözleşmesine dayanmıyorsa, bu durum; kadının birçok erkekle ilişkisinin olabilmesine ve sonuçta da karışıklığın ve kavgaların olmasına sebebiyet verir. Birçok toplumda, zinaya yönelmiş bir kadının bu davranışı sebebiyle; yaygın kavgalar ve cinayetlerin meydana geldiği bilinmektedir.

3- Yaratılıştaki temiz fıtratı koruyan bir kişi, zinayı alışkanlık hâline getirmiş bir kadından hoşlanmaz. Çünkü böyle bir birliktelikte; taraflar arasında güven, sevgi, bağlılık ve anlayış yoktur. Böyle olunca da helal yolla elde edilecek evlilik ve ruhsal manadaki tatmin, tam olarak gerçekleşmez. Bu sebeple; insanların çoğu, zina yaptığı açıkça bilinen bir kadın veya erkeğe yaklaşmak istemeyebilir.

4- Zinanın yaygınlaştığı bir toplumda; herhangi bir erkek ve bir kadın arasında, özel bir ilişki durumu oluşamaz. Çünkü böyle bir toplumda kadınlar; isteklerine bakılmaksızın erkeklerin cinsel saldırılarına maruz kalabilir. Sonuç olarak da insan türü ile hayvan türü arasında, bu konuda bir fark kalmamış olur.

5- Kadın; erkeğin sadece cinsel arzularını tatmin edeceği, bedensel ihtiyaçlarını gidereceği bir araç değildir. Tam aksine o; gözünün gönlünün sevinci, evinin sahibi ve koruyucusu, çocuklarının ihtiyaçlarını gideren, onları eğiten; ev işlerini düzene koyan ve yeme-içme-giyim gibi konularda, erkeğin yardımcısı olan kişidir. Bu işlerin tamamı; ancak kadının, tek bir erkekle evli olması ile mümkün olur. Bu da zinanın haram olması, yani bu yolun tamamen kapanması ile gerçekleşir.

Zina; bireysel olduğu kadar, toplumsal anlamda da çok ciddi sıkıntılara sebebiyet veren, dolayısıyla da insanın kendini çok büyük bir ciddiyetle koruması gereken bir günahtır.

Burada; iffeti ve güzelliği ile tanınan Yusuf'un (A.S.) hayatına da kısaca değinelim. (Yusuf için bkz.)[10] O (A.S.) zinaya davet edildiği, hatta işlemesi için zorlandığı bir anda; "Ya Rab'bi! Zindan, bu kadınların beni davet ettikleri o işten daha iyidir. Eğer Sen, onların fendini benden uzaklaştırmazsan; onlara meyledip cahilce davrananlardan olabilirim."[11] diyerek Rab'bine sığınmıştı. Allah (C.C.), bu olayı Yûsuf suresinin 24. ayetinde şöyle anlatır:

"Doğrusu, hanım ona sahip olmayı iyice aklına koymuş ve buna yeltenmişti de. Eğer Rab'binin burhanını görmeseydi, O da kadına meyledecekti. İşte böylece Biz, fenalığı ve fuhşu ondan uzaklaştırmak için burhanımızı gösterdik. Çünkü O, Biz'im tam ihlasa erdirilmiş kullarımızdandı."

Ayette geçen "burhan" kelimesi ile kastedilen: Allah'ın (C.C.), peygamberlerini günahlardan uzak tutan ilahî bir korumasıdır. Yusuf (A.S.) elbette, zinanın çirkin bir davranış olduğunu biliyordu. Fakat o sırada, Allah'ın ekstra bir koruması kendisine yetişmiş ve bu davranışın çirkinliği, gözle görülecek derecede O'na gösterilmişti.

Buraya kadar; zinanın sebep olacağı kötülükler, detaylarıyla arz edilmeye çalışıldı. Peki, bu denli tehlikeli bir günah olan zinadan, bizler nasıl korunabiliriz?

Teknoloji çağında yaşıyoruz. Hepimizin elinde; her an kullanıma hazır olan telefonlar, cihazlar var. Özellikle çocukların ellerinden telefonlar, tabletler hiç düşmüyor. Onları günaha, zinaya götürebilecek görüntülerle her an karşılaşma tehlikesi içindeler.

---

10. Yusuf (A.S.): Kur'an'da hayatının detaylıca anlatıldığı, kendi adına bir sure bulunan, Yakup'un (A.S.) oğlu ve İsrailoğullarına gönderilen peygamberdir.
11. Yûsuf Suresi, 24

Bu nedenle; onlara gözlerini zinadan sakınmaları, haram görüntülerin bulunduğu alanlardan uzak durmaları ve bu konuya çok dikkat etmeleri gerektiğini öğretmeli ve onları bu alandan uzak tutup, korumalıyız.

Fıkıhta büyük günah olarak tarif edilen zina; aralarında resmi evlilik bağı olmayan bir erkekle kadın arasındaki cinsel ilişkidir. Bununla birlikte; insanın bakarak, yani gözü ile yaptığı göz zinası, küçük günah olarak kabul edilse bile; sürekli yapıldığında, büyük bir günah hâline gelir ve insanın fıtratı bozar. (Fıkıh, Küçük günah için bkz.)[12]

Dikkat edin! Zina, ruhun cinayetidir. Bu nedenle de Allah (C.C.), "Sakın, zinaya yaklaşmayın! Çünkü o, çirkinliği meydanda olan bir hayasızlıktır, çok kötü bir yoldur."[13] buyurarak; zina konusunda ciddi bir önlem almaktadır. Öyle ki; "Sakın zinaya yaklaşmayın!" uyarısı ile korunan, öncelikle bireyin ruhudur.

Allah (C.C.), ruhun korunması ile ilgili uyarısından sonra; bireyin canının korumasına geçer ve şöyle buyurur:

İsrâ 33- "Haklı bir gerekçe olmaksızın, Allah'ın muhterem kıldığı cana kıymayın! Bir kimse zulmen öldürülürse, onun velisine (mirasçısına) bir yetki vermişizdir; artık o da kısas hususunda aşırı davranmasın. (Meşru hakla yetinsin.) Zaten, kendisine yetki verilmekle gerekli destek sağlanmıştır."

Burada akıllara; "Allah'ı inkârdan sonra anılan en büyük günah, adam öldürmektir. Allah'ın bu ayetlerde; önce zinayı, daha sonra da adam öldürmeyi yasaklamasının sebebi nedir?" gibi sorular gelebilir.

Bunu şöyle izah edelim: Zina; "ruhun cinayeti"dir ve ruh öldürüldüğünde hem aile hem de toplum ortadan kalkar. Dolayısıyla; insanın ruhunun

---

12. Fıkıh: Sözlükte "bir şeyi bilmek, iyi ve tam anlamak, derinlemesine kavramak" anlamlarına gelir. Terim olarak ise; İslam dininin ibadet ve hukuk ilmi için kullanılır.
Küçük günah: Dinen yasaklandığı konusunda kesin delil bulunmayan kötü davranışlara, "küçük günah" denir. Önemsenmeden, ısrarla işlenen küçük günahların; zamanla büyük günaha dönüşeceği kabul edilir. Bize düşen; günahın büyük ya da küçük olduğu hesabını yapmadan, her türlüsünden kaçınmaktır.
13. İsrâ Suresi, 32

korunması, canının korunmasından daha önemli sayılmıştır. Bu nedenle de ayette önce zinadan, daha sonra adam öldürmeden bahsedilmektedir.

Ayrıca surede, "zina" konusundan; "Çocuklarınızı öldürmeyin!" ve "Muhterem kılınan cana kıymayın!" uyarılarının; yani iki cinayetin arasında bahsedilmektedir. Ayette anlatılan "bir çocuğun öldürülmesi"; aile içinde gerçekleşen bir cinayettir. Oysa zina; toplumsal etkileri olan bir günahtır. Ayette iki cinayetin ortasında "zina" konusundan bahsedilmesinin sebebi zinanın; toplumsal bağlarda çözülmelere sebep olması yani aslında, tüm mevcut sistemi etkilemesidir.

Zina, gerçekleştiği toplumlarda cinayetlere de yol açar. Çünkü zina; insanın bir obje olarak görülmesine, bir kadının ruhunun, kalbinin, aklının güzelliği yerine; sadece cinselliğine odaklanılmasına ve kadının kıymetinin düşürülmesine neden olur. İnsanın kıymetinin düşmesi; cinayetlerin işlenmesini kolaylaştırır, sayılarını arttırır. Zinanın yaygın olduğu toplumlar incelendiğinde; o toplumlarda korkunç cinayetlerin işlendiği görülecektir. Bu nedenle, insanlığın kurtuluşu için yukarıda arz edilen ayetlerin anlaşılmasına, hayata tatbik edilmesine çok ihtiyaç vardır.

İslam, sosyal bir dindir. Uygulanması gereken emir ve yasaklar uygulandığında gerek bireysel gerek aile içindeki ve gerekse de dış dünyadaki problemler kolaylıkla çözülecektir. Tüm mesele Allah'ın, bize sunduğu perspektiflerden bakabilmek ve o bakış açısıyla aksiyon alabilmektir.

Toparlayalım.

Bireyin sağlığı, ailenin sağlığı; ailenin sağlığı da toplumun sağlığı demektir. Anne-babalar; evlatlarına sevgi ve şefkat göstermeli, onlara sahip çıkmalıdır. Çocuklar, rızık endişesinden dolayı öldürülmemeliler. Hepimizin rızkı, Allah (C.C.) tarafından garanti edilmiştir.

Çocukların hem maddi ihtiyaçlarının hem de duygusal ihtiyaçlarının karşılanmasına ihtiyaçları vardır. Sevgiden mahrum bırakılan bir çocuğun ruhu canlı kalamaz. Her çocuk; âdeta bir çiçek gibi yetiştirilmeli, ihtiyacı olan maddi ve manevi gıdaların hepsi ona verilmeli, kıymetli hissettirilmelidir. Bunlar, anne-babaların en önemli vazifeleridir.

Bu bölümde analiz edilen ayetlerle; sadece bireysel değil, toplumsal transformun nasıl sağlanabileceğini de anlamaya çalıştık. Toplumun temelini sarsan "zina" konusundan, onun nasıl sonuçlara sebep olduğundan bahsettik.

Zina; çok ciddi bir günahtır ve toplumların yok olması, ne yazık ki bu günahın yaygınlaşması ile doğru orantılıdır. Zina, âdeta ruhun katledilmesidir; bireyin, ailenin ve toplumun öldürülmesidir. Öyle ki ayette de "Zina etmeyin!" denilmiyor; "Zinaya yaklaşmayın!" buyurularak; ona giden bütün yollardan uzak durun ve neslinizi de uzak tutun deniliyor. Zinanın her türünden korunmalıyız. Kendimizi; haram olan görüntülerden, fiillerden uzak tutmalıyız. Bu konuda dikkatli olunmaz, haramdan sakınılmazsa; zihin ve kalp bulanmaya başlar. Daha sonra da kişi; günahlara doğru adım adım ilerler, büyük günah olan evlilik dışı cinsel münasebetler bile onun için normalleşir.

Zinanın önüne geçebilmek için, gözlerin korunması gerekir. Anne-babalar; bu konuda hem kendileri hem de çocukları için dikkatli davranmalı, çocuklarını yakından takip etmeli ve haramdan korumalıdırlar. Son aşamaya gelinmeden önce tedbirler alınmalıdır. Alınacak bu tedbirler hem bizleri hem de çocuklarımızı korur.

Bu konu hem bireyler hem aileler hem de toplum açısından çok önemli bir konudur. Ailelerdeki problemler çözülmediği sürece, toplumların sağlıklı hâle gelmeleri zordur. Sosyolojik olarak insanlığın kurtuluşu için izlenecek yollar, Allah (C.C.) tarafından Kur'an'da bildirilmiştir. Bunları adım adım takip etmeli hem kendimize hem ailemize hem de içinde yaşadığımız topluma karşı görevlerimizi yerine getirmeliyiz.

Bu bölümde; İsrâ suresi 31, 32 ve 33. ayetleri analiz ederek; nasıl sağlıklı bir birey ve toplum olunabileceğini anlamaya gayret ettik. Sizden, bir sonraki bölümü okumadan önce; burada anlatılan hidayetler üzerine düşünmenizi ve kendinizi muhasebe etmenizi istiyoruz.

Gelecek bölümde, İsrâ suresinin ayetlerini analiz etmeye devam edecek ve "yetime, mazluma, ihtiyaç sahiplerine sahip çıkmak" konusu üzerinde duracağız.

7- Yetime, Mazluma, İhtiyaç Sahibine Sahip Çıkmak

Musa'ya (A.S.) verilen "On Emir"in, Kur'an'daki karşılığı olan İsrâ suresinin 22-39. ayetlerini analiz etmeye devam ediyoruz. Bir önceki bölümde; İsrâ suresinin 31, 32 ve 33. ayetlerini analiz edip; nasıl sağlıklı bir birey ve toplum olunabileceğini anlamaya çalıştık. Bu bölümde ise, İsrâ suresinin 34. ayetini inceleyecek ve hayati önem taşıyan bir konu üzerinde duracağız. Ayetimizi okuyarak analizimize başlayalım.

İsrâ 34- "Ve lâ takrabû mâlel yetîmi illâ billetî hiye ahsenu hattâ yebluga eşuddehu ve evfû bil ahdi, innel ahde kâne mes'ûlâ."

"Büluğ çağına ermeyen yetimin malına, en güzel tarzdan başka bir şekilde yaklaşmayın. Verdiğiniz sözü yerine getirin. Çünkü verilen söz, sorumluluk gerektirir."

Ayet, "Ve lâ takrabû mâlel yetimi. - Büluğ çağına ermeyen yetimin malına yaklaşmayın." ifadesi ile başlıyor. Daha sonra da bu ifadeye; "En güzel tarzdan başka bir şekilde yaklaşmayın!" ilavesi yapılıyor.

İlk bakışta; ayetteki bu emir ve yasaklamanın, sanki herkese hitap etmediği düşünülebilir. "Benim çevremde yetim biri yok, bir yetime bakmak zorunda değilim. Dolayısıyla, onların mallarına sahip çıkmak gibi bir sorumluluğum da yok. O yüzden bu ayet, bana hitap etmiyor." diyenler; hatta, "Bu kadar evrensel emrin arasında, neden böyle spesifik bir emir ve yasaklamadan bahsediliyor ki?" diye düşünenler de olabilir. Ancak bu gibi düşünceler, Kur'an'ın üslubuna tam anlamıyla vâkıf olmamaktan kaynaklanmaktadır.

Şöyle izah edelim: Allah (C.C.), Kur'an'da bazen bize; bir emir ile çok kapsamlı bir hidayet öğretir. İlk bakışta oldukça spesifik gibi duran bir emri, yasağı ya da bir olayı dikkatlice incelendiğimizde; aslında onun, arka planda hem bireysel hem de toplumsal açıdan çok fazla önem ve hidayet barındırdığını görebiliriz. Bu; Kur'an'ın çok önemli özelliklerinden biridir ve bu konuda örnek verebileceğimiz birçok ayet bulunur. İsrâ suresinin 34. ayeti de bu konuya örnek olan ayetlerden biridir.

Gelin şimdi de ayette kullanılan kelimeleri detaylı bir şekilde inceleyelim.

Öncelikle; ayette kullanılan "yetim" kavramı ile başlayalım. Bu kelime ile kastedilen kişi, sadece "ebeveyni olmayan çocuk" olarak değerlendirmemelidir. Öyleyse, burada kastedilen kişi kimdir?

Genel manada bakıldığında, aslında bu ayette işlenen konunun; "hakkını savunamayan birinin hakkı" olduğu görülür. Ona karşı olan davranışlarımızla ilgili dikkatli olmamız konusunda uyarıldığımız kişi de sadece; ebeveyni olmayan bir çocuk değil, haklı olduğu hâlde hakkını savunamayan herkestir.

Gelin, konunun daha iyi anlaşılması için; öncelikle, ayette ne anlatıldığını inceleyelim. Daha sonra da bu ayetin, nasıl bütün insanlığa hitap ediyor olduğunun üzerinde duralım.

Ayetin "Ve lâ takrabû mâlel yetîmi illâ billetî hiye ahsenu. - Büluğ çağına ermeyen yetimin malına, en güzel tarzdan başka bir şekilde yaklaşmayın." bölümüyle kastedilen mana; "Yetim malından tamamen uzak durun!" değildir. Burada, "O mala, en güzel tarzın haricinde yaklaşmayın!" denilmektedir. Bu da "En güzel tarzda hareket etmek şartıyla; yetimin, senin sorumluluğuna verilmiş olan kişinin malından sen de istifade edebilirsin." anlamına gelir.

Bunu, şöyle bir örnekle arz edelim:

Ebeveyni vefat etmiş ve beş-altı yaşlarındayken yapayalnız kalmış bir çocuk düşünün! Ailesinin yaptığı tüm yatırımlar, mal varlığı, para, iş yeri, belki onlara ait işler, projeler o çocuğa kalır; öyle değil mi? Peki çocuk, bunları idare edebilir mi? Tabii ki hayır. Hem çocuğa hem de tüm mirasa sahip çıkılması gerekir. İşte incelediğimiz ayette, tam da bunun nasıl yapılması gerektiği anlatılıyor.

Burada, şöyle bir ayrıntıdan da bahsedelim:

İsrâ suresinin 34. ayeti, Mekke'de inen bir ayettir. Yani bu ayetin nüzul olduğu zaman diliminde, henüz miras paylaşımı ile ilgili ayetler gelmemiştir.

Kur'an'da "yetim malı, miras" gibi konularla ilgili birçok ayet vardır. Mesela; Nisâ suresinin 6. ayeti bu ayetlerden biridir. Medine döneminde nüzul olan (Medine dönemi, Nüzul için bkz.)[1] Nisâ suresinin 6. ayetinde de aynı konudan şöyle bahsedilir:

Nisâ 6- "Vebtelûl yetâmâ hattâ izâ belagûn nikâh, fe in ânestum minhum ruşden fedfeû ileyhim emvâlehum, ve lâ te'kulûhâ isrâfen ve bidâren en yekberû. Ve men kâne ganiyyen felyesta'fif, ve men kâne fakîran felye'kul bil ma'rûf. Fe izâ defa'tum ileyhim emvâlehum fe eşhidû aleyhim. Ve kefâ billâhi hasîbâ."

"Yetimleri, evlenme çağına varıncaya kadar gözetip deneyin. Akılca olgunlaştıklarını görürseniz, mallarını kendilerine teslim edin. Büyüyünce ellerine alacakları düşüncesiyle o malları israfla tüketmeyin. İhtiyacı olmayan veli, yetim malına tenezzül etmesin. Muhtaç olan ise meşru surette, ihtiyaç ve emeğine uygun olarak yararlansın. Onlara mallarını teslim ettiğinizde, bunu şahitlerle tespit ettirin. Allah hesap sorandır ve O'nun hesap sorması kâfidir."

Allah (C.C.) ayette mealen; "olgunlaşıncaya kadar" buyurarak, belli bir zaman diliminden bahsediyor. Bu zaman dilimi ile kastedilen, aslında kişinin; akılca olgunlaştığı, doğru analizler yapıp elindeki parayı doğru değerlendirebildiği, doğru yerlere harcama yapabildiği ve parasının kıymetini bileceği yaşa gelmesidir. Yani kişinin; yatırımlarını, belki ekonomiyi takip edebileceği ve kendi işlerini yürütebileceği yaşıdır. Ayette mealen; "Bu döneme

---

1. Medine dönemi: Son peygamber Muhammed'in (S.A.V.) ve O'na inananların 622 yılında Mekke'den Medine'ye göç etmesiyle başlayan ve on yıl süren dönemdir. Bu dönem, İslam medeniyetinin oluşmaya başladığı ve İslamî kuralların detaylı anlatıldığı ayetlerin indirildiği dönemdir. Bu dönemde indirilen ayet ve surelere Medenî ayet veya sure denilir. Nüzul: İslam terimi olarak, Kur'an ayetlerinin Allah tarafından Cebrail (A.S.) aracılığıyla son peygamber Muhammed'e (S.A.V.) indirilmesini ifade eder. Bu süreç, Kur'an'ın vahiy yoluyla parça parça yirmi üç yıl boyunca gönderilmesini kapsar.

gelene, olgunlaşıncaya kadar o kişiye sahip çık; o yaşa geldiğinde de ona malını ver." deniliyor.

Konunun daha iyi anlaşılması için, şöyle bir detaydan da bahsedelim:

Son peygamber Muhammed (S.A.V) döneminde yaşayan sahabeler; Kur'an ayetleri geldiği anda, onları uygular ve hayatlarını, yaşantılarını o ayetlere göre değiştirirlerdi. Bunun en iyi örneklerinden biri, içkinin yasaklanma sürecidir. İslam'da içkinin yasaklanması, üç adımda geçekleşmiştir. Bu sürecin son basamağı olan iki ayetin nüzulünden sonra; emri duyan Müslümanların evlerinde bulunan bütün içkileri derhâl döktükleri ve dökülen içkilerin Medine sokaklarından sel gibi aktığı söyleniyor.

Mâide 90- "Ey iman edenler! Şarap, kumar, putlara kurban kesilen sunaklar, fal okları, şeytana ait murdar işlerden başka bir şey değildir. Bunlardan geri durun ki felah bulasınız."

Mâide 91- "Şarap ve kumarla şeytanın yapmak istediği tek şey, sizin aranıza düşmanlık ve kin salmak, sizi Allah'ı zikretmekten ve namazdan alıkoymaktır. Artık bu habis şeylerden vazgeçtiniz değil mi?"

O sahneyi hayal edin! Müslümanlar, bu ayetler gelir gelmez; "Rab'bimiz! Artık içki ve kumardan vazgeçtik." diyor ve hemen uygulamaya geçiyorlar. Onlar; Kur'an'ı, Allah'ın emirlerini o kadar ciddiye alıyorlar ki hiçbir bahane öne sürmeden; "Allah böyle dedi, biz de bunu uygulayacağız." hissiyatı ile hemen hayat tarzlarını değiştirebiliyor ve o ayetlere göre transform ediyorlar.

Tabii, buradaki şu ayrıntı da gözden kaçırmamamız gerekir. İçki; üç aşamada ve ilk vahyin gelişinden on altı sene sonra yasaklanmıştır. (İlk vahyin gelişi için bkz.)[2] Bunun nedeni; Allah'ın kullarına olan sonsuz şefkat ve rahmetidir.

---

2. İlk vahyin gelişi: İlk vahiy; son peygamber Muhammed'e (S.A.V.) Mekke'de, Nur Dağında, 610 yılının Ramazan ayında Cebrail (A.S.) aracılığıyla gelmiştir. Cebrail (A.S.), "Oku" emriyle başlayan Alak suresinin ilk beş ayetini bildirmiştir. Bu olay, İslam dininin başlangıcı olarak kabul edilir.

Konuya şöyle bakın: İnsanın bazı alışkanlıklarını değiştirmesi, onlardan kurtulması zaman alabilir. Değişim bir süreçtir ve adım adım gerçekleşir. Allah (C.C.), yarattığı kulları en iyi tanıyan; onların ihtiyaçlarını, duygularını, isteklerini, neleri yapıp neleri yapamayacaklarını en iyi bilendir. Kendimize, hayatımıza bu perspektifle baktığımızda; İslam'ın bizim için ne kadar da yaşanabilir bir din olduğunu net bir şekilde görebiliriz. Allah (C.C.) belirlediği kurallar ile hem bireysel hem de sosyal hayatımızı düzene sokar, kolaylaştırır, güzelleştirir; bizim için zorluk değil, hep kolaylık ister.[3] O (C.C.), yarattığı insanın hayat tarzını bir anda değiştirmesini beklemez. Ona kolaylıklar sağlar, fırsatlar verir ve yaşadığı değişim süreçlerinde, kişinin aklı ile kalbinin ikna olmasını sağlar.

Bakın, bu konudaki bir diğer önemli örnek de tesettür emridir. Tesettür; Kur'an'ın gönderilmeye başladığı ilk andan on üç yıl sonra emredilmiştir. (Tesettür için bkz.)[4] Yani bu konudaki transformasyon da zamana yayılmış; adım adım gerçekleştirilmiş ve böylelikle inananlara kolaylıklar sağlanmıştır. Sahabelerin yaşadıkları olgunlaşma ve değişim süreci örnekleri ile gözümüzün önünde duruyor. Neyin, ne zaman, hangi sıraya göre ve nasıl yapılacağı; Kur'an ve Sünnet ile belirlidir. Hayat tarzının değişimi konusunda acele edilmemelidir.

Düşünün! Resulallah (S.A.V.) döneminde, devlet ve toplumu denetleme mekanizmaları günümüzdeki gibi değildi. Resulallah (S.A.V.) Medine'deki her evin içinde neler olduğunu görmüyordu. Ancak sahabeler, "Allah, beni her an görüyor." düşüncesiyle hareket ediyorlar ve aldıkları tüm aksiyonları bu düşünce ile alıyorlardı.

O dönem; savaşlarda babası şehit olan yetimler vardı. Sahabeler; ellerinden geldiği şekilde bu yetimlere sahip çıkıyorlar, fakat yetim hakları ile ilgili gelen ayetlerden dolayı da endişeleniyorlardı. Mesela; Allah (C.C.) Nisâ suresinin 10. ayetinde; "Yetimlerin mallarını haksız yere yiyenler, aslında karınları dolusu ateş yerler.

---

3. Bakara 185- "Allah sizin hakkınızda kolaylık ister, zorluk istemez. Oruç günlerini tamamlamanızı, size doğru yolu gösterdiğinden ötürü Allah'ı tazim etmenizi ister. Şükredesiniz diye bu kolaylığı gösterir."
4. Tesettür: "Örtünmek, korunmak" anlamlarına gelir.

Onlar, yarın harıl harıl yanan bir ateşe gireceklerdir." buyuruyordu. Bunu duyan sahabeler; "Benim de evimde, bakmaya çalıştığım bir yetim var. Hem onun hem de evdekilerin ihtiyaçlarını karşılamam gerekiyor. Ayette; şayet bu yetimin malından yersem, karnımı ateşle dolduracağım söyleniyor. Bu konuda çok hassas davranmalıyım." diyorlardı. Öyle ki artık baktıkları yetimlerle, ev ahalisinin yemeklerini ayrı satın almaya ve ayrı pişirmeye başlamışlardı. Sahabeler, zaten fakirlerdi. Yapılan alışverişin, yemeklerin ayrılması; evin içinde büyük zorluklar oluşturmaya başlamıştı. Hangi lokmanın; yetimin parasıyla alındığının ayrımını yapmak, kolay değildi. İşte, İsrâ suresinin 34. ayeti de böyle bir durumda insanların hayatlarını kolaylaştırmıştı. Allah (C.C.) bu ayetle müminlere; baktıkları yetimlerin mallarına en güzel tarzda yaklaşabilmenin sorumluluk ve iznini vermişti.

Ayetle, sahabelere âdeta şöyle deniliyordu: "Baktığın yetimlerin mallarını çarçur etme, kendi ihtiyaçlarının tamamını onların malları üzerinden karşılama ve onların mallarıyla zengin olmaya çalışma! Ayrıca, bunları yapmayacağım diye de hayatı kendin ve ailen için zorlaştırma, yaşanmaz bir hâle getirme! Himayen altında tuttuğun, ihtiyaçlarını giderdiğin ve bakımını üstlendiğin bir yetimin malından istifade edebilirsin; ancak bunun sınırları belli, dikkatli ol ve sana çizilen bu sınırlara göre hareket et." İşte, ayette geçen "en güzel tarzda yaklaşma" ifadesi ile kastedilen tam da buydu.

Burada verilen izin ve çizilen sınırları doğru anlamak, bizim için çok önemlidir. İnsanlar bazen; aşırıya gidip, obsesyon ile takvayı birbirine karıştırabiliyorlar.

Obsesyon (OCD - Obsessive-compulsive disorder); takıntılı düşüncelerin günlük hayatı, hatta yaşamsal aktiviteleri etkileyecek düzeye gelmesi sonucu ortaya çıkan ruhsal bir hastalıktır. Bu; kişinin hayatını zorlaştıran, hatta bazen yaşanmaz hâle getiren bir durumdur. Takva ise, Allah'ın emir ve yasaklarını uygulama konusunda; bilinçli ve hassas davranmak demektir.

Bazı insanlar, "Çok takvalıyım." düşüncesiyle, hayatı kendileri ve çevreleri için yaşanmaz bir hâle getirebiliyor. Oysa İslam'da tarif edilen takva, bu değildir. İslam; kolaylık dinidir. Allah (C.C.) bize hediye olarak verdiği hayatımızı yaşanmaz bir hâle getirmemizi istemez. İşte, İsrâ suresinin 34. ayeti de âdeta takıntıya dönüşebilecek böyle bir durumun önüne geçilmesini ve insanın iç dünyasında bir balans oluşmasını sağlayan önemli bir ayettir.

Ayette bir yandan, çok sert ve disipline edici bir şekilde; yetimin mallarını yemenin ateş yemek kadar korkunç bir fiil olduğu ve bunu yapan kişinin de ceza olarak ateşe atılacağı söylenmekte; diğer yandan da olayın, obsesyon hâline gelmesinin önüne geçilmektedir. Yani mealen; "İstifade edin, fakat çarçur etmeyin." uyarısı yapılarak bir balans sağlanmaktadır.

Bu hidayeti, hayatımızın her alanına yayabiliriz. (Hidayet için bkz.)[5] Her konu ile ilgili; burada tarif edilen şekliyle bir dengeye sahip olmalıyız. Allah (C.C.); işlerimizi zorlaştırmamızı değil, kolaylıkla ve belirlediği kurallara uygun şekilde yapmamızı ister. Tabii ki bu; "Allah, benim için kolaylık istiyor." diyerek hiçbir kurala, emre dikkat etmeden gelişigüzel yaşamak anlamına da gelmez. Bu ayetteki balansa dikkat etmeliyiz. Ne sınırları büsbütün çiğnemeli ne de olayı obsesyona çevirmeliyiz. Doğal olmalı, meseleleri doğal akışında çözmeliyiz. Allah (C.C.); alışverişlerin, yapılan yemeklerin ayrıldığı, evlerin içinde ayrışmaların yaşanmaya başladığı bir anda; sınırsız rahmetiyle kullarına bu kolaylığı sağlıyor.

İnsanın bazen; "takva" kılıfı altında, İslam'ı yaşanmaz bir hâle getirebileceğinden bahsetmiştik. Bununla ilgili birkaç örnek daha arz edelim.

Örneğin; kişinin namaz kılarken konsantre olması gerekir. Ancak insanız ve bazen, aklımıza gelen düşünceleri engelleyemiyoruz. Ayrıca şeytan, bu konuda çok aktif ve dikkatimizi dağıtmak, o anki konsantrasyonumuzu bozmak için elinden gelen her şeyi yapıyor.

Peki ne yapacağız?

Unutmayın! Kişinin böyle bir durumda; olayı takıntı hâline getirip, "Namazın ikinci rekâtındayken aklıma, yemek yemem gerektiği geldi. Bu namaz

---

5. Hidayet: Bu kelime, "doğru yol, doğru yola girmek, doğru yolu göstermek, kılavuzluk" demektir. "Amaca ulaştıracak yolu gösterme, bu yol için kılavuzluk etmek" diye de tanımlanabilir. Dini literatürde ise; dünya ve ahiret mutluluğunu sağlayacak yolu gösterme anlamında bir terimdir.

olmadı, tekrar kılayım." demesi, hayatını biraz zorlaştırması anlamına gelir. Allah'ın (C.C.), bizim için her zaman kolaylık dilediğini; İslam'ın insani, yaşanabilir bir din olduğunu unutmamalı ve şeytanın da bu gibi alanları kullanarak bizi kandırmaya çalıştığının fark etmeliyiz. Aynı durumla abdest alırken de karşılaşıyor olabiliriz. Şeytan; "Kolun iyi yıkanmadı, kuru kaldı. Böyle abdest mi olur?" diye vesvese vererek, kişiye defalarca abdest aldırabilir. (Abdest, Vesvese için bkz.)[6] Hatta şeytan bununla da yetinmez ve namaz kılan kişinin aklına; "Abdesti olmayanın, namazı nasıl kabul olsun? Doğru dürüst abdest almadın. Böyle kıldığın namaz kabul olmaz ki! O hâlde, kabul olunmayacak bir namazı neden kılacaksın ki?" gibi düşünceler getirir. İnsanın; "Abdestim olmadı." düşüncesiyle yirmi defa abdest alması, üzerinde düşünülecek ve elbette ciddi tedaviye ihtiyaç duyulan bir obsesyon alanıdır. Fakat unutulmamalıdır ki bu problem; birdenbire ortaya çıkmaz ve bir başlangıcı vardır. İşte, o başlangıç da bu ayette verilen hidayetle kazanılacak balans sayesinde çözülebilir.

Resulallah (S.A.V.), bir hadisinde şöyle buyurur:

"Din kolaylıktır. Dini aşmak isteyen kimse, ona yenik düşer. O hâlde; orta yolu tutunuz."[7]

Müslüman, balans insanıdır. O, ayetten aldığı, "Yetim malını yeme, fakat bu konuyu obsesyona da çevirme. Hem o rahat etsin hem de senin evindeki

---

6. Abdest: "Güzellik ve temizlik" anlamına gelen "vudû" kelimesinden türeyen abdest; başta namaz olmak üzere, bazı ibadet ve davranışların yerine getirilmesinden önce yapılan "dinî temizlik" anlamına gelmektedir.
Vesvese: Sözlükte, "fısıldama, kötü telkinde bulunma, karışık sözler söyleme, kuşkulanma" anlamlarına gelir. Aynı kökten gelen vesvâs kelimesi, "insanın içine doğan zararlı uyarıcı, kötü duygu ve düşünce, telkin, şüphe, fısıltı, evham" gibi manalara gelmektedir. Dinî terminolojide vesvese, "şeytanın veya nefsin insana kötü ve zararlı telkinde bulunması, şeytandan yahut nefisten gelen, insanı dine aykırı aşırı davranışlara yönelten telkin" demektir. Vesvâs ise, "şeytan, şeytanın insanın içine attığı saptırıcı dürtü, faydasız söz, şüphe ve tereddüt" anlamlarında kullanılır.
7. Resulallah (S.A.V.), bir hadisinde şöyle buyurur:
"Din kolaylıktır. Dini aşmak isteyen kimse, ona yenik düşer. O hâlde; orta yolu tutunuz. En iyiyi yapmaya çalışınız, o zaman size müjdeler olsun; günün başlangıcından, sonundan ve bir miktar da geceden faydalanınız." (Buhârî, İman 29; Nesâî, İman 28)

denge bozulmasın, sen de o yetimi yük olarak görme." hidayeti ile hayatının diğer alanlarına bakıp bu balansı koruyabilir.

Hayatımızı, yaratılış amacımıza uygun bir şekilde dizayn etmeli ve bunu yaparken de balanslı olmalıyız.

Analizimize, ayette bahsedilen "şiddetli yasaklama" konusuyla devam edelim.

Burada bahsedilen "şiddetli yasaklama"dan kasıt şudur: Allah (C.C.), bizden mükemmel olmamızı beklemiyor; fakat niyet ve aksiyonlarımızı düzgün alıp ona göre hareket etmemizi istiyor. Yani buradaki "şiddetli yasaklama", hayatı yaşanmaz hâle getirmiyor. Nitekim Âl-i İmrân suresi 102. ayette de aynı durum vardır. Ayette; "Allah'a karşı gelmekten nasıl sakınmak gerekirse, öylece sakının!" buyruluyor. Ayet okunduğunda; "Bu ölçüdeki takvaya nasıl ulaşabiliriz ki?" düşüncesi akla gelirken, Allah (C.C.) Bakara suresi 286. ayette; "Allah, hiçbir kimseyi güç yetiremeyeceği bir şekilde yükümlü tutmaz." buyurarak Âli İmrân suresi 102. ayetteki emri hafifletiyor. Hatta, Tegâbün suresinin 16. ayetinde de "Gücünüz yettiğince Allah'a karşı gelmekten, haramlara girmekten sakının, hakkı dinleyip, itaat edin." buyrularak emir, Allah'ın rahmeti ile daha da hafifletiliyor.

Bakın, burası önemli! Bir insanın takvalı olması, hassas yaşaması; obsesyon değildir. Elbette, kişi hayatını böyle sürdürebilir. Ancak arz edilen sınırlar aşıldığı zaman; bu durum, psikolojik rahatsızlıklara sebep olabilir. Ayette bize, nasıl dengeli olabileceğimizin şifreleri anlatılıyor.

Allah (C.C.), İsrâ suresi 34. ayette; "Büluğ çağına ermeyen yetimin malına en güzel tarzdan başka bir şekilde yaklaşmayın." buyuruyor. Bu ayette dikkatimizi çeken, bir diğer nokta da kullanılan "yetim" kelimesidir.

Peki, buradaki "yetim" kelimesi ile kastedilen; acaba sadece "ebeveyni olmayan çocuklar" mıdır?

Gelin, bu kelime ile kastedilenin kimler olduğunu biraz açalım. Öncelikle, "yetim" kelimesinin Cahiliye döneminde ne ifade ettiğini anlamaya çalışalım. (Cahiliye Dönemi için bkz.)[8]

Şöyle bakın: O dönemde; insanların haklarını koruyan bir devlet mekanizması, oturmuş bir hukuk sistemi yoktu. Dolayısıyla da güç kimin elindeyse; hüküm sahibi oluyor ve istediğini, hesap verme endişesi olmadan yapabiliyordu. Çünkü karşısına çıkıp ona; "Niye böyle yaptın? Buna hakkın yok!" diyen bir sistem, bir mekanizma yoktu. Düşünün şimdi! Anne-babasını kaybetmiş bir çocuk, böyle bir ortamdayken mallarına sahip çıkabilir mi? Elbette sahip çıkamaz. İşte, ayet; isteyen herkesin yetimin malına, sanki kendi hakkıymış gibi kolaylıkla el koyabildiği böyle bir dönemin ardından gelmişti.

Konunun daha iyi anlaşılması için bir örnek daha arz edelim.

Ticaretle uğraşan ve etrafından bir sürü alacağı olan birinin vefat ettiğini düşünün! Bu kişiye borcu olanların da o öldükten sonra arkasında kalanlara; "Ben artık, bu borcu ödemeyeceğim." dediğini varsayalım. Sizce; o yetim çocukların hakkını savunacak bir mekanizma ya da günümüzdeki gibi modern hukukun işlediği bir devlet yapısı olmasa, o yetimler haklarını alabilir mi? Elbette alamazlar.

Örneklerle de arz edildiği gibi, ayetteki "yetim" ifadesi ile kastedilen; sadece ebeveyni olmayan çocuklar değil, kendini savunacak, hakkını arayacak durumda olmayan; zayıf, sahipsiz, gariban kimselerdir.

Daha iyi anlaşılması için "yetim" kelimesini, farklı bir perspektifle de inceleyelim.

Yetim; anne-babasının sahip çıkmasından mahrum kalmış, belki "sılayırahim" bile yapamayan; yani ondan da mahrum olan, sahipsiz kişidir. Ancak

8. Cahiliye dönemi: İslam öncesi Arap Yarımadası'nda, yaklaşık 6. yüzyıla kadar süren; putperestlik, kabilecilik, kölelik ve kan davalarının hüküm sürdüğü, kadın haklarının neredeyse hiç olmadığı bir dönemdir. Bu dönem; baskın sözlü bir kültüre sahiptir ve İslam'ın gelişiyle birlikte, uygulamaları sona ermiştir.

onun bu mahrumiyeti; Allah (C.C.) için çok kıymetlidir. Allah (C.C.) şöyle buyuruyor:

Nisâ 1- "Ey insanlar! Sizi bir tek kişiden yaratan ve ondan da eşini yaratıp o ikisinden birçok erkekler ve kadınlar türeten Rab'binize karşı gelmekten sakının! Adını anıp, Kendisini vesile ederek birbirinizden dilekte bulunduğunuz Allah'a saygısızlık etmekten ve akrabalık bağını koparmaktan sakının! Allah, sizin üzerinizde tam bir gözeticidir."

Nisâ 2- "Yetimlere mallarını verin. Temizi verip murdarı almayın. Onların mallarını, kendinizin mallarına katarak yemeyin. Çünkü böyle yapmanız, gerçekten büyük bir günahtır."

Bakın Allah (C.C.) Nisâ suresinin 1. ayetinde; "Adını anıp Kendisi'ni vesile ederek, birbirinizden dilekte bulunduğunuz Allah'a saygısızlık etmekten ve akrabalık bağlarını koparmaktan sakınınız." buyuruyor. Burada, Allah'ı (C.C.) anarak, O'nu vesile ederek; söylenen sözlerin kuvvetlendirildiğini görüyoruz. Ayete tüm insanlara hitap edilerek başlanıyor. Ardından, onların tek kişiden yaratılıp çoğaltıldığından; daha sonra da akrabalık bağlarının korunması gerektiğinden bahsediliyor. Bütün bunlar birlikte ele alındığında ise, ayette mealen: "Allah'ın adını anarak boşu boşuna yemin etmediğiniz ve bu konuda temkinli olduğunuz gibi; akrabalık bağı hakkında da dikkatli olun." deniliyor. Bir sonraki ayette ise Allah (C.C.), yetimin hakkından bahsediyor.

Peki, neden bu gruplardan bir arada bahsediliyor?

Şöyle açıklayalım: İslam'da; akrabalık bağı ve yetime sahip çıkmak, özellikle çok kıymetlidir. Ayete; geniş bir perspektiften bakıldığında da hakkını savunamayacak kadar zayıf olan herkesin, yani her insanın; aslında "yetim" olarak kabul edilebileceği görülecektir.

Gelin, bu perspektifle günümüze bakıp birkaç örnekten bahsedelim.

İş hayatını düşünün! Devletlerin belirlediği asgari bir ücret sınırı vardır. Fakat bazı iş verenler, daha ucuz olması için; çalışanlarını sigortasız bir şekilde çalıştırır, böylelikle daha çok kâr etmeyi hedeflerler. Mesela; işçilerinden henüz çalışma izni olmayanları da "Henüz çalışma izni olmadığı için, bir hak iddia edemez. Beni şikâyet edebileceği bir makam da yok!" düşüncesiyle belki de asgari ücretten daha az bir maaşla çalıştırır. Hatta onlara daha çok mesai yaptırır. Düşünün şimdi! Hiçbir şekilde hakkını savunamayan bu insanlar, sizce ayette tarif edilen o "yetim" kapsamına girmiyor mu?

Bazı insanlar, ailesinin geçimini sağlamak için başka ülkelere gitmek, çok zor şartlarda çalışmak zorunda kalıyor. Gittiklerinde; üzerlerinde otorite kurmak için pasaportlarına el koyan, onları; insani olmayan şatlarda çalışmak zorunda bırakan kişilerle karşılaşıyorlar. Bu mazlumlar, herhangi bir konuya itiraz etmek isteseler; "Pasaportun bende. Şikâyet edersen, başına gelecekleri biliyorsun." tehdidine maruz kalıyorlar. Lütfen düşünün! Bu insanlar, hakkını nasıl savunsun? Kimden yardım istesin? Bu düpedüz, köleliğin modern bir hâli değil midir?

Bir diğer can yakıcı örnek de şudur:

Maalesef günümüzde; az gelişmiş, fakir ülkelerde; çok düşük ücretlerle çalıştırılan bir sürü çocuk işçinin olduğunu biliyoruz. Bu durum, dünyada büyük bir yankıya sahip. Öyle ki "child labour - çocuk iş gücü"nü engellemek adına; "Kendi ülkenizde çocuk işçi çalıştıramadığınız gibi; az gelişmiş, fakir ülkelerde de bunu yapamazsınız. Bunu yapmanız etik değildir." denilerek yapılan birçok ciddi çalışma ve verilen mücadeleler var. Bu çocuklar, kendi haklarını savunamayacak durumdalar. Dolayısıyla, onlar da ayetin bahsettiği "yetim" kapsamına giriyorlar.

Bir diğer örneği de yine günümüzden verebiliriz: Yargıç olan akrabasına güvenerek komşusunun arsasını gasbeden ya da politik gücü olduğundan dolayı yolsuzluk yapan birilerini düşünün!

Bu insanların yaptıklarına maruz kalan kişiler, ne yazık ki haklarını savunacak durumda değiller. Ne karşılarında haklarını koruyan bir sistem, ne de politik güce sahip bir akrabaları var. Aslında görünen bir sistem var; ancak bu insanlar işlevsel olmayan, kuralların uygulanmadığı o sistemin içinde, tıpkı Cahiliye dönemindeki o yetimler gibi kalıyorlar. Ne yazık ki bu duruma birçok ülkede rastlıyoruz.

Maddi imkânı ya da toplumda statüsü olan bir yakını yoksa; insanlar çoğu zaman hakkını arayamıyor. İşte kendi haklarını savunamayan bu insanların hakkı da Allah (C.C.) tarafından korunuyor.

Arz edilen örneklerde durumları tarif edilen bu kişiler; ayette tarif edilen "yetim" zümresi kapsamındadırlar. Yani "yetim" ile kastedilen; sadece, ebeveyni olmayan bir çocuk değildir. Allah (C.C.), bu ayetle toplumdaki güçsüzlere sahip çıkılmasının, onların haklarının korunmasının, haklarını gasbedenlere karşı hakkı söylemenin bize ait sorumluluklar olduğunu bildirmektedir. Bu hem bireysel hem de toplumsal manada çok önemli olan bir hidayettir. Bu nedenle de Allah (C.C.), Nisâ suresinde; Kendisi'ne verilen sözden sonra, yetimin hakkının korunmasını emretmektedir.

Peki, ayette arz edilen bu emri nasıl uygulayabiliriz?

Yetimleri, güçsüzleri kendi hâllerine bırakmamalıyız. Onlar, kendilerini bir çıkmazın içinde hissederken bizler de "Onlara nasıl faydalı olabilirim?" ızdırabını duymalı ve elimizden geleni yapmaya çalışmalıyız.

Eğer Allah'a (C.C.) iman ediyorsak ve Allah (C.C.) bize imkân verdiyse; o garibanlara, o zayıflara sahip çıkmamız gerekir.

Ayette "yetim" ifadesiyle temsil edilenlerin kimler olduğundan bahsettik. Bu gözlükle baktığımızda; etrafımızda birçok yetim, birçok garip olduğunu görürüz. Bugün, dünyanın birçok yerinde soykırım uygulanıyor. Öyle ki bazı ülkelerde insanlar ne çalışabiliyor ne de ülkesinden ayrılmasına müsaade ediliyor. Bu şekilde bakıldığında, ayetin kapsamının ne kadar geniş olduğunun farkında mısınız? Toplumlarda, güçsüzlerin haklarını koruyan sistemler; onların hayata tutunabilmesini sağlayan haklar, kendilerine verilen fırsatlar olmalıdır. Bu konuya dikkat etmeyen, güçsüzün hakkının savunulmadığı bir toplumdan ne beklenebilir ki?

Ayet, şöyle tamamlanıyor:

"Ve evfû bil ahd, innel ahde kâne mes'ûlâ. - Verdiğiniz sözü yerine getirin. Çünkü verilen söz, sorumluluk gerektirir."

Allah (C.C.) ayetin bu bölümünde, insanın; hem Allah (C.C.) ile münasebetinde hem de kendi hayatında olmazsa olmaz özelliklerden birinden bahsediyor. Bu, "verilen sözü yerine getirme"dir.

Peki, burada bahsedilen sözü nasıl anlamalıyız?

"Verilen sözü yerine getirme" konusuna şu iki çerçeveden bakabiliriz:

1- Allah'a verdiğimiz sözler

2- Yaratılmışlara verilen sözler

Allah (C.C.), Ahzâb suresi 72. ayette "Biz emaneti göklere, yere, dağlara teklif ettik de onlar; bunu yüklenmekten kaçındılar. Zira sorumluluğundan korktular, ama onu insan yüklendi. İnsan (bu emanetin hakkını gözetmediğinden) cidden çok zalim, çok cahildir." buyuruyor.

Bizim, Allah'a (C.C.) verdiğimiz sözler var. Kur'an bize bunu anlatıyor. Ruhlar âleminde Allah (C.C.), "Ben sizin Rab'biniz değil miyim?" dediğinde; "Evet."[9] diyerek, bir söz verdik. Yaratıldıktan sonra kul olacağımıza, takvalı yaşayacağımıza, haramlardan uzak duracağımıza dair daha birçok söz verdik. Bunları yerine getirmek zorundayız. Zaten kulluk dediğimiz mesele de Rab'bimize karşı vefalı olup, verdiğimiz sözleri yerine getirmektir.

Bir de yaratılmışlara karşı verdiğimiz sözler vardır. Bu sadece, "Ben sana şu sözü veriyorum." şeklinde söylediklerimiz değildir. Bunların dışında kabul ettiğimiz sözler var. Mesela, bir ülkenin vatandaşıysak; o ülkenin anayasasında belirlenen kuralları uygulayacağımıza söz veriyoruz. Ehliyet aldığımızda trafik kurallarına uyacağımıza söz veriyoruz. Evlenirken nasıl

9. A'râf 172;173- "Rab'binin Adem evlatlarından, misak aldığını da düşünün! Rab'bin onların bellerinden zürriyetlerini almış ve onların kendileri hakkında şahitliklerini isteyerek; 'Ben sizin Rab'biniz değil miyim?' buyurunca onlar da 'Elbette!' diye ikrar etmişlerdi. Kıyamet günü, 'Bizim bundan haberimiz yoktu!' yahut 'Ne yapalım; daha önce babalarımız Allah'a şirk koştular, biz de onlardan sonra gelen bir nesil idik, şimdi o batılı başlatanların yaptıkları sebebiyle bizi imha mı edeceksin?' gibi bahaneler ileri sürmeyesiniz diye, Allah bu ikrarı aldı."

davranacağımıza dair karşılıklı sözler veriyoruz. Okula giderken okulun kurallarına uyacağımızı söylüyoruz. Yani insan hayatı; kendi verdiği ve kendisine verilen sözlerin yerine getirildiği bir zaman dilimi gibidir. Allah (C.C.), Bakara 40. ayette, "Bana verdiğiniz sözü yerine getirin ki Ben de size karşı ahdimi yerine getireyim." buyuruyor. Biz sözümüzü tuttuğumuzda, Allah (C.C.) bunun karşılığında; vaadini yerine getireceğini bildiriyor.

Sözünü yerine getirme, emin olmayla doğru orantılıdır. Emin olma, Resulallah'ın (S.A.V.) özelliklerinden biridir ki O'nun (S.A.V.) lakaplarından biri, "Muhammed'ül Emin" idi.

Bir insanda integrity, yani verdiği sözü yerine getirip onurlandırma; olmazsa olmaz bir özelliktir. İnsan bazen sözünü tutamayabilir; fakat her zaman sözünü onurlandırmak zorundadır.

Ne demek bu?

Şöyle izah edelim: Örneğin, bir arkadaşınızla saat 17:00'de buluşmak üzere sözleştiniz. Görüşme saatinden iki saat önce yola çıkmanıza rağmen, yoldaki kaza nedeniyle trafiğin yoğunlaştığını ve sözleştiğiniz yere, saatinde varamayacağınızı fark ettiniz. Elinizde olmayan sebeplerden dolayı o randevuya geç kalacak, verdiğiniz sözü yerine getiremeyeceksiniz. Ancak böyle bir durumda sözünüzü onurlandırmak zorundasınız. Nasıl mı? Arkadaşınızı arayıp, "17:00'de buluşalım demiştik. Bu yüzden saat 15:00'te yola çıktım. Fakat yolda büyük bir kaza olmuş. Navigasyona göre saat 18:03'te orada olabileceğim. '17:00'de geleceğim.' sözümü yerine getiremiyorum. Seni bilgilendirmek istedim. Bu konuyla alakalı ne yapalım?" diye haber verip açıklama yapmanız; sözü onurlandırma dediğimiz meseledir.

Böyle yaptığınızda karşınızdaki kişi, sizin verdiğiniz sözün arkasında duran güvenilir biri olduğunuzu anlar. Bir de şöyle düşünün: 17:00'de sözleştiğiniz yere, 18:30'da varmışsınız. Arkadaşınızı 1,5 saat bekletmiş; üzerine de hiçbir şey olmamış gibi "Oo! Merhaba kardeşim. Yahu, burada yaşanmaz. Kaç saattir trafikteyim. Ancak gelebildim." diyorsunuz. İşte bu ne sözü tutma ne de sözü onurlandırmadır. Burada kişinin hakkına girilme vardır.

Randevu öncesinde bir terslik olduğunda; haber vermeniz, durumu anlatmanız gerekir. Bu; karşınızdaki kişiyi önemsediğiniz anlama gelir ve sizin integrity sahibi biri olduğunuzu gösterir. Kur'an'da bu konu, "Verilen söz, sorumluluk ister." ayetiyle anlatılır.

Sözünüzü yerine getirmeniz, sizi güvenilir biri yapar. İnsanlar, sizin net olduğunuzu; "Evet"inizin "Evet"; "Hayır"ınızın "Hayır" olduğunu bilirler. Sizinle kolay bir ilişki kurulur. Söz verdiğinizde yerine getireceğinizi, öylesine konuşmadığınızı bilirler. Bu tür özellikler, Allah (C.C.) ile münasebetle doğru orantılıdır. Allah (C.C.) ile münasebeti kuvvetli olan, O'na (C.C.) karşı sorumluluklarını yerine getiren ve bu sorumlulukların farkında olan biri; insanlara karşı sorumluluklarını da yerine getirir. Zaten tövbe de "integrity restoration" dediğiniz mesele de budur. (Tövbe için bkz.)[10] Yani, "Ya Rab'bi! Ben, daha ruhlar âleminde; haramlardan uzak duracağıma dair Sana söz vermiştim. Fakat ben nefsime uyup, şu harama bulaştım. Bunu, bir daha yapmayacağıma söz veriyorum. Ne olur beni affet! Bana, bir fırsat daha ver!" demek, bu hissiyatta olmak tövbenin şartıdır.

Bir ayrıntı daha arz edelim.

Verilen sözü yerine getirme konusu; yetimlerin, zayıfların hakkına sahip çıkmayla aynı ayetin içinde anılıyor. Yani bir insan sözünün eri ise, güçsüzlere sahip çıkar. Bir insanın sözünün eri olduğunun göstergelerinden biri de zorda olanların, güçsüz olanların, zayıf olanların korkmadan hakkını savunmasıdır. Resulallah (S.A.V.), "Cihadın en üstünü, zalim sultana karşı doğruyu söylemektir."[11] (Cihat için bkz.)[12] buyuruyor. Başka bir hadisinde de "Kim bir kötülük görürse, onu eliyle değiştirsin. Şayet eliyle değiştirmeye

---

10. Tövbe: Yapılan bir günahtan ya da suçtan pişmanlık duyarak bir daha yapmamaya karar vermek demektir.
11. Ebû Davud, Melahim 17; Tirmizî, Fiten 13; Nesâî, Bey'at 37; İbn Mâce, Fiten 20
12. Cihat: Allah ile insanlar arasındaki engelleri kaldırmak demektir. Aynı zamanda "Allah yolunda gayret etmek, mücadele etmek" anlamına da gelir. Hem bireysel hem de toplumsal düzeyde, inanç ve değerlerin korunması, yayılması için yapılan çabaları ifade eder. Çoğu zaman savaş meydanlarında mücadele etmek olan "kital" ile karıştırılan cihat, çok daha geniş ve farklı alanları kapsayan bir kavramdır. Günümüzdeki en büyük cihatlardan birisi, cehaletle mücadeledir. Müslümanların kendi nefisleriyle, kötülüklerle ve adaletsizliklerle mücadele etmeleri de cihadın bir parçasıdır.

gücü yetmezse, diliyle değiştirsin. Diliyle değiştirmeye de gücü yetmezse, kalbiyle düzeltme cihetine gitsin ki bu imanın en zayıf derecesidir."[13] buyurur. Yani görülen bir haksızlığa müdahale etmemiz gerektiği ve bunu da üç şekilde yapabileceğimiz söyleniyor.

Zayıfın hakkını savunmak, Allah'a (C.C.) verdiğimiz sözün bir gereğidir. Müminin hayatında integrity, "sözünü onurlandırma" olmazsa olmazdır. Zaten mümin, emin demektir. Bir insan bizim hakkımızda, "O böyle söylüyor, ama ona güvenilmez." diyorsa; bu, bizim müminlik anlamında çok ciddi zaaflarımız olduğunu gösterir. Resulallah (S.A.V.) gerçek mümin için; "Şerrinden, komşusunun güvende olmadığı kimse gerçek mümin olamaz."[14] buyuruyor. Başka bir hadisinde O (S.A.V.) Müslüman'ı tarif ederken; "Müslüman, diğer Müslümanların elinden ve dilinden emin oldukları kişidir."[15] diyor. Mesela, komşumuz bir meseleden dolayı evinin anahtarını bize teslim ettiğinde; gözünün arkada kalmaması, bizden zarar gelmeyeceğini bilmesi, dışarıdan gelebilecek zararlara karşı koruyacağımızdan da emin olması; mümine yakışan şekilde davrandığımızın, verdiğimiz sözü yerine getirdiğimizin ve sorumluğumuzun farkında olduğumuzun bir göstergesidir. Nitekim insan ilişkilerinde, güvenilirlik çok önemli bir ölçüdür.

Toparlayalım.

Toplumlar, güçsüzlere sahip çıktıkları ölçüde adildirler. Bir toplumda zayıfın, güçsüzün hakkı savunulmuyorsa; o toplumda çözülmeler başlar. Eğer bir toplumda zayıfa zulmedilirken, bir rahatsızlık oluşmuyorsa, buna karşı insanlar ses çıkartmıyorsa; o toplumun kimyası bozulmuş demektir. O toplum; yetimlere, öksüzlere, zayıflara sahip çıkmıyor demektir. Gün gelir o zulüm, tüm topluma yayılır ve toplumdaki herkes zarar görür.

İsrâ suresi 32. ayette, "Sakın, zinaya yaklaşmayın! Çünkü o, çirkinliği meydanda olan bir hayasızlıktır, çok kötü bir yoldur." denilerek; varlık âlemine gelmeden ruhun cinayetinden bahsedildi. Daha sonra gelen 33. ayette,

13. Müslim, Îmân 78. Ayrıca bk. Tirmizî, Fiten 11; Nesâî, Îmân 17
14. Buhârî, Edeb, 29; Müslim, İman, 73; Tirmizî, Kıyame, 60; Ahmed b. Hanbel, I, 387, II, 288, 336, 373, III, 154
15. Buhârî İmân, 3,4; Müslim, İman, 64-66

"Haklı bir gerekçe olmaksızın, Allah'ın muhterem kıldığı cana kıymayın!" denilerek varlık âlemindeki cinayet anıldı. Bu bölümde analiz edilen 34. ayette de "Büluğ çağına ermeyen yetimin malına, en güzel tarzdan başka bir şekilde yaklaşmayın. Verdiğiniz sözü yerine getirin. Çünkü verilen söz, sorumluluk gerektirir." denilerek candan sonra en fazla önemsenen malların korunması konuları işlendi. Allah (C.C.), Kuran'da birçok ayette zayıf ve savunmasız olanların haklarının korunması meselesi üzerinde duruyor. Hatta Resulallah'a (S.A.V.) takvadan sonra, zayıflara sahip çıkılmasının emredildiği ayetler vardır.[16] Bu, konunun ne kadar önemli olduğunu gösterir.

Bir insanın Allah (C.C.) ile münasebetinin kuvveti, zayıflara sahip çıkıp çıkmadığı ile ölçülebilir. Burada durup bir düşünelim. Mazlumlara ne kadar sahip çıkıyoruz? "Yetim" denildiğinde aklımıza, sadece ebeveyni olmayan çocuklar mı geliyor?

Arz edildiği gibi "yetim"; "zayıf, hakkını savunamayan, güçsüz" olan herkesi tanımlayan bir ifadedir. Konuya bu perspektifle baktığımızda; sorumluluğumuz artacaktır. Yani bu, hepimizi kapsayan bir meseledir.

Dil, din, ırk fark etmeksizin dünyanın her neresinde olursa olsun; zulümlere karşı mazlumun yanında durmalı, onlara sahip çıkmalıyız. Aksi takdirde "hakkı, adalet"i gerektiği gibi yerine getirmiyor, bu alanlarda sıkıntı yaşıyoruz demektir. Unutmayın; zayıf ve savunmasız olanların gözetildiği, haklarının savunulduğu toplumlar sürekli gelişir.

Söz verme ve o sözü yerine getirip onurlandırma meselesi; bir müminin olmazsa olmaz sıfatlardandır. Bunun önemi, Kur'an ile sabittir. Mümin, kendisinden emin olunan kimsedir. Verdiği sözü, "'Allah beni görüyor.' hissiyatıyla yerine getirir." İnsanlar onun hakkında, "O, söz verdiyse mutlaka tutar. Ne yapar ne eder; yerine getirir." der. Öyle ki mümin söz verdiğinde, kendisine zulmedilse bile sözünün eridir. Çünkü o hep; "Ben bir söz verdim. Hangi durum olduğu, karşımdakinin ne tavır sergilediği önemli değil. Benim, Allah'la münasebetim var ve verdiğim sözü yerine getirmem lazım.

---

16. Bakara Suresi, 83, 177

Çünkü verilen söz, sorumluluk ister. Ben, karakterimin gereğini yerine getirmeliyim." hissiyatındadır.

Integrity, sözünü yerine getirip onurlandırma konusu, çocuklara da ilk öğretilmesi gereken konulardandır. Bir insan sözünü yerine getirme, sözünü onurlandırma kavramını oturttuğu zaman, hayatta bir duruşu olur; zayıfa, mazluma sahip çıkar, adaletli davranır, hep hakkı gözetir. Çünkü onun artık bir iç dinamizmi ve Allah (C.C.) ile sağlam bir münasebeti vardır. İşte içerideki işleyen bu çarklar, ona aksiyon aldırır.

Toplumlarda, zayıflara sahip çıkılan bir sistem kurulmalıdır. Geçmişte bazı toplumlarda; bu sistem uygulanmış ve ciddi ilerlemeler kaydedilmiştir. İslam tarihinde, bu konu hakkında verilebilecek birçok güzel örnek bulunur.

Bir toplumda mazlum hakkını savunabiliyor mu? Yetime, zayıfa sahip çıkılıyor mu? Adalet, herkes için işleyen bir sistem mi? Kanun önünde herkes adalete uygun olarak muamele görüyor mu? Bunlar, toplumun kontrolü adına önemli sorulardır. Şayet bir toplumda bunlara dikkat ediliyorsa, o toplum kuvvetli ve sıhhatli demektir. Burada, işleyebilen ve dengeli bir sistemden bahsediyoruz. Bu, Allah'ın çok önemsediği bir meseledir. O yüzden de Nisâ suresinde yetim hakkıyla ilgili birçok ayet bulunmaktadır.

Bu bölümde İsrâ suresi 34. ayet analiz ederek, "hakkını savunamayanların haklarını gasp etmeme" konusunu işledik. Ayetteki "yetim" kelimesinin kapsamını, onlara nasıl yaklaşılması gerektiğini ve bu konudaki ölçülerin neler olduğunu anlamaya çalıştık. Daha sonra da "integrity" konusunun üzerinde durduk. Sizden, bir sonraki bölümü okumadan önce; bu bölümde anlatılanlar üzerinde düşünüp kendinizi muhasebe etmenizi, gerekirse notlar almanızı istiyoruz.

Önümüzdeki bölümde; İsrâ suresinin ayetlerini analiz etmeye devam edecek ve "ölçü ile tartıda; dürüst, balanslı ve dengeli olmak" konularını inceleyeceğiz.

8- Ölçü ve Tartıda Dürüst, Balanslı ve Dengeli Olmak

Musa'ya (A.S) verilen "On Emir"in, Kur'an'daki karşılığı olan İsrâ suresi ayetlerinin ve bu disiplinleri hayatımıza nasıl uygulayabileceğimizin analizlerine devam ediyoruz. Bir önceki bölümde; İsrâ suresinin 34. ayetini inceleyip; "hakkını savunamayanların haklarını gasp etmeme" konusunu işledik. "Yetim" başlığı altında incelenenlerin kimler olduğu, onların haklarına, mallarına nasıl yaklaşılması gerektiği ve bu konudaki balansı nasıl sağlayabileceğimiz konuları üzerinde durduk. Daha sonra da söz verme ile sözünü tutmanın nasıl bir sorumluluk olduğu, verilen sözler hakkında Allah'a (C.C.) hesap verileceği ve sözünü onurlandırma ile integrity konularını analiz ettik.

Bu bölümde ise; insan hayatında önemli yere sahip olan konulardan birini işleyecek ve ticaret konusu üzerinde duracağız. Ticaret; Allah'ın (C.C.) Kur'an'da net çizgilerle üzerinde durduğu, önemli bir konudur. İnceleyeceğimiz ayette de iyi bir ticaretin nasıl olması gerektiği ve ticaret yapılırken dikkat edilmesi gereken hususlar bildiriliyor ve bu konular üzerinden bir karakter analizi yapılıyor.

Ayetimizi okuyarak analizimize başlayalım.

İsrâ 35- "Ve evfûl keyle izâ kiltum vezinû bil kıstâsil mustekîm, zâlike hayrun ve ahsenu te'vîlâ."

"Ölçtüğünüz zaman dürüst olun, tam ölçün. Doğru terazi ile tartın. Bu hem ticaretiniz için daha hayırlı hem de âkıbet yönünden daha güzeldir."

Ayet, "Ve evfûl keyle. - Tam ölçün." ifadesiyle başlıyor. Bu ifade ile, kapsamı çok geniş olan bir ölçmeden bahsedilir. Bu ölçüm; sadece ağırlık, uzunluk, saat gibi kavramlarla sınırlı olan; teraziyle, tartıyla ya da sadece metreyle yapılabilen bir ölçüm değildir. Her türlü soyut ya da somut ölçü ve balans, ayetteki "Ve evfûl keyle." ifadesi ile kastedilen ölçümün kapsamında ele alınabilir.

Konunun daha iyi anlaşılması için, birkaç örnek verelim.

Üretici olduğunuzu düşünün! Ürettiğiniz malı satacağınız kişiye, bir teslim tarihi veriyorsunuz. İşte, söz verdiğiniz o malı; belirlenen tarihte alıcıya teslim edip etmemeniz, bu ayetin kapsamına dahildir. Aynı şekilde; sebze satan birinin, teslimatını yapmak için söz verdiği 1 tonluk ürün yerine, 999 kg gönderip göndermemesi de bu ayetin kapsamına girer.

Bahsedilen ölçünün çok geniş bir kapsama sahip olduğundan bahsetmiştik. Bunu, şöyle bir örnekle somutlaştırmaya çalışalım. Mesai saatleri; 09:00-17:00 olan bir işte çalıştığınızı varsayalım. Bu saatler arasında, işvereninizin sizden yapmanızı istediği işler, yapmakla yükümlü olduğunuz vazifeler var. Gerekli tüm şartlar; işe başlamadan önce size bildiriliyor ve işvereninizle aranızda bir anlaşma imzalıyorsunuz. İşte, belirlenen mesai saatleri içinde; yapmanız gerekenleri en optimum şekilde yapmanız ve o zamanı verimli değerlendirmeniz de bu ayetin kapsamına dahildir.

Elbette bu örnekleri arttırabiliriz. Mesela; üç ay önce bir anlaşma imzaladığınızı düşünelim. Anlaşmada belirlenen teslim tarihi de gelmiş olsun. Anlaşmanın imzalandığı tarihten bugüne kadarki sürede; döviz kuru düşebilir ya da yükselebilir. Böyle bir durumda; anlaşmada belirlenen fiyat geçerlidir, yani siz fiyatta değişim yapamazsınız. Veya daha iyi fiyat veren başka bir müşteri ile anlaşamazsınız. Yani ölçü, fiyat, kalite, zaman, ödeme şartları, verilen sözlerin tutulması, imzalanan anlaşma maddelerinin uygulanması, yapılan anlaşmalara uygun şekilde hareket edilmesi gibi her detay, çok önemlidir ve bu ayetin kapsamındadır.

Gelin, ayetin detaylarına girmeden; öncelikle konunun ana fikrini anlamaya çalışalım.

Her insanın hayatında iki çeşit ilişki vardır. Bunlar:

1- Kişinin, Allah (C.C.) ile olan ilişkisi ve sorumlulukları

2- Yaratılmışlar ile olan ilişkileri ve sorumluluklarıdır.

İnsanın Allah (C.C.) ile olan ilişkisinde birçok ölçü bulunur. Bunların en başında da "tevhit" vardır. Tevhit; "Lâ ilâhe illallâh"a iman etmek; yani iç dünyamızda, Allah'tan başka otorite sahibinin olmaması demektir.

Hayatımızı; "Lâ ilâhe illallâh" hakikatine göre dizayn etmemiz gerekir. Allah'tan başka ilah olmadığına iman edip, bu imanı; ihlas ile aksiyona dökmek Allah (C.C.) ile münasebetimizdeki en önemli sorumluluklarımızdandır. Bu sorumluğumuzun ardından şükür, takva ve tövbe gibi, bu bağı ayakta tutacak birçok aksiyon gelir. Biz biliriz ki ne günah işlersek işleyelim; şartlarını yerine getirerek tövbe ettiğimiz zaman, Allah (C.C.) bizi affedeceğini söylüyor.

Bu konu ile ilgili, Zümer suresi 53. ayette şöyle buyrulur:

Zümer 53- "De ki: 'Ey çok günah işleyerek kendi öz canlarına kötülük etmede ileri giden kullarım! Allah'ın rahmetinden ümidinizi kesmeyiniz. Allah, bütün günahları affeder. Çünkü O; Gafûr ve Rahîm'dir. (Çok affedicidir, merhamet ve ihsanı fazladır.)'"

Bakın, bu bir vaattir. Allah (C.C.); günah, hata, fuhşiyat gibi işlediklerinden pişman olup "Ya Rab'bi, ben yanlış yaptım. Sana verdiğim sözü tutamadım ve sınırları aştım. Affet beni!" diyen ve tövbenin şartlarını yerine getiren kullarının, Kendisi'ni "Gafûr'ur Rahîm" bulacağını vadediyor. Yani, Allah (C.C.) ile münasebetteki sınırlar bellidir ve Allah (C.C.) bize karşı hep merhametli, affedicidir.

Gelin biraz da bir insanın, yaratılmışlarla olan ilişkilerinden bahsedelim.

Yaratılmışlarla olan ilişkiler, insanın Allah (C.C.) ile olan münasebetine göre daha komplikedir. Hatta böyle komplike bir ilişkide, Allah (C.C.) dahi araya girmez ve taraflar arasında yaşanan hak-hukuk ihlalleri için, kullarının kendi aralarında helalleşmesi gerektiğini bildirir.

Peki, bu ilişkiler neden komplikedir?

Bu alandaki zorluğun en önemli sebeplerinden biri; yaratılmışlarla olan ilişkilerde, sınırların çok net olmaması ve tarafların nefislerinin, menfaatlerinin ön planda olmasıdır. Zaten dikkatli baktığımızda; yapılan adaletsizliklerin, haksızlıkların ya da çıkan kavgaların çoğunlukla bundan kaynaklandığını görürüz.

Konuyu daha iyi anlayabilmek için, biraz daha açalım.

Öncelikle; Allah (C.C.) ile bağı kuvvetli olan ve hayatını, Kur'an'da anlatılan disiplinlere göre dizayn eden bir insanın, yaratılmışlarla olan ilişkisini inceleyelim.

Bir insanın Allah (C.C.) ile bağının kuvvetli oluşu, yaratılanlara karşı davranışlarına ve yaratılanlarla münasebetine bakılarak anlaşılabilir. Çünkü Allah (C.C.) ile güçlü bir bağı olan kişi, bunu tüm aksiyonlarına yansıtır ve yaratılanlarla ilişkilerinde de belirli prensiplere göre hareket eder.

Allah'a (C.C.) iman eden biri, her an görüldüğünü bilir. "Allah, beni her an görüyor. Melekler; ağzımdan çıkan her şeyi, her yaptığımı yazıyor. Rab'bim, bu hâlimden haberdar." düşüncesi hep aklında olduğundan, attığı her adımı buna göre atar. Ticaretinde, komşusuyla ilişkisinde, ailesine karşı davranışlarında buna göre yaşar. Her an Allah'ın (C.C.), kendisini gördüğü düşüncesi ve hissi ile yaşadığından; Allah (C.C.) ile kuvvetli bağı olan birinin, polisle ya da güvenlik kameralarıyla denetlenmeye ihtiyacı yoktur. İç dünyasındaki iman, takva ve Allah (C.C.) ile olan münasebeti; onu hep hizada tutar. Çünkü o her zaman; "Bu yaptığım hareket; beni Allah'a yaklaştırıyor mu, yoksa uzaklaştırıyor mu?" düşüncesiyle hareket eder.

Mesela; kendisine zulmeden birine bile, "Ben o kişiden hakkımı alabilirim, ama Kur'an'da; 'Siz kusurları bağışlarsanız, O da size öyle muamele eder.'[1] buyruluyor. Ben onu affedeyim ki, Allah da beni affetsin." diye bakar. Yani, Allah (C.C.) ile münasebeti kuvvetli olan birinin iç dünyasında; onu kontrol eden, hayatını ve ilişkilerini düzenleyen bir sürü kontrol mekanizması ve fren vardır.

Düşünün şimdi! Attığı adımlarda, aldığı aksiyonlarda; "Acaba Rab'bim, bu davranışımdan dolayı benden razı olacak mı?" ayrıştırmasını yaparak

1. Tegâbün Suresi, 14

hareket eden biri, hiç sınırı aşar mı? Polisin, askerin, kontrol mekanizmalarının ya da başka insanların kendisini kontrol etmesine ihtiyaç duyar mı? Tabii ki hayır.

Allah (C.C.) ile münasebeti kuvvetli olan biri; Allah'ın kendisine belirlediği sınırlar çerçevesinde, kurallara uygun şekilde hareket eder ve takva ile yaşar. Onun için en önemli ölçü, Allah (C.C.) ile arasındaki bağı korumaktır. Hiçbir şeyin, bu bağı etkilemesine izin vermez. İç dünyasını etkileyen olumsuz bir durum karşısında bile yutkunup, "Ben Rab'bime bakarım. O'nun bana yaptıklarını söylerim. Allah'ın benden istediklerinin dışında aksiyon almayacağım." der; Allah (C.C.) ile olan bağını, her an kuvvetli tutmaya çalışır ki zaten bu da "tevhit" demektir.

Allah (C.C.) ile olan bağımızda, verdiğimiz sözleri yerine getirmek çok önemlidir. Bizler; Allah'ın ruhlar âleminde "Ben, sizin Rab'biniz değil miyim?" sorusuna, "Evet, Sen bizim Rab'bimizsin." diye cevap verdik ve bu sözümüzün tüm şartlarını kabul ettik. (Ruhlar âlemi için bkz.)[2] Fakat hiçbir zaman mükemmel olmayacağımızı da biliyoruz.

Bizler; bazen günah işleyen, hatalar yapan, düşen; sonra da kalkıp yoluna devam etmeye çalışan varlıklarız. Günün sonunda; ne yapmış olursak olalım, tövbe kapısı bize hep açıktır. Allah, Gafûr'ur Rahîm'dir. O (C.C.), tövbe edersek bizi affedeceğini vadediyor.

Allah (C.C.) ile olan ilişkimizdeki denklem, aslında çok net ve basittir: Allah (C.C.) Rab, biz ise O'nun kuluyuz. Allah (C.C.) hep veren, biz ise hep alanız. Allah (C.C.) hatadan, hata yapmaktan uzaktır; biz ise hata yapan varlıklarız. O yüzden de bu ilişkideki yerimizi biliyoruz.

Hayatı bize bahşedip rızkımızı verenin; kalbimizin atışını, gözümüzü ne kadar sıklıkla, nasıl kırpacağımızı, kısacası her şeyi kontrol edenin ve tüm

---

2. Ruhlar âlemi: İnsanın varlık yolculuğu, ruhlar âleminden başlayıp anne karnına, oradan dünyaya, kabre sonra cennet veya cehenneme doğru gider. Bu yolculuğun başı ruhlar âlemidir. Bu nedenle ruhların yaratılması, cesetlerinden öncedir. Kur'an'da, insanların ruhlar âlemindeyken Rab'bine verdiği söz; A'râf suresinin 172. ayetinde, "'Ben sizin Rabbiniz değil miyim?' buyurunca onlar da 'Elbette!' diye ikrar etmişlerdi." şeklinde geçmektedir.

bunlara sahip olanın Allah (C.C.) olduğunu biliyoruz. İşte biz, bu tevazuyla boynumuzu büküp kulluğumuzu yerine getirdiğimizden dolayı, Allah (C.C.) ile olan ilişkimiz komplike değildir. Fakat yaratılmışlarla olan ilişkilerimizde durum çok farklıdır.

Yaratılmışlarla olan ilişkilerde; tarafların her birinde mutlaka eksikler olduğundan, taraflar kusurlu varlıklar olduğundan dolayı, çoğunlukla tartışmalar ya da kavgalar çıkar.

Allah (C.C.), bu kavgaların ortaya çıkmasını engellemek için, Kur'an'da bize birçok uyarıda bulunmuştur. İlişkileri bozanların; karakteristik özellikleri, neler yaptıkları, aksiyonlarının dünya ve ahiretteki karşılıkları Kur'an'da detaylıca bildirilir.

Düşünün şimdi! Kur'an bize; kıyamete kadar geçen sürede karşılaşabileceğimiz bütün karakterlerin analizlerini yapar. Dolayısıyla; O'nun hidayeti, şifreleri kıyamete kadar da hiç bitmez. Çünkü ne kadar zaman geçse de insan aynı insan, şeytan aynı şeytan, nefis aynı nefis, hisler de aynı hislerdir. Teknolojinin ilerlemesi, bu gerçeği değiştirmiyor.

Kibir aynı kibir, tevazu aynı tevazu, teslimiyet aynı teslimiyet, tevekkül de aynı tevekkül. (Teslimiyet, Tevekkül için bkz.)[3] Bin sene önce de aynılardı, şimdi de aynılar, yarın da aynı olacaklar. Neden? Çünkü insan ve onun iç dünyasında çalışan mekanizmalar hiç değişmiyor.

Peki ne yapmamız, nasıl hareket etmemiz gerektiği; Kur'an'da nasıl anlatılıyor?

Kur'an'da nasıl hareket etmemiz gerektiği; bazen, "Şunu yap, bunu yapma." şeklinde emir ve yasaklarla, bazen de "Şunu yaparsan, bu olur; bunun da

---

3. Teslimiyet: "Boyun eğmek, başa gelen olayları itirazsız kabullenmek ve selâmete çıkmak"tır. Teslimiyet, aklı iptal etmek değil; aklı, kişiyi aşan konuları ondan daha iyi bilenin rehberliğine güvenerek kullanmak, demektir.
Tevekkül: "Birinin işini üstüne alma, birine güvence verme; birine işini havale etme, ona güvenme" anlamına gelir. Tevekkül; dinî ve tasavvufî bir terim olarak, "bir kimsenin kendini Allah'a teslim etmesi, rızkında ve işlerinde Allah'ı kefil bilip sadece O'na güvenmesi" şeklinde tanımlanmaktadır.

dünya ve ahiretteki karşılığı şudur." gibi; bir "sebep-sonuç ilişkisi" ile, örnekler verilerek anlatılıyor. Ayrıca Kur'an; doğru davranışın ne olduğunu, nasıl yapılması gerektiğini ve yapılması gerekenler yapılmadığında neler olacağını da bildiriyor. Tıpkı bu ayette olduğu gibi.

İncelediğimiz ayette Allah (C.C.); "Ölçtüğünüz zaman tam ölçün ve doğru terazi ile tartın. Bu, hem daha hayırlıdır ve sonuç itibariyle de daha güzeldir." buyurarak, aslında bize bir teori veriyor.

Allah (C.C.), ihtiyacımız olan bu şifreleri, teorileri, hidayetleri bize; Kur'an'da anlattığı kimi zaman bir sebep-sonuç ilişkisiyle, metaforla, kimi zaman da peygamber kıssalarıyla verir. Mesela; toplumlardan örnekler verip, onların neler yaptıklarını, davranışlarını ve bunların sonuçlarını; "Şu halk böyle yaptı, aslında peygamberleri onları uyarmıştı. Peygamberlerinin söylediklerini; 'Böyle davranmayın, nizamı bozmayın. Şunları yapmayın. Bunun sonucunda bunlar olur.' gibi uyarıları dinlemediler. Sonuçta da başlarına bunlar geldi. Siz de onlar gibi davranmayın." şeklinde bizlere bildirir. Bizim için önemli olan da zaten; bu anlatılanlardan kendimize dersler çıkarmak, geçmişte yapılmış ve sonucu belli olan o hataları yapmamak ve hayat yolculuğumuzda Kur'an'ın hidayeti ile ilerlemektir.

Buraya kadar, konunun daha iyi anlaşılması için bazı açıklamalarda bulunduk. Gelin şimdi, asıl konumuza dönelim ve İsrâ suresi 35. ayet perspektifinden "ticaret" konusunu anlamaya çalışalım.

Ticaret, insanların diğer yaratılmışlarla olan ilişkilerindeki en önemli alanlardan biridir. Bundan dolayı da Kur'an'daki birçok ayette ve anlatılan peygamber kıssalarında, bu konuya yer verilmiştir. İncelediğimiz İsrâ suresinin ayetlerinde, özet olarak verilen toplumsal hükümler ve ahlak kuralları arasında; ticaret konusuna da yer verilmesi, onun aslında ne kadar önemli olduğunu gösterir.

Burada, ayette dikkatimizi çeken önemli bir detaydan da bahsedelim.

Ayette mealen, "Ölçü ve tartıda, dürüst olun." denilmeden; yani ticaret konusuna girilmeden önce ne işleniyor? Allah (C.C.), bu ayetin öncesinde bize; güçsüzlerin hakkının yenilmemesi gerektiğinden, yetim malına nasıl yaklaşılabileceğinden ve kişinin verdiği sözü yerine getirmesi gerektiğinden bahsetti. Daha sonra gelen bu ayette de ölçüler hakkında nasıl hareket edileceği bildiriliyor. Bu, bizim için önemli bir hidayettir.

Konuya, buradaki hidayete göre bakıldığında; "Ticaret yapan bir kişinin, her şeyden önce, olmazsa olmaz özelliklerinden bir tanesi; sözünün eri olmasıdır." denilebilir. Yani dürüst ticaret yapmak isteyen bir insan; verdiği sözden dolayı bir sorumluluğa sahip olduğunu ve verilen sözlerin de Allah (C.C.) tarafından sorgulanacağını bilmelidir.

Burada anlatılan, aslında integrity sahibi olmaktır. Söz verip, sözünü onurlandıran bir kişinin; ölçü, tartı, ticaret gibi konuları da artık dengeli, balanslı ve tam olur. Çünkü o; hayatındaki tüm konulara hep Kur'an perspektifinden bakar ve Ona göre hareket eder.

Integrity sahibi bir tüccar; müşterisi ile "Ben istediğiniz kumaşları şu tarihte ve şu saatte teslim edeceğim, karşılığında da şu tarihte bu ücreti alacağım." diyerek yaptığı ve imzaladığı bir anlaşmada, verdiği sözleri aslında sadece müşterisine vermediğini ve bu anlaşmayı sadece müşterisi ile yapmadığını bilir. Onun için, yapılan o anlaşma artık; Allah'ın direkt olarak kontrol ettiği ve hesap soracağı bir anlaşmadır. Bahaneler uydurmanın; "Kumaşların teslim tarihi geldi, ancak toptancıdan kumaşlarım gelmedi. Müşteri ile randevu saatim yaklaştı, ancak başka bir işim çıktı, bu yüzden randevuya biraz geç gideyim. Zaten ticarette böyle şeyler olabilir. Ticaret yapan herkes, bunu bilir." demenin, kendisini kurtarmayacağını bilir.

Dürüst ticaret yapan, integrity sahibi bir tüccar; kendisine rızkı verenin Allah (C.C.) olduğunu, elindeki nimetlerin Allah (C.C.) tarafından takdir edildiğinden haberdardır. O hep; "Ben sadece alışveriş yapıyorum. Bu nimetleri bana takdir eden ve lütfeden Allah'tır. Karun gibi davranmamalı, bana takdir edilen bu nimetleri kendimden bilmemeliyim. (Karun için bkz.)[4]

---

4. Karun: Kur'an'da Kasas suresinde (76-82. ayetler) hakkında detaylı bilgiler bulunmaktadır. Onun, Musa'nın (A.S.) kavminden, zengin ve kibirli bir kişi olduğu anlatılır. Kibri ve Allah'ın emirlerine karşı çıktığından, kendisi ve evi yerin dibine geçirilerek cezalandırılan kişidir. Bu kişi Tevrat'ta "Korah" diye anılmakta ve çöl hayatında Musa'nın (A.S.) otoritesine karşı başlatılan isyan hadisesinde başrolü oynamaktadır. (Çıkış, 6/16,18, 21; Sayılar,

Bu kazancı, serveti, birikimi elde ederken, kazanırken neden Allah ile aramı bozayım ki?" anlayışında olur. Bu nedenle de verdiği sözleri tutar ve Allah (C.C.) tarafından sorgulanacağını, dikkat etmesi gereken sınırların olduğunu bilir; ona göre hareket eder.

Allah (C.C.) verdiğimiz sözü, yerine getirip getirmediğimizi sorgulayacaktır. İnsanları aldatarak, onlara yalan söyleyerek, bozuk-yanlış mal vererek, hile yaparak, sözümüzü tutmayarak; ne kadar para kazanabiliriz ki? Bunları yaparak kaç insanı, ne zamana kadar kandırabiliriz? Bu şekilde kazandığımız paranın, bize ne faydası olabilir ki? Bakın! Allah (C.C.), bunları yapanları, muhataplarını ölçü ve tartıda aldatanları; çok sert bir şekilde uyarıyor.

Yaptıklarımızın ve yapmadıklarımızın karşılığını mutlaka göreceğiz. Hayatımızda, "integrity, sözünde durma ve sözünü onurlandırma" hâkim olduğunda, iyi bir tüccar, iyi bir çalışan, iyi bir insan olabiliriz.

Gelin, konumuza bir örnek ile devam edelim.

Bir işverenle; "çalışma saatleri ve ücret konusunda" anlaşarak yeni bir işe başladığınızı düşünelim. İşe başladıktan sonra; belirlenen mesai saatleri içerisinde, patronunuzun sizi görmediği zamanlarda, bilgisayarda oyun oynadığınızı, çalışmak yerine boş işlerle vakit geçirdiğinizi ve "Beş dakika geç geleyim. On dakika erken çıkayım." diyerek mesai saatlerine de uymadığınızı varsayalım. Patronunuz ya da çalışma arkadaşlarınız görmese bile, sizi Allah (C.C.) görüyor, öyle değil mi?

İşinize başlamadan önce, bir anlaşma imzalıyorsunuz. Allah (C.C.) o anlaşmayı da anlaşma şartlarını da biliyor. Yani o anlaşmayı kontrol edecek olan; sadece patronunuzla siz değilsiniz. İşte bu, insanın hayatına yerleşmesi gereken çok önemli bir anlayıştır. Çünkü iç dünyasında bu anlayış oturmuş bir kişinin, başkaları tarafından kontrol edilmeye ihtiyacı kalmaz.

Her şey, Allah (C.C.) ile olan münasebetle; "Allah beni her an, her hâlde görüyor." düşüncesi ile başlar. Yaratılmışlarla yapılan anlaşmaların bile,

---

16/1). Karun kıssası, bazı farklılıklarla Ahdi Atik'in çeşitli yerlerinde de geçmektedir. (Sayılar, 26/9-10; 27/3; Tesniye, 11/6; Mezmur, 106/16-18)

Allah'a (C.C.) verilen sözle doğru orantılı olduğunu hatırdan çıkarmaz ve bu sözleri yerine getirirken; "Allah ile aram bozulmasın. Allah benden razı olsun. Allah'ı memnun edeyim." düşüncesi ile hareket edersek, cennete giden yolda adım adım ilerletiliriz.

Neden?

Çünkü; bu düşünce ve anlayışla hareket eden biri; dürüsttür, sözünü onurlandıran, integrity sahibi biridir. En önemlisi de Allah'a verdiği sözleri tutan ve bu konuda hassas biridir. Böyle biri de hem dünyada hem de ahirette kazanır, kazançlı çıkar.

Nasıl mı?

Mesela; sahabelerin, dilini bile bilmedikleri Endonezya'ya gidip, orada yaptıkları dürüst ticaretten etkilenen çok sayıda insanın ve o dönemin kralının Müslüman olduğu bilinmektedir. Bugün, dünyanın en kalabalık Müslüman topluluğu Endonezya'da yaşıyor.

Bakın, bu önemli bir örnektir. Dünya devletleri içinde -yaklaşık 250 milyonluk- en kalabalık Müslüman nüfusuna sahip olan bugünkü Endonezya'nın İslam'ı kabul etmesindeki sır, belki de sadece orada yapılan ticarette sergilenen İslam ahlakıdır.

Konunun daha iyi anlaşılması için, Ömer'in (R.A.) hayatından da bir örnek verelim. (Ömer için bkz.)[5]

---

5. Ömer (R.A): 583-584 yıllarında Mekke'de doğmuş ve son peygamber Muhammed'e (S.A.V.) peygamberlik geldikten 6 yıl sonra (616) Müslüman olmuştur. Cennetle müjdelenen on sahabe arasında yer alır. Ayrıca, Allah'tan gelen ayetleri yazan kâtiplerden ve son peygamber Muhammed'in (S.A.V.) de en yakın arkadaşlarındandır. Ömer (R.A.); Resulallah'ın (S.A.V.) bizzat görevlendirmesi ile gittiği görev zamanları dışında, Resulallah'ın (S.A.V.) yanından hiç ayrılmamıştır. Ömer (R.A.); danışma kurulu meclislerinde, ileri sürdüğü isabetli görüşleriyle son peygamber Muhammed'in (S.A.V.) iltifatlarını ve takdirini kazanmıştır. O (R.A.), Müslümanların ilk halifesi, yani devlet başkanı olan Ebu Bekir'in (R.A.) vefatından sonra; Ebu Bekir'in (R.A.) isteği ve halkın onayı ile Müslümanların 2. halifesi, yani devlet başkanı olmuştur. On yıl süren halifeliği boyunca birçok güzel, yeni

Yaşantısı ile; "Integrity sahibi nasıl olunur?" sorusunun âdeta cevabı olan Ömer (R.A.) halifelik döneminde; "Öyle bir iş (devlet başkanlığı) üstlendim ki eğer adil olmazsam, Allah beni hesaba çeker. Eğer zulmedersem, cezalandırılırım. Eğer gündüz vakti uyursam, halkımın hakları zayi olur; gece uyursam (gece ibadetini yapmamakla), kendi haklarım zayi olur." der ve geceleri Medine sokaklarını dolaşarak halkın durumunu kontrol edermiş. (Halife için bkz.)[6]

Yine bir gece, Medine sokaklarında güvenliği kontrol etmek için dolaştığı vakitlerin birinde; önünden geçmekte olduğu bir evden yüksek sesler işitmiş. Dikkatli dinleyince; bir annenin kızına "Kızım, yarın satacağımız süte biraz su karıştır!" dediğini duymuş. Kız annesine; "Anne, halife süte su karıştırmayı yasak etmedi mi?" diye sormuş. Annesi ise: "Kızım, gecenin bu saatinde ne yaptığını halife nereden bilecek? O şimdi, yatağında rahat rahat uyuyordur." diye cevap vermiş. Bunun üzerine kız bu sefer de "Anneciğim, diyelim ki halife bizi görmüyor, ne yaptığımızı bilmiyor. Peki, Allah da mı görmüyor? Bu hileyi insanlardan gizlemek kolay, fakat her şeyi görüp bilen kâinatın yaratıcısı Allah'tan gizlemek mümkün mü?" diye sormuş. Ömer (R.A.); bu güzel ahlaklı ve dürüst kızın sözlerini ve davranışlarını çok beğenmiş. Ailenin yanına gidip, bu güzel ahlaklı kızı, oğlu Asım ile evlendirmek istediğini bildirmiş. Bu evlilikten dünyaya gelen kız çocuğunun; hak ve adaletten hiç şaşmayan meşhur devlet başkanlarından biri olan "Ömer bin Abdülaziz"in annesi olduğu bilinmektedir.[7] (Ömer bin Abdülaziz için bkz.)[8]

---

uygulama yapmış, daha da önemlisi; İslam devletinin sınırlarına geliştirerek birçok insanın İslam'ı tanımasını sağlamıştır.

6. Halife: Sözlükteki anlamı, "birisinin yerine geçerek onun görevini devam ettiren"dir. Kur'an'daki tanımına göre ise halife, "yeryüzünde Allah (C.C.) adına hüküm sürecek olan insan"dır. Bu kelime ayrıca; "son peygamber Muhammed'in (S.A.V.) vekili ve müslümanların başı" anlamında da kullanılır.

7. İbnü'l-Cevzî, Sıfatü's-Safve, II, 203-204

8. Ömer bin Abdülaziz: 680-720 yılları arasında yaşamış, Emevi devletinin başkanıdır. Soyu, İslam devletinin ikinci devlet başkanı olan Ömer'e (R.A) dayanır. O, ülkesini İslami ölçülere uygun şekilde yönetmiş, malî alanda halkın yararına pek çok düzenlemeler yapmış; adaleti, mütevazılığı ve ilme düşkünlüğü ile ün salmış bir devlet başkanıdır.

Her an Allah (C.C.) tarafından görülüyor gibi yaşamak hem insanın kişisel hayatı hem de toplumsal açıdan çok önemlidir. Ömer (R.A.), bu konuda şunları söyler:

"Kişinin namazına, orucuna bakmayın; konuştuğunda, doğru konuşup konuşmadığına, kendisine bir şey emanet edildiğinde, güvenilirliğini ortaya koyup koymadığına; dünya kendisine güldüğünde, takvayı elden bırakıp bırakmadığına (menfaat anındaki tavrına) bakıp öyle değerlendirin."[9]

"Kişinin namazı, orucu sizi aldatmasın. Dileyen oruç tutar, dileyen namaz kılar. Fakat güvenilir olmayanın, dini de olmaz."[10]

Bu kriterler; insanlarla kuracağımız ilişkide asıl dikkat etmemiz gerekenleri anlamamız açısından önemlidir. Bir kişinin; namaz kılması, oruç tutması, Allah (C.C.) ile arasındaki bir meseledir ve bizi ilgilendirmez. Fakat yaratılmışlarla olan ilişkilerde; yapılan ticaretteki, alışverişteki tutumlar, verilen sözlere karşı gösterilen hassasiyet ve ahlaki değerler çok önemlidir. İnsanlar; dünya menfaatleri karşısında zaaf gösterebilirler, bu nedenle de maddi konularla ilgili olan ilişkilerde dikkatli olmak zorundayız.

Kur'an'da bu konu ve bu karakter özellikleri ile ilgili çok fazla ayet bulunmaktadır. Gelin, bu ayetlerden bazılarını inceleyelim.

Mutaffifîn 1- "Vay hâline, eksik ölçüp tartanların!"

Allah (C.C.) bu ayette, "Vay hâline, eksik ölçüp tartanların!" diyerek, önce tehdit ediyor. Sonra gelen ayetlerde ise, bu kişilerin karakteristik bazı özelliklerini anlatıyor.

Mutaffifîn 2- "Onlar ki satın alırken, haklarını tam olarak alırlar."

Mutaffifîn 3- "Fakat kendileri başkalarına satar, ölçüp tartarken eksik yapar, hile karıştırırlar."

---

9. Kenzul-Ummal, h. no: 8435
10. Kenzul-Ummal, h. no: 8436

Karakteristik özellikleri anlatıldıktan sonra, bu kişilerin neden böyle davrandıkları da şu şekilde açıklanıyor:

Mutaffifîn 4;6- "Sahi onlar, o en mühim günde; yani bütün insanların Rabbülâlemin'in divanında duracakları günde, diriltilip toplanacaklarını düşünmezler mi?"

Peki, bu ne demektir?

Ayetlerde anlatıldığı gibi hareket edenler, kıyamet gününe; o gün yaşanacak dehşetli sahnelere, haşre, ahirete ve Allah ile buluşmaya hakiki manada iman etme konusunda sorun yaşıyorlar demektir. (Kıyamet günü, Haşir için bkz.)[11]

Allah (C.C.), bu konuyla ilgili Rahmân suresinde şöyle buyuruyor:

Rahmân 9- "Öyleyse siz de tartıyı adaletle yapın; sakın teraziyi, dengeyi aksatmayın!"

Allah (C.C.), bu ayetin öncesinde; kâinatta nasıl bir balans ve dengenin olduğunu ve bu dengenin âdeta kainatın bir prototipi olan insanda da olduğunu anlatıyor.[12]

Şöyle bakın: İnsanın yaratılışı ile ilgili, üç önemli özellik vardır. Allah (C.C.) insanı; topraktan, balanslı bir varlık olarak yaratmış ve ona ruhundan üflemiştir. (Ruhundan üflemek için bkz.)[13]

---

11. Kıyamet günü: Dünyanın bağlı olduğu kozmik sistemde meydana gelecek değişimlerin ardından ölülerin diriltilmesiyle başlayıp, sonsuza kadar devam edecek olan âlemin başlangıcıdır.
Haşir: Sözlükte "bir topluluğu bulunduğu yerden zor kullanarak çıkarıp bir meydanda toplamak" manasına gelen haşir (haşr) kelimesi, "kıyamet gününde yeniden diriltilen (ba's) bütün varlıkların hesaba çekilmek üzere bir meydana sevk edilip toplanması"nı ifade eder.
12. Rahmân Suresi, 1;8
13. Ruhundan üflemek: Kur'an'da Hicr suresi, 28-29. ayetlerde insanın yaratılış aşamaları şöyle sayılır: Allah'ın insanı topraktan yaratması, ona balans vermesi ve ruhundan üflenmesi.

Allah (C.C.), kâinattaki balansı anlattıktan hemen sonra; tartı ve terazide adaletli olmaktan, ölçü ve dengeyi korumaktan bahsediyor. Bu, konunun ne kadar önemli olduğunun bir göstergesidir. Çünkü bu denge bozulduğunda, toplumun dengesi de bozulur. Allah (C.C.), bu konunun önemini Bakara suresinde bize şöyle anlatır:

Bakara 283- "Eğer yolculuk hâlinde iseniz ve kâtip bulamazsanız, o takdirde borç karşılığında rehin alırsınız. Şayet birbirinize güvenirseniz, güvenilen kimse Rab'bi olan Allah'tan korksun da üzerindeki emaneti ödesin! Bir de şahitliği, görüp bildiğinizi gizlemeyin! Bildiğini gizleyenin kalbi günahkâr olur. Allah, her ne yaparsanız bilir."

Ayette anlatılanların ne kadar önemli olduğunu şöyle açıklayalım:

Bu ayetin öncesinde, Kur'an'daki en uzun ayet olan Bakara suresi 282. ayet vardır. Allah (C.C.) bu ayette, ticaretten bahseder; anlaşmaların nasıl imzalanacağını, şahitlik konusunu, borç alırken ve verirken dikkat edilmesi gereken hususları anlatır. Günümüzde yaptığımız sözleşmeler ve dikkat etmemiz gereken konulara değinilir. Allah (C.C.), bütün bunlardan sonra, 283. ayette şahitlikten bahseder.

Ayette mealen, "Ticaret yaparken, şahitlik ederken sahtekârlık yapanın kalbi günahkâr olur." deniyor. Bakın, bu ifade, Kur'an'da başka hiçbir ayette geçmiyor.

"Kalbin günahkârlığı"nı açıklayarak konumuza devam edelim.

İnsanın kalbi günahkârsa, yani kalbi bozulmuşsa; artık eli, gözü, dili, kulağı, kısacası her uzvu da bozulur. Resulallah (S.A.V.), bu konu ile ilgili, bir hadisinde şöyle buyuruyor: "Şunu iyi bilin ki, insan vücudunda küçücük bir et parçası vardır. Eğer bu et parçası iyi olursa, bütün vücut iyi olur. Eğer o bozulursa, bütün vücut bozulur. İşte bu et parçası, kalptir."[14]

"Ruhundan üflemek" ifadesi; "Yaratıcının ruhu var, ondan bir kısmını insana vermiş." demek değildir. Bu ifade ile anlatılan; Allah'ın (C.C.), Zatı'na ait özelliklerin küçük hâllerini insana da vermesi anlamına gelmektedir.

14. Buhârî, iman 39, Büyû 2; Müslim, Müsakat 107, 108

Allah (C.C.) bu ayette; ticaret ile ilgili kalbi günahkâr olan bir insanın, bütün sisteminin çökeceğini bildiriyor. Bir insan ticaret yaparken ya da şahitlik ederken verdiği sözlerin, yaptığı anlaşmaların gereğini yerine getirmezse; kalbi günahkâr olur. Kalbi günahkâr olduğu zaman da, artık o insanın freni olmaz. Yalan da söyler, insanların mallarını da gasbeder, harama da bakar, yetim malı da çalar. Yani günah olan her şeyi yapar, çünkü artık onun kalbi günahkârdır.

Bu konu ile ilgili Kur'an'da birçok ayet bulunur. Yukarıda anlatılanlar bu şekilde hareket edenlerin karakteristik özellikleridir. Allah (C.C.), peygamber kıssalarıyla bizlere örnekler sunuyor. Toplumların neler yaptığını, başlarına neler geldiğini ve peygamberlerin onlara nasıl yol gösterdiğini bizlere bildiriyor. Bu konuyla alakalı en önemli örneklerden birisi de Musa'nın (A.S.) kayınpederi Şuayb'tır (A.S.). O'nun (A.S.), Medyen'e gidişini ve orada, o topluma söylediklerini Allah (C.C.), A'râf suresi ile Hûd suresinin ayetlerinde uzun uzun anlatır. (Şuayp, Medyen için bkz.)[15]

A'râf 85- "Medyen ahalisine de içlerinden biri olan Şuayb'ı gönderdik. 'Ey benim halkım!' dedi, 'Yalnız Allah'a kulluk edin, sizin O'ndan başka tanrınız yoktur. İşte size Ra'binizden açık delil geldi. Artık ölçüyü, tartıyı tam yapın, insanların haklarını eksiltmeyin, halka haksızlık etmeyin, ülkede düzen sağlanmışken fesat çıkarıp huzuru bozmayın. Böyle yapmanız, sizin için daha iyidir. Tabii eğer inanırsanız.'"

---

15. Şuayp (A.S.): Kur'an'da Medyen halkına gönderildiği bildirilen bir peygamberdir. Şuayp (A.S.), kavmini Allah'tan başka tanrı olmadığına inanmaya, kendisinin peygamberliğini benimseyip sadece Allah'a kulluk etmeye, ölçü ve tartıyı doğru yapmaya, insanlar arasında adaleti gözetmeye, haksızlıkta bulunmamaya, bozgunculuk yaparak yeryüzünde karışıklık çıkarmamaya davet ettiği bildirilir. (A'râf 85;86,;90, Hûd 84;86, Şuarâ 176;179;181;183, A'râf 85)
Eski Ahit'te ise; "Musa (A.S.) Mısır'dan kaçınca Medyen'e gitmiş, Orada Tevrat'ın "Midyan kâhini" diye tarif ettiği Yetro'nun (Şuayp) yanında kalmış ve onun kızıyla evlenmiştir." şeklinde bahsedilir. (Çıkış, 2/15-21; 3/21)
Medyen: Kur'an'da; Şuayp'ın (A.S.) peygamber olarak gönderildiği topluluğun yaşadığı yer olarak bildirilir. Suriye, Ürdün ve Hicaz'ın güneyinde bulunan, Kızıldeniz kenarındaki bir şehirdir. Tevrat 'ta burası "Midian" adıyla geçmektedir.

A'râf 86- "Hem öyle tehditler savurarak, yol başlarını tutup, Allah'a iman edenleri Allah'ın yolundan çevirmeyin ve bu yolun eğri büğrü olduğuna dair şüpheler verip halkı yanıltmayın. Hem düşünün ki bir zaman, siz sayıca pek az idiniz. Öyle iken Allah, sizi çoğalttı. Ülkeyi bozan o müfsitlerin sonunun nasıl olduğuna bakın da ibret alın!"

A'râf 87- "Eğer Benim'le gönderilen gerçeğe içinizden bir kısmı inanıyor, bir kısmınız inanmıyorsanız; eh ne diyeyim, o hâlde aramızda Allah hükmünü verinceye kadar bekleyin! Zaten, hüküm verenlerin en iyisi O'dur."

A'râf 88- "Halkından kibirlenen eşraf grubu: 'Bak Şuayb!' dediler, 'Yeminle söylüyoruz: Ya tekrar dinimize dönersiniz. Ya da seni de sana inanan taraftarlarını da ülkemizden süreriz!' Şuayb şöyle cevap verdi: 'Peki, istemesek de mi dinimizden döndürüp süreceksiniz. (Ya istemezsek ne olacakmış?)'"

A'râf 89- "Allah, bizi sizin o batıl dininizden kurtardıktan sonra kalkıp tekrar dininize dönecek olursak; Allah'a büyük bir iftira atmış oluruz. Allah göstermesin, sizin inancınıza dönmemiz kesinlikle mümkün değil! Rab'bimizin ilmi her şeyi kapsar. Biz, yalnız Allah'a dayanırız. Ey bizim Rab'bimiz! Bizimle şu halkımız arasında Sen adil hükmünü ver, haklı haksız açığa çıksın. Sen, elbette hüküm verenlerin en iyisisin!"

A'râf 90- "Kavminden inkâra sapan ileri gelenler, 'Eğer Şuayb'a uyacak olursanız kesinlikle perişan olursunuz!' diye tehditte bulundular."

A'râf 91- "Derken şiddetli bir deprem onları kıskıvrak yakaladı ve derhâl oldukları yerde çökekaldılar."

A'râf 92- "Şuayb'ı yalancı sayanlar... Onlar değildi sanki vatanlarında, şen şakrak dolaşanlar! Şuayb'ı yalancı sayıp perişan etmek isteyenler... Asıl perişan olanlar, işte onlar oldular."

A'râf 93- "Gördüğü müthiş manzara karşısında Şuayb, yüzünü üzüntü ile öteye çevirip: 'Zavallı halkım!' dedi, 'Ben size Rab'bimin buyruklarını tebliğ etmiştim, sizin iyiliğinize çalışmıştım, size öğütler vermiştim! Artık böyle nankör, böyle kâfir bir toplum için ne diye üzülüp kendimi harap edeyim!'"

Toparlayalım.

Bu bölümde; "ticaret" konusunu, geniş bir perspektifle analiz etmeye çalıştık. Ölçü ve terazide dengeli olmayan kişi ve toplumların neler yaşayacağından bahsettik. Kalbin günahkârlığını ve kalbi günahkâr olan bir insanın neler yapabileceğini analiz ettik.

Allah (C.C.), Mutaffifîn suresinde bize; ticarette sahtekârlık yapan, kendi menfaatini düşünen bir karakterden bahsediyor. Bu kişinin; kendi menfaatine gelince en ince ayrıntısına kadar hesap yapıp, hep kendi çıkarını düşündüğü; fakat konu, karşı taraf olduğunda da eksik tarttığı, dengeye dikkat etmediği anlatılıyor. Böyle yapmasının sebebi olarak da o kişinin ahirete inanmaması gösteriliyor.

Böyle davranan karakterdeki birinin, ahirette Allah (C.C.) ile buluşmaya inanma konusunda sıkıntısı vardır. Allah ile bağı zayıftır; dünya menfaatini, ahiretin önüne geçirmiştir. İşte surede; bencil, adaletsiz, hak yiyen bir karakter tanımlanıyor.

Rahmân suresinde de buyrulduğu gibi ticaretten, ölçüden, tartıdan önce; kâinatın mizanından bahsediliyor ve toplumların dengesinin bozulmaması için tartının ve ölçünün ne kadar kıymetli olduğu anlatılıyor. Bakara suresi 283. ayette; kişinin kalbinin günahkârlığı, bunun ne kadar tehlikeli olduğu ve kalbin günahkâr olmasının ticaretteki dengesizlikle doğru orantılı olduğu anlatılıyor. İşte bunlar, Kur'an'da bize verilen örneklerdir.

Allah (C.C.) İsrâ suresi 35. ayette, "Ölçtüğünüz zaman dürüst olun, tam ölçün. Doğru terazi ile tartın. Bu hem ticaretiniz için daha hayırlı hem de akıbet yönünden daha güzeldir." buyuruyor.

Allah'ın koyduğu sınırları korursak hem dünya hem de ahirette kâr etmiş oluruz. Ayetin sonundaki; "Hem ticaretiniz için daha hayırlı hem de akıbet yönünden daha güzeldir." ile kastedilen; ölçü ve tartıyı tastamam yapmaktır.

Bu şekilde davranmak, dünyada hayırlıdır; çünkü insanlar arasında önemli bir güvenilirlik ölçüsüdür. Ayrıca, onun yapılmasını teşvik etmek de insanlar arasında güzel anılmaya vesile olur. İnsanlar bu kişiyle bir ticaret yapacağı zaman; "Şu kişiye git! O, 'Şu tarihte ödeyeceğim.' derse mutlaka öder, merak etme. Onunla ticaret yapmak keyiflidir. Çünkü o, sözünü tutar. O, çok iyi tüccardır. Onda hiç param kalmadı. Hep zamanında ödedi." derler. İnsanların sizi böyle andığını düşünün!

Son peygamber Muhammed'in (S.A.V.) de, dürüst bir tüccarın ahirette nasıl yüksek makamlarda olacağına dair hadislerinin olduğunu biliyoruz.[16]

Dürüst tüccar; dünyada itibar sahibi, güvenilir biri olur, parmakla gösterilir, herkes onunla ticaret yapmak ister, malını ona satmak ister. Dürüst olan birine, herkes kolaylık sağlar. Çünkü insanlar, onu test etmiştir. O, sözünü tutan bir tüccardır. Parası, sermayesi olmasa bile, insanlar arasında bir itibarı vardır. Allah'ın izni ve inayetiyle itibarı, duruşu ve sahip olduğu "integrity"; ona birçok kapıyı açtırır. Ahiretteki mükâfatları da bambaşka olur.

Burada durup kendimize soralım. İslam'da anlatılan disiplinleri, hayatımıza uyguluyor muyuz? Ayetlerde anlatılanlara göre mi ticaret yapıyoruz, insanlarla ilişkilerimizi, burada anlatılanlara göre mi kuruyoruz? Bunlar, üzerinde ciddi şekilde düşünülüp cevaplanması gereken sorulardır.

"Ayette anlatılan disiplinleri uygulamaya, nereden başlayabiliriz?" denirse de bu; sanıldığı gibi, komplike bir mesele değildir. Sözümüzü tutalım, dürüst olalım, vicdanlı olalım ve Allah'ın (C.C.) kurduğu o dengeyi, balansı koruyalım, yeter.

Sahabelerin hayatı, bu konuda bizim için çok güzel bir örnektir. Resulallah'ın (S.A.V.) ahlaki terbiyesiyle yetişmiş olan sahabeler, bir alışveriş yapacaklarında; önce piyasa araştırması yapıp ürünün gerçek fiyatını araştırıyor, daha sonra almak istedikleri ürünün sahibi o ürüne daha az değer verse dahi; bunu kabul etmeyip, ürünü gerçek değeri ile satın alıyorlarmış.

Şöyle düşünün: Bir ürün alacak olan sahabe; pazara gidiyor ve "Şu ürünün fiyatı nedir?" diye, ürünün fiyatını soruyor; satıcı ona, "3 dirhem." diye

---

16. "Dürüst ve güvenilir tüccar; ahirette peygamberler, sıddıklar ve şehitlerle beraber olacaktır." (Tirmizî, Büyû, 4)

cevap verince de "Hayır, bunun ederi 5 dirhem." diyordu. Anlaşamayınca, piyasaya hâkim bir hakem çağırıyorlar. Hakem, "Bu ürün 6 dirhem eder." dediğinde de alıcı olan sahabe o ürünü 6 dirheme satın alıyor. Ütopya gibi değil mi? (Dirhem için bkz.)[17]

Bizim; öncelikle tevhidi, Allah (C.C.) tarafından her an görülüyor olmayı, anlamamız gerekiyor. Daha sonra sözümüzü tutmayı anlamalı ve İslam'ı en güzel şekilde temsil etmeye çalışmalıyız.

Önemsiz gibi görünen bir randevuya dahi sadık olmalı, yaptığımız ticaretlerde dürüst, dengeli olmalıyız. İnsanlar hakkımızda; "Senin paran onda kalmaz, önünde deste deste para görse bile, o; asla başkasının malına dokunmaz." demeli; onlara böyle bir güven telkin etmeliyiz.

Güven konusunda, bir Amerikalı tarafından Japonya'da yapılan şu sosyal deney çok etkileyicidir: Deneyi yapan Amerikalı, farklı zaman diliminde ve farklı sokaklarda, ortamlarda yürürken cüzdanını bilinçli olarak düşürüyor. Yaklaşık 40 kişi, düşen cüzdanı sahibine geri getiriyor. Bir kişi dahi cüzdanı almıyor. İşte İslam, tam da bunu anlatır. Bu sosyal deneyin, kendi toplumunuzda yapıldığını düşünün! Sizce sonuçlar nasıl olurdu?

İslam'da anlatılan disiplinleri, komplike etmeye gerek yok. Ticaret yaparken, ölçüp tartarken; "Allah beni her an görüyor." hissiyatıyla hareket etmeli, sözümüzü yerine getirmeliyiz.

Örneğin; üretim yapıyorsak ve önceden verdiğimiz sözler varsa, döviz yükseldi diye, söz verdiğimiz malın teslimatını; onun kalitesini düşürerek yapamayız. Ya da söz verdiğimiz kişiyi bırakıp, daha yüksek fiyat teklif edenle ticaret yapamayız. Ayetlere göre davranmalıyız. Dikkat etmemiz gereken sorumluluklarımız var.

Şifre, "Allah beni görüyor." hissiyatıyla hareket etmektir. Bu hissiyatı iç dünyamıza yerleştirirsek, sahtekârlık yapamayız. Kur'an öyle mükemmel bir rehberdir ki hem teoriyi hem de teorinin nasıl pratiğe dökülebileceğini bütün detaylarıyla bize anlatıyor.

---

17. Dirhem: Arap para sisteminde, gümüş para birimine verilen isimdir.

Maalesef, artık günümüzde; ticarette hile yapan, bu konuda yetenekli tüccarlar; "İyi tüccar!" diye methediliyor. Fakat bu; ayetin ifadesi ile "kalbin günahkârlığı"dır.

Bakın! Kalplerin günahkâr olduğu toplumlardan her şey beklenir. Fakat, "Allah beni görüyor. Bu bağ bozulmamalı." hissiyatıyla hareket ettiğimizde; "Ne olur ki, üç kuruş daha az kazanırım. Yeter ki Allah ile bağım bozulmasın." deriz. Ne insanların malını gasbeder, ne eksik ölçüp tartar, ne de iyi malları üste koyup altına kötüleri saklarız; insanları kandırmayız. Çünkü biliriz ki ahiret var, hesap var. Fakat bu hissiyatlar zayıf olunca, toplumdaki sahtekârlıklar da artar.

Bu bölümde; iyi bir ticaretin nasıl olacağını, ticaret yapılırken nelere dikkat edilmesi gerektiğini; İsrâ suresi 35. ayet ve pek çok farklı sure üzerinden anlamaya gayret ettik. Yine bu sureler üzerinden, ticarette hile yapan bir karakterin özelliklerini ve topluma olan etkisini inceledik.

Sizden, bir sonraki bölüme geçmeden önce; "İslam'da anlatılan bu disiplinleri, hayatıma uyguluyor muyum? Ayetlerde anlatılanlara göre mi ticaret yapıyorum, insanlarla ilişkilerimi burada anlatılan disiplinlere göre kuruyor muyum?" sorularını kendinize sormanızı ve cevaplarınızın üzerinde düşünmenizi istiyoruz.

9- Balanslı İnsan Olmada Duygu Kontrolünün Önemi

Musa'ya (A.S.) verilen "On Emir"in Kur'an'daki karşılığı olan İsrâ suresinin ayetlerini analiz etmeye devam ediyoruz. Analizi yapılan ayetlerle gerek bireysel gerekse de sosyal hayatımızı pozitif manada değiştirecek birçok disiplinin farkına vardık. Kur'an'da bize sunulan hidayetlerle de bu disiplinleri hayatımıza nasıl uygulayabileceğimizi öğreniyoruz.

Önceki bölümde; sosyal açıdan önemli olan bir konuya değinmiş ve iyi bir ticaretin nasıl olacağını, ticaret yapılırken nelere dikkat edilmesi gerektiğini; İsrâ suresi 35. ayet ve pek çok farklı sure üzerinden anlamaya gayret etmiştik. Ayrıca, ticarette hile yapan bir kişinin karakter özelliklerini ve davranışlarının topluma olan etkisini inceledik. Bu bölümde ise; herkesin öğrenip ona göre hareket etmesi gereken, çok önemli olan başka bir disiplini analiz edeceğiz.

Bu bölümde ise, özellikle insanın bir şeyi körü körüne takip etmemesi gerektiğini; araştırmanın, öğrenmenin ve bilimin temel disiplinlerinden biri olan; "deliller ile ilerleme"nin aslında ne kadar da önemli olduğu üzerinde duracağız. Ayrıca; bilim öğrenmenin, delillerle hareket etmenin ruhumuzdaki karşılığının ne olduğunu ve duygularımızı nasıl kontrol edebileceğimizi öğreneceğiz.

Düşünün şimdi! Allah (C.C.) bunların hepsini, İsrâ suresi 36. ayette bize tek tek anlatıyor. Bu nedenle, biz de İsrâ suresi 36. ayeti detaylı bir şekilde inceleyecek ve ayette anlatılan disiplinlerle; hayatımızı nasıl yeniden dizayn edebileceğimizden, nasıl iletişimi kuvvetli ve balans sahibi bir birey olabileceğimizden bahsedeceğiz.

Bu girişin ardından, ayetimizi okuyarak analizimize başlayalım.

İsrâ 36- "Ve lâ takfu mâ leyse leke bihî ilmun, innes sem'a vel basara vel fuâde kullu ulâike kâne anhu mes'ûlâ."

"Bilmediğin şeyin peşine düşme! Çünkü kulak, göz, kalp gibi azaların hepsi de sorguya çekilecektir."

İsrâ suresi 36. ayet, çok geniş kapsamlı bir ayettir. Biz de bu bölümde; ayetin sadece bazı anlamları üzerinde duracak ve ayette anlatılan disiplinleri hayatımıza nasıl uygulayabileceğimizi anlamaya çalışacağız.

Biraz detaylı baktığımızda; ayete öncelikle "ve" edatı ile başlanıldığını görüyoruz. Bu bize; İsrâ suresi 36. ayetin önceki ayetlerde bahsedilen emirlerin devamı niteliğinde olduğunu bildirmektedir.

"Ve" edatı ile başlayan ayetimiz; daha sonra, olumsuzluk edatı olan "lâ" eki ile birlikte "takfu" denilerek devam ediyor. "Takfu" kelimesi, "kafave" kelime kökünden türetilmiştir ve "birinin ayak izlerini takip etmek" anlamına gelir. Arapçada bu kelime, "birinin tam arkasına geçerek yakın takipte olmak" için kullanılır.

Ayette, "lâ takfu - peşine düşme" deniliyor. Neyin peşine düşülmemesi, takip edilmemesi gerektiği ise; "Mâ leyse leke bihî ilmun. - İlmin olmayan, bilgin olmayan şeyin peşine düşme!" şeklinde tarif ediliyor.

Peki, bu ifade ile ne anlatılmak isteniyor?

Allah (C.C.) bu ayetle bize; okumamızı, araştırmamızı, öğrenmemizi, bilgi sahibi olmamızı, analitik düşünmemizi; doğru motivasyon ve niyetle sorgulamamızı, sağlam temel disiplinler üzerine hareket etmemizi ve kulaktan dolma bilgilerle değil de ilimle, delillerle ilerlememiz gerektiğini anlatıyor. Bilmediklerimizi, sağlam kaynaklardan ve doğru bilgilerle öğrenmemizi; daha sonra da o bilgiyi takip etmemizi söylüyor.

Burada, ayette bahsedilen "ilm" kelimesi ile kastedilenin ne olduğu üzerinde biraz duralım.

İki çeşit ilim vardır. Bunlar:

1- Vahiy

2- Öğrenilen ilimdir.

Vahiy, dinin esasıdır. İnsanların vahiy olmadan, sadece akılla dinin hakikatlerine ulaşması çok zordur. Yani insan aklını, dini anlamada kullanılır. Din, vahyin ve aklın birleşmesiyle anlaşılır ve yaşanır. Aklı aşan ve akılla bilinemeyen ibadet ve ahiret gibi bazı konularla ilgili bilgiler, vahiy ile Allah (C.C.) tarafından insanlara verilir.

Allah (C.C.), Kur'an'da Adem'e (A.S.) bütün isimleri öğrettiğini bildiriyor.[1] Adem (A.S.), kendisine öğretilen bu isimleri ve gelen vahyi kullanarak; keşifler yaptı, tecrübelerini arttırdı ve tarım, bilim, inşaat gibi birçok alanda bilgi sahibi oldu.

Peki, bu ayette bize hangi ilimden bahsediliyor?

Ayetin devamında, "sem'a vel basara" ifadesinin geçtiğini görüyoruz. Bu ifade ile kastedilen; "işitme ve görme"dir. Yani bahsedilen ilim; görme ve işitme duyuları kullanılarak öğrenilen ilimdir.

Ayette mealen bize; "Temeli olmayan, delili olmayan menkıbeleri takip edip durma! Sağlam temeller üzerine oturtulmuş, test edilmiş, sorgulanmış, net cevapları olan sistemleri ve ilimleri takip et." deniliyor. Yani; "Bugün önümden kara kedi geçti ya, kesin kötü bir şey olacak. Bu ayda evlenilmez; eğer bu ayda evlenirsen boşanırsın. Merdivenin altından geçme, saçlarını şöyle kesme; bunlar uğursuzluktur." gibi dinde ve bilimde herhangi bir karşılığı olmayan, temeli bulunmayan bu batıl inançların peşinden gitme!" deniliyor.

Bakın, insanlar bazen böyle inançlara kendilerini öyle kaptırırlar ki; yapmaları gerekenleri bile yapmaz bir hâle gelirler. Bunu, şöyle bir örnekle izah edelim:

Âyetü'l-Kürsî'nin, kötülüklerden ve kazalardan korunma amacıyla okunan dualardan biri olduğunu bilen birinin; arabasına, Âyetü'l-Kürsî yazılı bir

---

1. Adem (A.S.): İlahi kitaplara göre ilk insan ve ilk peygamberdir. Allah (C.C.) Kur'an'da; Adem'e (A.S.) bütün isimleri öğrettiğini şöyle buyuruyor:
Bakara 31- "Ve Adem'e bütün isimleri öğretti. Müteakiben önce onları meleklere göstererek: 'İddianızda tutarlı iseniz, haydi Bana şunları isimleriyle bir bildirin bakalım!' dedi."

dua astığını düşünelim. (Âyetü'l-Kürsî için bkz.)[2] Bu kişi; şuursuzca hız sınırını aşıp 200 km hızla giderek, trafikte birçok sıkıntının meydana gelmesine sebep olsun. Yaptıklarından dolayı ceza alan bu kişinin kendisine dönüp, "Ben nerede hata yaptım?" demek yerine; "Neden bunlar başıma geldi ki? Oysa, arabamda Âyetü'l-Kürsî duası da vardı." demesi, sizce mantıklı mıdır? Elbette hayır. Bu, cahilce hareket etmektir.

Ne yazık ki, hayatlarını bu şekilde yaşayan; hatta dini, batıl inançlar üzerine temellendirenler birçok insan var. İşte ayette bu konuya dikkatimiz çekilerek mealen bize; "Bilmediğin şeyin peşine düşme! Araştır, öğren, test et. Kur'an'da, Sünnet'te ve modern bilimde olan şeylerin peşinden git. Onlara uygun şekilde hareket et." buyruluyor.

Burada, akıllara gelen şu düşünceye de değinelim: Allah (C.C.) elbette edilen dualara, kullarının isteklerine cevap verir. Hatta bu cevaplar bazen; dünya standartlarına göre gerçekleşmesi imkânsız olayların gerçekleşmesi şeklinde bile karşımıza çıkabilir. Allah (C.C.) için; "zor" ya da "imkânsız" olan bir şey yoktur. Ancak şunu da unutmamalıyız ki biz, şu an dünyadaki hayatımızı yaşıyoruz. Dünya hayatı; öldükten sonra gideceğimiz ahiret hayatından işleyiş olarak farklıdır. Mesela; cennette mandalina yemek isterseniz; o an size ikram edilir. Ancak dünyada mandalina yemek istediğinizde, bunun için yapmanız gerekenler vardır. Mandalinayı satın alabilmek için çalışıp para kazanmanız, sonra markete gitmeniz gerekir. Yani dünyada canınız mandalina çektiğinde; cennette olacağı gibi, hiçbir şey yapmadan oturup, ansızın size mandalina ikram edilmesini bekleyemezsiniz. İslam'ı, buradaki ayrımı ve dua etmeyi doğru anlamamız lazım.

Unutmayalım! Dünya, sebepleri yerine getirmek zorunda olduğumuz bir hikmet yurdudur. Burada, üzerimize düşen görevleri yapmak zorundayız. Hakikatlere ters düşen menkıbe, mit, batıl inanç ya da gelenek-göreneklerden uzak durmalı; dikkatli hareket etmeliyiz.

---

2. Âyetü'l-Kürsî: Bakara suresi 255. Ayete verilen isimdir. Ayette, Allah'ın birliği yani tevhit inancının esasları açık bir şekilde ifade edilmiştir. Son peygamber Muhammed'in (S.A.V.) bu ayet hakkında birçok güzel sözü ve okunmasıyla ilgili tavsiyeleri bulunmaktadır.

Bazı kültürlerde, İslam'a ait olmayan birçok batıl inanç ve gelenekle karşılaşabiliyoruz. Bunlar, İslam'da temeli olmayan bilgilerdir. Bazı toplumlarda, insanlar tarafından ciddi şekilde kabul görüp içselleştirilen bu bilgiler, ne yazık ki din olarak bile kabul edilmeye başlanmış. Oysa Allah (C.C.) bize; temeli olmayan ve bilmediğimiz konuların peşine düşmememiz gerektiğini; gerçek ilmi araştırmayı, onun peşinden gitmeyi öğütlüyor.

Buraya kadar anlatılanlar, İsrâ suresi 36. ayetten çıkarılabilecek ilk anlamla ilgiliydi. Ayetten çıkarılabilecek ikinci anlam ise; "Alanında uzman olmayan kişileri; test etmeden, körü körüne takip etme!" şeklindedir.

Burada kastedileni, şu diyalog üzerinden daha kolay anlayabiliriz. İki kişinin aralarında şöyle konuştuklarını hayal edin:

- Neden bu kişinin görüşlerini benimsiyor ve ona körü körüne inanıyorsun?

- Çünkü babam, bu kişiyi akıl hocası kabul ederdi. Dolayısıyla, ben de onun peşinden gidiyorum.

- Peki, onun ilim sahibi biri olduğuna nasıl ikna oldun? Örneğin; bir kitabı mı var, varsa okudun mu?

- Hayır, bilmiyorum.

- Seni etkileyen herhangi bir olaya ya da bir özelliğine şahit oldun mu?

- Hayır. Fakat o, herkes tarafından tanınan biridir. Bu nedenle onun görüşlerini önemsiyor, dediklerini harfi harfine uyguluyorum.

Şimdi, bu diyalog üzerinde durup düşünün!

Doğru düzgün tanımadığınız; görüşlerini, bilgisini test etmediğiniz birine; körü körüne inanmak, sizce akıllıca bir davranış mı? Elbette hayır. İşte Allah (C.C.), bize bu şekilde davranmamayı öğütlüyor.

Ahirette bize "Dünyadayken neden şunları yaptın, neden böyle davrandın?" diye sorulduğunda; "Ben, falanca kişiyi takip ediyordum. O, bana bu şekilde hareket etmemi söyledi." gibi bahanelere sığınamayız.

Ahirette herkes, tek başına hesap verecektir. Bilmediğimiz, test etmediğimiz şeylerin peşine düşmeyelim! Tabii bu; kendi ilmimize, donanımımıza sonsuz güvenelim, dolayısıyla da her şeyi sorgulayalım demek de değildir.

Şöyle bakın: Bir öğretmen ile öğrencisi arasında güven olmalıdır ki ilim öğrenilsin. Öğretmen, alanıyla ilgili bir konuyu anlatmadan önce, öğrencisiyle bir bağ kurmalı, ona güven vermelidir. Yani ilimden önce, ilişkide güven olmalıdır. Daha sonra ilim öğretilmeli ve öğrencinin kendisini geliştirmesine fırsat verilmelidir. Ancak böyle yapıldığında kişi, kendi fikirlerini oluşturabilir.

Mesela; Freud'un ekolünden ayrılıp farklı ekolleri takip eden bir sürü talebesi vardır ve bu, gayet normal bir durumdur. Çünkü ilmî açıdan farklı düşünmek, gelişimin durdurulamaz bir hâlidir.

Öğretenler açık fikirli olmalı, talebelerini sınırlamamalı ve gelişimlerin önüne set koymamalıdır. Ancak böyle olduklarında, talebeleri için "Öğrencim, benden daha güzel fikirler üretiyor. Bu, benim için tarif edilemez bir gurur!" diyebilirler.

Örneklerle de arz edildiği gibi hiçbir kimseye; "O, ne söylüyorsa doğrudur. Her söylediğinde mutlaka bir hikmet vardır." düşüncesiyle bakmamalı; bilmediğimiz, emin olmadığımız, test etmediğimiz şeyin peşine düşmemeliyiz. (Hikmet için bkz.)[3] Tabii, peygamberlerin her sözünde hikmet aranabilir, ancak peygamberlik de son peygamber Muhammed ile (S.A.V.) sonlanmıştır. Her konu, optimum doğru olan Kur'an ve Sünnet süzgecinden geçirilmelidir.

Sahabelerden Ebu Said el-Hudri, Resulallah'la (S.A.V.) ile yaşadıkları bir olayı şöyle anlatıyor:

"Resulallah (S.A.V.) ile bir savaşa katıldım. Yolun bir yerine vardığımızda ordudan bir gruba ayrılmaları için izin verdi ve başlarına sahabelerden Abdullah b. Huzafe es-Sehmi'yi komutan olarak atadı.

---

3. Hikmet: "Yargıda bulunmak, bilmek ve idrak etmek" anlamlarına gelir. Olayların arka planını, en üstün bilgiyle bilip ona göre hareket etmek demektir.

Abdullah, Bedir Savaşı'na katılmıştı ve şakacı birisiydi. Yolun bir yerine geldiğimizde askerler, bir şeyler yapmak için ateş yaktılar. Abdullah, 'Benim emirlerimi dinleyip itaat etmek zorunda değil misiniz?' diye sorunca, askerler; 'Evet!' dediler. Abdullah, 'Ben size bir şeyi emretsem, yapmak zorunda değil misiniz?' diye sorunca, askerler yine; 'Evet!' karşılığını verdiler. Bunun üzerine Abdullah; 'Bana itaat etme hakkına dayanarak bu ateşin içine atlamanızı emrediyorum!' dedi. Bunun üzerine bazı askerler, ateşe atlamak için hazırlandılar. Abdullah, onların ateşin içine gireceklerini anlayınca; 'Durun! Ben sadece şaka yapıyordum!' dedi. Geri döndüğümüzde bu olayı Resulallah'a (S.A.V.) anlattılar. Resulallah (S.A.V.): 'Şayet ateşe girseydiniz, oradan asla çıkamazdınız! Şüphesiz ki itaat, ancak iyi şeylerde olur. Komutanlarınızdan biri Allah'a isyan etmeye yönelik bir emir verirse, ona itaat etmeyin!' buyurdu."[4]

Allah'ın temel disiplinleri vardır ve bunlar, Kur'an'da açıkça anlatılmıştır. Haramlar ve helaller çok nettir. Hiç kimse, Allah'ın sınırlarını yok sayarak karar veremez. Bu şekilde verilen bir karara uyan kimse de "Bunu söyleyenin bir bildiği vardır." gibi bir bahaneye sığınamaz.

Devam edelim.

Ayette; "Bilmediğin bir şeyin peşine düşme!" denilerek yapılanları, "Bu, Kur'an ve Sünnet'e göre doğru mu?" ölçüsü ile kontrol etmemiz gerektiği anlatılıyor. Örneğin; kumar oynamak, içki içmek haramdır ve hiç kimse, bunların helal olduğunu söyleyemez. Biz; Kur'an ve Sünnete göre hareket etmek zorundayız. Çünkü günün sonunda herkes, yaptığının hesabını tek başına verecek. Ahirette; "O bana şöyle söyledi, bu yüzden ben de böyle yaptım." dememizin bir kıymeti olmayacak ve bize, "Dinlemeseydin onu. Allah, sana da araştırıp öğrenmen için akıl verdi, ilim verdi." denilecektir.

Dikkat edin! İlim öğrenmek, her Müslüman'a farzdır. Araştırmak, öğrenmek zorundayız. "Sözlerine güvendiğim insanlar düşünsün, benim düşünmeme gerek yok. Amirim, müdürüm ne diyorsa; ona itaat eder, onu yaparım." diyemeyiz.

---

4. Sahihi Buhârî; İbni Ebi Şeybe (12/543; 14/341), İbni Hibban (4558); İbni Mace 2/956 (2863)

Kur'an'ın temel disiplinlerine aykırı meselelerde; "Görüşlerine güvendiğim kişi böyle söylüyor." düşüncesiyle, körü körüne hareket edemeyiz.

Bu söylenenler, nefsin hoşuna gitmeyebilir. Ancak Kur'an'da, "Ayetlerimi az bir fiyatla, yani dünya menfaati karşılığında satmayın! Batılı hakka karıştırmayın, bile bile gerçeği gizlemeyin!"[5] deniliyor. Yine Allah (C.C.) ayette net bir biçimde, "Bilmediğin şeyin peşine düşme!" buyuruyor. Biri bize bir şey söylediğinde ilk bakacağımız nokta; "Kur'an ve Sünnet'e uygun mu, değil mi?" olmalıdır. Aslında, mesele bu kadar basittir. Kim söylerse söylesin, söyleneni test etmek zorundayız. Ancak, bu ifade ile kastedilen, hayatımızdaki rehber, müdür, öğretmen gibi saygı duyduğumuz herkesi sorgulayabilmemiz demek değildir. Ya da "Ben artık yeterli donanıma sahibim; bu yüzden kimseye ve kimsenin fikrine ihtiyacım yok." hissiyatıyla hareket etmemiz de değildir. Buradaki ayrıma dikkat etmeliyiz.

Kur'an'da, bu meseleye nasıl bakmamız gerektiği İbrahim (A.S.) üzerinden şöyle anlatılır:

Bakara 260- "Bir vakit de İbrahim: 'Ya Rab'bi, ölüleri nasıl dirilteceğini bana gösterir misin?' demişti. Allah: 'Ne o, yoksa buna inanmadın mı?' dedi. İbrahim şöyle cevap verdi: 'Elbette inandım, lâkin sırf kalbim tatmin olsun diye bunu istedim.' Allah, O'na: 'Dört kuş tut, onları kendine alıştır. Sonra kesip her dağın başına onlardan birer parça koy. Sonra da onları çağır! Koşa koşa sana geleceklerdir. İyi bil ki Allah Aziz'dir, Hakîm'dir (üstün kudret, tam hüküm ve hikmet sahibidir)."

Allah (C.C.), burada bize çok önemli bir disiplin öğretiyor. İnsan, kâinatın yaratıcısı karşısında bile samimi bir kalple öğrenmek için, kalbinin tatmin olması için; "Bu nasıl oluyor?" diyerek, soru sorabilir. Allah (C.C.) ayetin devamında İbrahim'e (A.S.) nasıl cevap verdiğini, yani İbrahim'in (A.S.) isteğini nasıl gerçekleştirdiğini de anlatıyor. Bu, bizim için de çok güzel bir örnektir.

Öğrenci; bir şeyi daha iyi öğrenmek için soru sorabilir, sorgulayabilir. Öğrencisi bunu yaptığında, öğretmenin; "Sen, nasıl olur da beni sorgularsın?"

---

5. Bakara Suresi, 41; 42

kibrine girmemesi lazım. Buradaki balans iyi anlaşılmalıdır. Allah (C.C.), Yûsuf suresinde; "Her ilim sahibinin üstünde, daha iyi bir bilen bulunur."[6] buyuruyor. Biz, her şeyi bilemeyiz. Her şeyi bildiğini söyleyen biri; aslında hiçbir şey bilmiyordur. "Ben her şeyi biliyorum." diyen biri, meyvesiz ağaç gibidir. İlim, kişiyi tevazu sahibi yapar ve tevazu sahibi olunmadan da ilim öğrenilmez.

Konumuza, örnek olması açısından Musa (A.S.) ile Hızır (A.S.) kıssası perspektifinden bakarak devam edelim. (Musa ile Hızır kıssası için bkz.)[7]

Musa (A.S.) ilerlemiş yaşına rağmen, yanındaki genç yardımcısına; "Durup dinlenmeyeceğim. Ta ki iki denizin birleştiği yere varacağım. Varamazsam, senelerce yürümeye devam edeceğim."[8] demiş ve önemli bir yolculuğa çıkmıştı. Çünkü O (A.S.), öğrenmenin sonu olmadığını çok iyi biliyordu.

Unutmayın! Her ilim sahibinden daha üstün bir ilim sahibi muhakkak vardır. Bu, öğrenci için de öğretmen için de geçerlidir. Bilmediğimiz, araştırmadığımız, test etmediğimiz şeyin peşine düşmemeli; önce araştırıp tanımaya çalışmalı, sonra da takip ettiğimiz, saygı gösterdiğimiz insanların Kur'an ve Sünnet'e aykırı iş yapıp yapmadıklarına bakmalıyız. Kur'an ve Sünnet ile çizilen sınırlar bellidir. Onları referans alıp bugüne kadar bize söylenenleri, yapılanları, verilen tavsiyeleri değerlendirebiliriz. Kur'an ve Sünnet'e aykırı olmadığı sürece, takip etmek istediklerimizi de takip edebiliriz.

Konuyla ilgili şu noktayı da arz edelim.

İnsan, sınırlı bir varlıktır. Mesela, gözlerimiz her yeri göremez. Karşımızda bulunan biri, bizim arkamızı görebilir, fakat biz göremeyiz. Yani bizim görmediğimiz bakış açılarını görenler olabilir. Bu hakikati kabul etmeli ve

---

6. Yûsuf Suresi, 76
7. Musa (A.S.) ile Hızır (A.S.) kıssası: Bu kıssadan Kur'an'da, Kehf suresinde bahsedilir. Kıssada, Musa (A.S.) ile "kendisine ilahi bilgi ve hikmet öğretilen kişi" diye tarif edilen Hızır'ın (A.S.) yolculuğu anlatılır. Bu yolculukta Musa'ya (A.S.) olayların görünenden farklı olabileceği, yani arka planı öğretilir.
8. Kehf Suresi, 60

herkesten bir şey öğrenmeye çalışmalıyız. Böyle davranırsak, emin olun daha çok şey öğrenebiliriz.

İlmin kime verileceğini ya da verildiğini, biz bilemeyiz. Buna en güzel örneklerden biri, Kur'an'daki Süleyman (A.S.) kıssasıdır. Yaşanan bir olayla ilgili Allah (C.C.) Davut'a (A.S.), henüz on yaşlarında olan oğlu Süleyman'ı (A.S.) işaret ederek; "Biz, çözümü ihtiva eden hükmü Süleyman'a bildirdik."[9] buyurmuştur.

Düşünün şimdi! İnsanın aklına, "Ben, on yaşındaki bir çocuktan ne öğrenebilirim ki?" gibi sorular gelebilir. Fakat işin gerçeği öyle değil. Şayet mütevazı olursak, bir çocuktan da pek çok şey öğrenebiliriz. Yeter ki o gözle bakabilelim. Fakat "Ben zaten biliyorum. Benim, kimsenin ilmine ihtiyacım yok." düşüncesinde olmak, hiçbir şey öğrenmediğimiz ve öğrenemeyeceğimiz anlamına gelir.

İslam âleminde çok önemli bir âlim olarak tanınan İmam Gazâlî dahi, "Kur'an'dan, sadece altı ayet öğrendim." diyor. Buradaki tevazuya dikkat edin!

Tevazu olmadan ilim öğrenilmez. Herkese; "Acaba ben bu kişiden ne öğrenebilirim?" diye bakmalıyız. Sürekli; "Birilerine bir şey öğreteyim." modunda hareket eden biri, kibirle hareket ediyor demektir. Böyle birinin bakış açısı; "Ben artık belirli bir seviyeye ulaştım, insanlar benden öğrenmeli." şeklindedir. Ancak bu, doğru bir bakış açısı değildir. Bu nedenledir ki Allah (C.C.), İsrâ suresi 36. ayetten sonra 37. ayette; "Hem kibirli kibirli yürüme! Zira ne kadar kibirlenirsen kibirlen, ne yeri yarabilirsin ne de dağların boyuna erişebilirsin. Böylesi davranışların hepsi kötü olup, Rab'binin nazarında hoş görülmeyen şeylerdir." buyurur. Ayette; "Artık ben oldum!" diyenler için; "Kibirli kibirli yürüme!" denilmektedir. Şayet öğrenmek istiyorsak, tevazu sahibi olmalıyız.

Öğrenme konusunda şevkli olmalı, bilmediğimiz bir şeyi öğrenmek için gayret göstermeliyiz. Müslüman, sürekli öğrenmek ve hayat yolculuğunda ilim ve delillerle ilerlemek zorundadır. Öğrenmeden, hakkında bilgi sahibi

---

9. Enbiyâ Suresi, 79

olmadan, körü körüne ehil olmayan hiç kimseyi takip edemeyiz. Önce öğrenip test etmeli, sonra takip etmeliyiz.

Peki, bunun için ne yapmak, nasıl bir yol izlemek gerekir?

Allah (C.C.) bize, Yûsuf suresinin 108. ayetinde bu konu ile ilgili çok güzel bir yol haritası veriyor:

Yûsuf 108- "Ey Resul'üm de ki: 'İşte Ben'im yolum budur! Ben; insanları Allah'ın yoluna, düşünmeksizin, taklit yolu ile değil; delile dayanarak, idraklerine hitap ederek davet ediyorum. Ben de bana tabi olanlar da böyleyiz. Allah'ı bütün eksikliklerden tenzih ederim. Ben, asla müşriklerden değilim.'"

Ayette; "Basiretle Allah'a çağırırım." buyurularak, Resulallah'ın (S.A.V.) mealen; "Açık bir basiret ve bilinçle, taklitten uzak, düşünülerek analiz edilmiş, sebepler yerine getirilerek, realiteden kopuk olmadan din anlatıyorum ve insanları bu şekilde dine davet ediyorum. Bana tabi olanların yolu da budur." dediği bildiriliyor.

Peki, Resulallah (S.A.V.) İslam'ı bu şekilde; yani basireti açık, taklitten uzak, bilinçli, muhatabının hikmetle, anlayacağı şekilde anlatıyor ve "Bana tabi olanlar da böyle." diyorsa, bizler cahil kalabilir miyiz? Ya da İslam'da, hiçbir karşılığı olmayan batıl inançlarla hareket edebilir miyiz? Elbette hayır.

Bu ayette anlatılan öğretiyi uygulamadığımızda neler olacağını da şöyle izah edebiliriz:

Sizce bir fikrin, bilginin ya da verinin hakkında; yeterli bilgiye sahip olmadan, onu yeterince araştırmadan inanan ve kim ne derse, onun peşine takılan insanların oluşturduğu bir toplum nasıl olur? Düşünün! Planlı bir şekilde, sürü psikolojisi ile cahil bırakılan böyle toplumların; nasıl kolayca yönlendirildiğini ve böyle toplumlarda nasıl cinayetler işlendiğini; bugün bazı ülkelere baktığımızda, daha net anlayabiliriz.

Bilgisi olmayan, araştırıp öğrenmeye gayret etmeyen ve sürü psikolojisi ile cahilce hareket edenler; hep zarar eder. Dünya tarihinde bunun örneklerine çok rastlanır. Mesela; Naziler tarafından Yahudilere yapılan zulüm ve o süreç buna iyi bir örnektir. "Benim politik görüşüm bu. Ben bunu bilir, bunu savunurum. Bu konuda başkalarının ne dediği umurumda değildir." diyen bir Nazi savunucusuna, "Hastaya, yaşlıya, kadına, çocuğa haksız yere zulmediliyor. Yapılan bu zulmü, görmüyor musun?" denildiğinde, ne cevap vermesi beklenir? "Beni ilgilendirmez. Ben, genelin ne düşündüğüne bakarım. Onlara bunu yapanların, mutlaka bir bildikleri vardır." der, öyle değil mi? Ne araştırır ne görür ne de duyar. Hamile kadınlar, çocuklar, yaşlılar insanların gözleri önünde gaz odalarına kapatılır; çocuklar anne-babalarından mahrum kalır, hapishanelerde, kamplarda büyür; masum insanlara zulmedilir, tüm insani hakları ellerinden alınır; fakat toplumdan hiçbir ses çıkmaz. Kimse olanlara "Dur!" demez. Neden? Çünkü bu durumdaki bir toplum; bilmediği şeyin peşinden giden, araştırmayan bir toplumdur. İnsanların zihinleri körelmiş, hatta âdeta ölmüştür. İşte ayette; "Yapmayın!" denilerek tam da bu durum tarif ediliyor.

Peki insanlar, neden böyle davranıyorlar? Ve bu yapılanların karşılığı ne olacak?

Bu soruların cevapları da ayetin devamında şöyle veriliyor:

"İnnes sem'a vel basara vel fuâde kullu ulâike kâne anhu mes'ûlâ. - Çünkü kulak, göz, kalp gibi azaların hepsi de sorguya çekilecektir."

Allah (C.C.), ayette insanın; mesul olduğu ve sorguya çekileceği üç şeyden bahsediyor: İşitme, görme ve fuad.

Bunlarla ilgili detaya girmeden, öncelikle ayette geçen "ulâike" kelimesi ile ilgili kısa bir açıklama yapalım.

Allah (C.C.) ayette, "işitme, görme ve fuad" için "ulâike" kelimesini kullanıyor. Arapça gramerinde, "ulâike" işaret zamirlerindendir ve "onlar, bunlar" anlamına gelir. Bu kelime, Kur'an'da; kıymetli bir varlık olan insan ve müminler için kullanılır. Allah'ın en güzel şekilde yarattığı varlık olan insan için kullandığı "ulâike" kelimesini; "işitme, görme ve fuad" için de kullanması, bu kelimeleri ne kadar önemsediğini gösteriyor.

Peki, neden ayette önce işitme, sonra görme ve daha sonra da fuad sayılıyor? Bu sıralamanın sebebi nedir?

Ayette işitmenin önce sayılmış olması, önemli bir şifredir. Bu şifre ile bize; eğer Rab'bimizin hidayetine göre ilim sahibi biri olmak istiyorsak; öncelikle dinlemeyi öğrenmemiz ve aktif dinlememiz gerektiği öğretilir.

Gelin, bunun ne anlama geldiğini daha iyi anlamak için "dinleme" konusunun üzerinde biraz duralım.

Üç çeşit dinleme vardır. Bunları kısaca açıklayalım.

Birinci seviye dinlemede, kişi muhatabını hakikaten dinlemez. Çünkü muhatabı konuşurken o, "Ben ona nasıl cevaplar verebilirim?" diye düşünüyordur. Konuşma boyunca hep atak hâlindedir ve gardı yüksek bir şekilde, "Şu söylediğine şöyle cevap vereyim." diyerek bekleyip durur. Bu şekildeki bir dinleme, en düşük seviyedeki dinlemedir ve gerçek bir dinleme değildir. Bu şekilde dinleme yapıyorsak, muhatabımızın ne dediğini hiç duymuyoruz demektir.

İkinci seviye dinlemede, kişi sadece muhatabına konsantredir. Tamamen ona odaklanmış bir şekilde, onun ne dediğini dinler. Bu da eksik bir dinleme şeklidir. Çünkü bu dinleme çeşidinde dinleyici, anlatana o kadar konsantredir ki etrafında olan başka hiçbir şeyi görmez.

Üçüncü seviye dinleme ise, en ideal olan dinleme şeklidir. Bu seviyede dinleme yapan bir kişi, hem muhatabını dinler hem de çevresinde olanlara vâkıf olur. Muhatabını sabırla dinler, onun ne anlatmak istediğini anlamaya çalışır ve fikrini tamamlamasını bekler.

Muhatabımızı; ona cevap vermek, onunla kavga etmek için değil, bir şeyler öğrenmek için dinlemeliyiz. Gerçekten öğrenmek istiyorsak, öncelikle dinlemeyi bilmemiz gerekiyor. Dinleyemeyen kişi; öğrenemez ve muhatabıyla da kaliteli bir ilişki kuramaz. Bundan dolayıdır ki Allah (C.C.) ayette,

"Bilmediğin şeyin peşine düşme!" dedikten sonra, bunu nasıl yapabileceğimizin şifrelerinden ilki olarak, dinlemeyi emrediyor. Bu da mealen, "Dinlemeyi bil, işiten bir varlık ol, muhatabını duy, vücut dilini anla." demektir.

Ayette mealen; "İşitme sorgulanacak." denilerek, dinlediklerimizin hepsinden sorgulanacağız da anlatılıyor. Buradaki işitme olayı ile ilgili iç dünyamıza dönmeli ve kendimize sormalıyız: Dedikodu gibi bizi ilgilendirmeyen şeyleri mi dinliyoruz; yoksa başka şeyler mi dinliyoruz? Bunların hepsinden hesaba çekileceğiz. Bu konuda dikkatli olmalı ve kalbimizi korumalıyız.

Peki, dinleme neden bu kadar önemlidir?

Çünkü doğru dinlemeyen bir insanın, görmesi de eksik kalır. Yani doğru dinleyemeyen birinin, bakış açısı da yanlıştır. Burada bahsedilen "görme" sadece gözün görmesi olarak düşünülmemeli. Görme, aynı zamanda bakış açısı da demektir. Yanlış bilgileri dinleyen biri, bakış açısını da yanlış bir şekilde geliştirir. Geliştirdiği yanlış bakış açısı da kişiye yanlış kararlar aldırır.

Bazı insanlar, sadece gördüklerine göre yargılama gibi bir özelliğe sahiptir. Mesela kişi, birinin nasıl giyindiğine bakıp, zihninde onunla ilgili hemen bir yargı oluşturabilir. Daha sonra da zihninde bir yargı oluşturduğu o kişinin, hikmetle konuştuğunu görüp çok şaşırır. Böyle birçok insan vardır.

Daha iyi anlaşılması için şöyle bir örnek verelim: Önceden hiç dinlemediğiniz birinin bir konuşma yaptığını ve anlattıklarının sizi çok etkilediğini, âdeta mest olduğunuzu düşünün! Bu kişi; anlattığı konuyu, ayetleri, hadisleri çok güzel açıklıyor olsun. Sizin de bu konuşma esnasında, bu kişiyi görmediğinizi düşünelim. Ve duyduklarınız karşısında; "Ne güzel anlatıyor! Söyledikleri âdeta kalbime dokundu, içim nasıl da ferahladı. Allah, bu kişinin hikmetini artırsın. İlmine hayran kaldım." diyorsunuz. Konuşmanın sonrasında da bu kişiyi görmek için bekliyorsunuz, ancak karşılaştığınız manzara sizi şok ediyor. Az evvel dinlerken sizi etkileyen kişinin dış görünüşü, hiç de beklediğiniz gibi değil. Şimdi düşünün! Böyle bir durumda ne hissedersiniz?

Unutmayın! Ön yargılar, geliştirdiğimiz yanlış bakış açıları, bize yanlış kararlar aldırır. Ön yargılarımız; istifademizi ve duyup öğrendiklerimizi kaybetmemize neden olabilir. Sadece gördüklerimize göre karar verir ve karşımızdakini dinlemezsek; doğru dinleyemez, doğru bakış açısı geliştiremez ve dolayısıyla da yanlış kararlar veririz.

Bakın, bu nokta çok önemlidir. Bakış açısı, ancak doğru dinlemeden sonra geliştirilebilir. Eğer dinlemezsek; kendi nefsimize, kendi idrakimize göre karar veririz. Önce açık görüşlü olup, karşımızdakini yargılamadan dinlememiz lazım. Bu şekilde dinlediğimizde, bakış açımız çok farklılaşır.

Bununla ilgili, Resulallah'ın (SA.V.) hayatından bir örnek verelim.

Müşrikler, Resulallah'ın (S.A.V.) anlattıklarının duyulmasını istemedikleri için; her ortamda, O'nun (S.A.V.) konuşmasını engellemeye çalışıyorlardı. Resulallah (S.A.V.) konuşurken, Kur'an okurken; kulaklarını tıkıyor, bu da yetmezmiş gibi O'nu (S.A.V.) kimse duymasın diye; el çırpıyor, değişik sesler çıkarıyor ve gürültü yapıyorlardı.

Kabilenin meşhur şairlerinden birine; "O'nun yanına git; ama dikkat et! Sakın! O'nun konuştuklarını dinleme, kulaklarını tıka." demişlerdi. Bu şair bir gün Resulallah'ı (S.A.V.) görmeye gelmişti. Resulallah'ın söylediklerini duymamak için kulaklarına bir şeyler takmıştı. Tam geri döneceği sırada, kendi kendine dönüp; "Ben ne yapıyorum böyle? Kabilemin en önde gelen şairi değil miyim? Niye O'nu dinlemiyorum ki?" demiş ve kulağına taktıklarını çıkarmaya karar vermişti. Kulağındakileri çıkartıp Resulallah'ı (S.A.V.) dinledikten kısa bir süre sonra hakikati duymaya başlamış; hakikati duyduktan sonra da iman etmişti.

Kur'an'da, burada bahsettiğimiz olaydaki gibi müşriklerin; Resulallah'ın (S.A.V.) anlattığı hakikatler duyulmasın diye, geliştirdikleri birçok stratejinin olduğundan bahsedilir.

Unutmayalım! Dinlemezsek, yanlış bakış açışı geliştiririz. Zaten bu nedenle; "işitme" çok önemlidir ve en önce gelir. Cahil bırakılan toplumlar analiz edildiğinde; bu toplumlarda, hakkın duyulmaması için her türlü propagandanın yapıldığı, farklı stratejiler uygulandığı görülür.

Mesela; günümüzde de bazı ülkelerde mazlumlar konuşamıyor, kendilerini ifade edebilecekleri ortamlardan uzak tutuluyorlar. Onların seslerinin duyulması, yapılan zulümlere engel olunması ve mazlumlara sahip çıkılması adına çok önemlidir. Ancak bu; insanlara zulmedenlerin hiç de hoşuna gitmeyen bir durumdur. Onlar, sadece kendi çıkarlarını düşünür, propagandalarının duyulmasını ister ve bunun için de her türlü stratejiyi uygularlar. Böyle bir toplumda da; hakkı duymaları engellendiği, doğru kaynaklarla beslenmedikleri için insanların bakış açıları gelişemez ya da yanlış gelişir.

Buraya kadar; ayette geçen, "işitme" kavramı ile onun ardından gelen görmeden, yani bakış açısından bahsettik.

Ayette, üçüncü ve son olarak kullanılan "fuad" kelimesi ile konumuza devam edelim.

Kur'an'da kalp için iki kelime kullanılır; bunlardan birincisi "kalp", ikincisi ise "fuad"dır. "Fuad" kelimesi, "feada" fiilinden gelir ve "yanan" anlamındadır. Yani bu kelime ile sevinç, nefret, heyecan, endişe, panik, kıskançlık gibi çeşitli duyguların aşırıya gitmesinden dolayı enerjisi yükselerek; alev alev yanan, cayır cayır olmuş, küt küt atan, coşmuş bir kalp kastedilir.

Allah (C.C.) ayette bize; bu kalbin de hesaba çekileceğini bildiriyor. Yani mealen; "Çok fazla ilme sahip olsan, Kur'anı'ı ezbere bilsen ve çok güzel analizler yapsan bile; şayet duygularını kontrol edemeyip, iç dünyanı sakinleştiremiyorsan; bildiğin o ilim, hiçbir işe yaramaz." deniliyor.

Duygularımızı kontrol etmeyi bilmemiz lazım. Alev alev olmuş o "fuad"ı, o kalbi ilimle, delillerle, Kur'an'da verilen örnekleri hayatımıza uygulayarak frenleyemezsek; öğrendiğimiz o ilmin bize bir faydası yok demektir. Kararlarımızı duygularımıza, komplekslerimize göre veriyorsak bu; sahip olduğumuz ilim, bize fayda sağlamıyor demektir.

Burada, "fuad" kelimesi ile ilgili şu ayrıntıdan da bahsedelim.

"Fuad" kelimesi "feid" şeklinde kullanıldığında "bitmiş ürün" anlamına gelir. Bu da bütün verilerden sonra, son kararı alan, son akıl; yani "kalbin düşünmesi" anlamına gelir.

Daha iyi anlaşılması için, biraz açıklayalım.

Ayetin tamamına baktığımızda, insanın karar vermesi ile ilgili iki etken olduğunu görürüz. Bunlar:

1- İlim ve deliller

2- Duygular

Ayette mealen, "Bilmeden, araştırmadan, doğru bir şekilde duymadan, görmeden ve bunlara göre doğru bir bakış açısı geliştirmeden; kalbini alevlendirip karar verme. Kalbinin küt küt attığı meselelerde; sakın, sakinleşmeden karar verme. Önce duygu kontrolünü yap!" buyruluyor. Duygu kontrolünün nasıl yapılması gerektiği de ayetin devamında mealen; "Bil, araştır, dinle!" denilerek anlatılıyor. Yani bize; doğru bir bakış açısı geliştirdikten sonra, yanan bir kalple değil de sakin, mutmain olmuş bir kalple karar vermemiz emrediliyor.

Duygu kontrolü, çok önemlidir. Öyle ki toplumlar; duygular kullanılarak manipüle edilebilir. Sürü psikolojisi ile hareket ettirilip, araştırmayan, düşünmeyen bir kitle oluşturulabilir. Nasıl mı? Örneğin, propaganda yapılarak insanlara yanlış bilgiler veriliyor. İnsanlar da araştırmayıp, duyduklarına göre bakış açısı geliştirip kararlar veriyorlar. Yani artık yanan, tutsak hâline gelmiş, paralize olmuş bir kalple karar vermeye başlıyorlar. Öyle ki, ne kadar büyük bir suç işlenmiş olursa olsun; bu durum, artık onlara normal gelmeye başlıyor. Maalesef, günümüzde buna verilecek pek çok örnek var. Mesela; Uygur Türklerine, Gazze halkına; yıllardır tüm dünyanın gözü önünde zulmediliyor. Ve bu durumu normalleştiren, araştırmadan yorum yapıp cahilce hareket eden pek çok insan var.

Burada, şu noktaya da dikkat etmek lazım.

Bazı insanlar, bahanelerin ardına saklanır ve yaptıkları yanlışları asla kabul etmezler. Onların sürekli; "O an enerjim çok yükseldi, kendimde değildim. Bu nedenle de seni dövdüm. Bu yüzden sana eziyet ettim. O an öyle sinirlenmiştim ki, kendimi kontrol edemedim. Yoksa beni tanıyorsun, ben böyle biri değilim. Bu hareketi yapma sebebim aslında şuydu." dediklerini duyarsınız.

Ayette, tüm bunlara karşı da mealen; "Bu söylediklerinin bir hükmü yok! Duygularınla hareket edemezsin. Bu tür bahaneler seni kurtarmaz, çünkü sen mesulsün ve bundan dolayı hesaba çekileceksin. Bu nedenle de duygu kontrolünü öğren." deniliyor.

Şöyle düşünün! Kur'an'da peygamber kıssaları neden var? Bu kıssalarda; ne zaman nasıl davranılacağı, hangi davranışların ne gibi sonuçları olduğu anlatılmıyor mu?

Örneğin; Yakup'a (A.S.) ve onların yaşadıklarına bir bakın! (Yakup için bkz.)[10]

Musa (A.S.) duygu kontrolü konusunda bizim için çok önemli bir örnektir. O'nun (A.S.) enerjisi yükseldiğinde attığı bir yumrukla, bir adam ölmüştür. Yine İsrailoğulları kurban edilecek ineğin ayrıntılı tarifini istediklerinde; "Böyle cahillere karışmaktan Allah'a sığınırım."[11] diyerek enerjisini kontrol etmeye çalışmıştır. Yani hayatının birçok kesitinde, duygularını kontrol edebilmek için sürekli mücadele etmiştir. Bu nedenle de Musa'nın (A.S.) hayatı, bizim için çok önemli şifreler barındırır.

Yakup'un (A.S.) hayatına bakalım. O (A.S.), torunlarının dahi artık kendisiyle dalga geçtiği bir anda, "Ben sıkıntımı, keder ve hüznümü sadece Allah'a arz ediyorum."[12] demişti. O anda enerjisi çok yükselmiş; fakat yükselen o enerjiyi kontrol altında tutmuştu.

---

10. Yakup (A.S.): İbrahim'in (A.S.) torunu, Yusuf'un (A.S.) babası ve İsrailoğullarının atası olan peygamberdir. İshak'ın (A.S.) oğlu Yakup (A.S.), Kur'an-ı Kerim'e göre peygamber, Yahudi inancına göre İsrail'in ataları diye adlandırılan üç kişiden biridir. (Diğerleri İshak (A.S.) ve İbrahim'dir (A.S.). (İDB, II, 786) ve İsrailoğullarının isim babasıdır. Yakup kelimesinin aslı İbrânice Yaakob'dur (Yaakov). Tevrat'taki bir ifadeye göre; Yakup'a (A.S.) Tanrı tarafından "İsrail" adı verilmiştir. (Tekvîn, 35/1-15)
11. Bakara Suresi, 67
12. Yûsuf Suresi, 86

Bakın onlar, kalbin karar verici bir merci olduğunu ve vereceği bir karardan dolayı da sorgulanacağını biliyor ve ona göre aksiyonlar alıyorlardı. İşte ayette de bize; duygularımızı kontrol etmemiz, sakin kalıp doğru verilerle karar verip, doğru aksiyonları almamız gerektiği anlatılıyor.

Toparlayalım.

İsrâ suresi 36. ayette anlatılanlar, insan hayatında olmazsa olmaz hidayetlerdendir. Allah (C.C.) bu ayetle, duygu kontrolünün nasıl olması gerektiğini, neye göre ve nasıl karar vermemiz gerektiğini öğretiyor.

Hayatımızda ne yaşarsak yaşayalım, hangi pozisyonda olursak olalım, enerjimiz yükseldiğinde; heyecan, kızgınlık, sevgi gibi kalbimizi küt küt attıran duygular yaşadığımızda, kalbimiz alev alev yandığında; karar vermeden, aksiyon almadan önce; bazı şartları yerine getirmemiz gerekiyor. Önce sakinleşmeli, bilmediğimiz alanlar varsa, onları öğrenmeliyiz.

Allah (C.C.) bize; bilmediğimiz bir haber getirildiğinde, onu araştırmamız gerektiğini emrediyor.[13] Buna dikkat etmeliyiz. Enerjimizin yükseldiğini, kalbimizin alevlendiğini fark ettiğimiz anlarda; "Bir dakika! Acaba ben bunu biliyor muyum? Dinlediğim haber doğru mu? Ona göre mi bakış açısı geliştirdim? Ben bunu bir araştırayım, bilmediğim şeyin peşine düşmeyeyim." demeliyiz.

İç dünyamızda frenlerimiz olmalı ve o frenlere göre karar vermeliyiz. Aldığımız haber, bilgi yanlış olabilir. Karşı taraf dinlenilmemiş; bize eksik ve yetersiz bilgi ulaştırılmış olabilir. Gerçekten anlatıldığı gibi mi oldu? Farklı bir açıdan bakıldığında mesele değişir mi? Bunları düşünmeli, araştırmalı ve bilmediğimiz şeyin peşine düşmemeliyiz. Sadece duygularla hareket etmemeli, tek bir bakış açısına göre kalbimizi alevlendirmemeliyiz. Ayette; alevlenen bir kalple, cayır cayır yanan duygularla karar vermememiz, aksiyon almamamız gerektiği bildiriliyor. Kararlarımız mantık çerçevesinde olmalıdır. Zaten Kur'an'da; duygularla, kontrolsüz bir biçimde davranma "cahl", akılla hareket etme ve frenli olma da "akl" kelimesiyle tarif edilir.

13. Hucurât Suresi, 6

Dinlemeyi bilmeli, bize gelen bilgileri test ettikten sonra, bir bakış açısı geliştirmeliyiz. Daha sonra da geliştirdiğimiz o bakış açısına göre duygularımızı kontrol etmeli ve buna göre kararlar almalıyız. Tüm bunlar; hikmet sahibi, balanslı bir insanın davranışlarıdır.

Kaliteli, balanslı bir insan mı olmak istiyoruz? Kalbimizi sakinleştirmek, duygularımızı kontrol edebilmek mi istiyoruz? Doğru dinlemek, doğru bakış açısıyla doğru kararlar mı almak istiyoruz? Bunları nasıl yapabileceğimizle ilgili şifre ve çözümler, Kur'an ve Sünnet'te anlatılmıştır. Bu çözümleri analiz etmeli ve hayatımızı bu hidayetlere göre dizayn etmeliyiz.

Bu bölümde, "Duygu kontrolü nasıl olmalıdır?" sorusunun cevapları üzerinde durup işitme ve işittiklerimizle geliştirdiğimiz bakış açılarından bahsettik. Duygularımızı, ayette tarif edilen stratejilere göre kontrol edebiliriz. Ne işittiğimize dikkat etmeli, duyduklarımızı test etmeli, bilmediğimiz şeyin peşine düşmemeliyiz. Bakış açımızı, doğru dinleyip öğrendiklerimize ve test ettiklerimize göre geliştirmeliyiz. Kalbimizi, duygularımızı kontrol etmeli, bunlardan mesul olduğumuzu unutmamalıyız. Alacağımız kararları, kalbimiz sakinleştikten sonra, enerjimiz normale döndüğünde almalıyız. Yani ilk heyecanla, o hararetli anlarda hemen duygularımıza göre reaksiyon vermemeliyiz.

Bir sonraki bölüme geçmeden önce, burada anlatılan hidayetler üzerinde düşünüp kendimizi muhasebe edelim.

10- Kibrin Analizi ve Serinin Genel Değerlendirilmesi

Musa'ya (A.S.) verilen "On Emir"in Kur'an'daki karşılığı olan İsrâ suresi ayetlerinin analizlerinde, şimdilik son bölüme geldik. Bir önceki bölümde, İsrâ suresinin 36. ayetini analiz ederek; balans sahibi bir insan olabilmek için gereken duygu kontrolünün öneminden bahsettik. Ayrıca bir şeyi körü körüne takip etmeyip; ilim ve delillerle ilerlemek gerektiğinin üzerinde durduk. Bu bölümde ise; İsrâ suresinin 37, 38 ve 39. ayetlerini inceleyecek ve çok önemli bir konu olan "kibir" üzerinde duracağız. Daha sonra da genel bir değerlendirme yapacağız.

Kibir, insan hayatını mahvetme potansiyeli olan en tehlikeli duygulardandır. Bu nedenle de Kur'an'ın birçok ayetinde bu konu işlenir. Örneğin Allah (C.C.), Lokmân suresinin 18. ayetinde kibirli kimselerle ilgili şöyle buyurur: "Çünkü Allah; kibirle kasılan, kendini beğenmiş, övünüp duran kimseleri asla sevmez." Yine, inceleyeceğimiz ayetlerden olan İsrâ suresinin 37-38. ayetlerinde ise aynı hidayet şöyle anlatılır:

İsrâ 37- "Ve lâ temşi fîl ardı merahan, inneke len tahrikal arda ve len teblugal cibâle tûlâ."

İsrâ 38- "Kullu zâlike kâne seyyiuhu inde rabbike mekrûhâ."

İsrâ 37;38- "Hem kibirli kibirli yürüme! Zira ne kadar kibirlenirsen kibirlen, ne yeri yarabilirsin ne de dağların boyuna erişebilirsin. Böylesi davranışların hepsi kötü olup, Rab'binin nazarında hoş görülmeyen şeylerdir."

Ayetlerin detaylarına geçmeden önce; Allah'ın (C.C.) bu ayetler öncesinde hangi konulardan bahsettiğini, kısaca hatırlayalım.

Allah (C.C.) İsrâ suresinin 36. ayetinde, "Bilmediğin şeyin peşine düşme! Çünkü kulak, göz, kalp gibi azaların hepsi de sorguya çekilecektir." buyuruyor. Yani kibir konusuna gelinmeden önce; ilim konusundan, kişinin bilmediği şeyin peşine düşmemesi, öncelikle onu araştırıp öğrenmesi gerektiğinden ve bunun nasıl yapılacağından bahsedilip; gözün, kulağın ve kalbin (fuad) sorumlu olacağı anlatılıyor. İlginçtir ki, ilim konusu anlatıldıktan hemen sonra da karşımıza, kibir konusu ile ilgili ayetler çıkıyor.

Peki, bu sıralamadan ne anlamalıyız?

İlim sahibi olmak, bir insan için gerekli ve çok faydalı olan bir özelliktir. Fakat doğru yönetilmezse, insanı kibre ve dolayısıyla da helak olmaya yöneltecek bir potansiyele de sahiptir. Yani öğrenilen bir ilim, insanı helak edebilecek bir konu hâline gelebilir.

Peki, bu nasıl olur?

İlim öğrenip, gelişmeye başlayan insanın, öğrendiği ilmi kendinden bilme ve "Ben her şeyi biliyorum" düşüncesiyle, kibirlenme ihtimali olabilir. Böyle bir hissiyat, nefsin kibirlenmesidir ve insanın başına bela olabilir. Oysa ilim, insanı tevazu sahibi yapmalıdır. İlim sahibi olan bir insan, bildiklerinin çok sınırlı olduğunu idrak etmeli ve devamlı öğrenmeye çalışmalıdır. Yeni şeyler öğrenip, ilmi arttıkça da "Ben bilmem." demesini bilmelidir. Bu, mütevazılıktir. Nasıl ki meyvesi çok olan bir ağacın dalları, yere daha yakındır. Aynen öyle de ilmin, kişiyi tevazu sahibi yapması gerekir. İşte bu sebeple; ilimden bahsedilen ayetlerin ardından, kibir konusunun işlenmesi çok anlamlıdır.

Doğru kullanılmayan ilim, insanın başına bela olur. Kur'an'ın birçok ayetinde, kendilerine ilim verildikten sonra balansını kaybeden, yanlış yola sapan insanlardan bahsedilir. Bu nedenledir ki son peygamber Muhammed'in (S.A.V.) en çok yaptığı dualardan biri; "Allahümme innî es'elüke ilmen nâfian ve rızkan tayyiben ve amelen mütekabbelen. - Ey Allah'ım! Senden yararlı ilim, güzel (helal) rızık ve makbul amel dilerim." duasıdır.[1]

Bu duadaki "ilmen nâfian" ifadesi ile talep edilen ilim, insana dünya ve ahirette fayda sağlayan ilimdir. Bu ilim, insanın Allah'la arasındaki bağı kuvvetlendiren, dinî emirleri yerine getirme konusundaki hassasiyetini arttıran bir araç gibidir. Ancak faydalı ilim sahibi olmayan kişi; bu dengeyi tutturamadığı için her an, kibre girme tehlikesi ile karşı karşıyadır.

---

1. İbni Mace, Sünen, II, 85, h. 925

Gelin, konuyu daha iyi anlayabilmek için ayetin detaylarına inelim.

Allah (C.C.), İsrâ suresi 37. ayette; "Ve lâ temşi fil ardı merahan, inneke len tahrikal arda ve len teblugal cibâle tûlâ. - Hem kibirli kibirli yürüme! Zira ne kadar kibirlenirsen kibirlen, ne yeri yarabilirsin ne de dağların boyuna erişebilirsin." buyuruyor.

Ayette geçen; "merahan" kelimesinin anlamı üzerinde biraz duralım. Bu kelimenin kökü, "me-ra-ha"dır ve birçok anlamı vardır. Bu anlamlarından bir tanesi, "şiddetül farah"tır. Bu da "kendini kaybetmişcesine bir refah ve şımarıklık içinde olmak" demektir.

Arapçada saadetin, mutluluğun, zevkin, ferahın en şiddetlisi ve en üstünü; "farah" kelimesiyle tarif edilir. Ayrıca "farah", yapmamamız istenen ve kınanan bir davranış ifade edilirken de kullanılmaktadır. Örneğin Allah (C.C.); Karun'un kendisine verilen servete güvenerek kibirlenmesi, bir eğlenceden başka bir eğlenceye koşarak yaşamasından dolayı Kasas suresinde; "Lâ tefrah innallâhe lâ yuhıbbul ferihîn. - Farah olma, Allah 'farah' içinde olanları sevmez!"[2] buyurmaktadır. Buradaki "farah" kelimesi ile Karun'un şımarıklığı, kibirlenip imkânlarını, makamını, zenginliğini; gösteriş için, insanları hor görmek için kullanması kastedilmektedir. İsrâ suresi 37. ayette geçen "merah" ise, mana olarak; "farah"ın çok daha fazla abartılı hâlini ifade eder.

"Meraha" kelime kökünden türeyen kelimeler incelendiğinde, kelimenin genel anlamının; "bir şeyin kolayca bir yerden çıkması, sıyrılması" demek olduğu görülür.

Bunu, şöyle bir örnekle de açıklayabiliriz: Uzun bir süre hiçbir şey yiyip içmediğinizi düşünelim. Böyle bir durumda, önünüze bir sürü ikram getirilip, bunları yiyebileceğiniz söylendiğinde; "Onu da yiyeyim, bunun tadına da bakayım." diyerek kontrolünüzü kaybedip hepsinden yemek istersiniz, öyle değil mi? İşte, bu örnekte de tarif edildiği gibi "merah" kelimesi ile kastedilen, bir kontrolsüzlük ve acelecilik hâlidir. Yani bu kelime genel

2. Kasas Suresi, 76

olarak; "düşünmeden hareket etme, dürtüsel ve fevri davranma" anlamlarına gelir.

"Yeryüzünde merah ile hareket etme!" denildiğinde bu; "Kontrolsüz bir biçimde hareket etme, dürtüsel davranma, 'Onu da alayım, bunu da alayım, şu da olsun, bu da olsun.' diyerek amaçsız bir biçimde, sadece içinden gelen duygularla hareket edip durma!" anlamına gelir. Böyle bir ifadeyle muhatap olan insanın aklına da şunlar gelmelidir:

"İmkânların genişlediğinde, ilim sahibi olduğunda ya da statün değiştiğinde, kendini kaybetme! Geçmişini unutup, insanlara tepeden bakma! 'Ben, artık her istediğimi yapabilecek imkân ve güce sahibim.' deyip kibirlenme! Unutma! Bu ilim ve imkânlar, sana Allah tarafından verildi. Bunların hepsi, aslında birer imtihan vesilesi; yani nasıl hareket edeceğin konusunda test edilmen için verildi. Dikkatli ol! Kontrolünü kaybetme! İmkânların arttı diye, yayından kolayca fırlamış bir ok gibi; değerlerinden, geçmişinden kopma! Biraz farklılaştın, imkânların arttı diye hemen; sınır tanımaz, her istediğini yapabilen, kimseyi beğenmeyen biri moduna girme! Sakın yeryüzünde bu hissiyatla dolaşma!"

İşte, "Yeryüzünde merah ile hareket etme!" ifadesi ile anlatılanlardan biri, yukarıda sayılan tüm bu tehlikeli davranışlardır.

Kişi; elde ettiği imkânlar, artan statüsü, ilmi, zenginliği sebebiyle kendini kaybederek geçmişini, bu hayat yolculuğunda kendisine destek olanları unutmamalıdır. Ayet, böyle davrananlara âdeta bir cevap niteliğinde; "İnneke len tahrikal arda ve len teblugal cibâle tûlâ. - Zira ne kadar kibirlenirsen kibirlen, ne yeri yarabilirsin ne de dağların boyuna erişebilirsin." denilerek devam ediyor.

Buradaki, "İnneke len tahrikal arda. - Ne yeri yarabilirsin." ifadesinde kullanılan "tahrika" kelimesinin kökü, "haraka"dır. Bu kelime Arapçada; "kesme, yırtma, koparma" anlamlarına gelir. Örneğin, yırtılmış bir kumaşı tarif etmek için "haraka" kelimesi kullanılır.

İşte bu kelime kullanılarak ayette mealen; "Adımlarını yere basarken dikkatli ol! Sen yeri yaramazsın; sakın, kendini bir şey sanma! 'Artık ben oldum; gücüm-kuvvetim, malım-mülküm, çevremdeki saygınlığım arttı. İnsanlar beni önemsiyor, söylediklerimi dinliyor. İşte tüm bunlara dayanarak, yere sağlam basıyorum.' deme! Çünkü sen; küçük, zayıf ve aciz bir varlıksın!" denilmektedir.

Ayetin devamında, "Ve len teblugal cibâle tûlâ. - Ne de dağların boyuna erişebilirsin." buyruluyor. Bu da mealen; "Kaf Dağı kadar olan o kibrin, sakın başını döndürmesin! Sonuçta sen, ne dağların boyunu aşabilir ne de adımlarınla yeri yarabilirsin!" demektir. Ayrıca bu; kendine duyduğu sonsuz güvenle, "Ben oldum. Bu saatten sonra artık bana kim, ne yapabilir ki?" ya da "Artık o kadar geliştim, o kadar kendimden emin bir hâle geldim ki, âdeta dağlar kadar oldum." diyen, egosu büyümüş bir insana yapılan, ciddi bir hatırlatma ve uyarıdır.

Bizler zayıf, küçük, aciz varlıklarız. Asıl ve unutulmaması gereken realite; bizim kul oluşumuzdur. İmkânları değişen; nimetleri artırılan, genişletilen bir insanın nefsi; ne yazık ki bu hakikati unutup kendini beğenmişliğe ve kibre girme tehlikesi ile karşı karşıya kalabilir. Bu konuda dikkatli olmalıyız.

Kibir konusunu incelemeye devam edelim.

Kibir; büyüklenmek, kendini başkalarından üstün görerek onları aşağılamak demektir. Âlimler bu konu üzerinde çok durmuşlar. Çünkü kibir, öyle tehlikeli bir nefsî hastalıktır ki kalbine yerleştiği insana; cennetin kapılarını kapattırır. Hatta onun, cennetin kokusunu dahi almasını engeller. Resulallah (S.A.V.) bir hadisinde, "Kalbinde zerre kadar kibir olan kimse, cennete giremez."[3] buyuruyor.

Peki, bu hadisi nasıl anlamalıyız?

Şöyle izah edelim: Kibir; insanların arasına bir perde gibi gerildiğinden, cennete girmeye de engel olur. Cennetin kapıları, güzel ahlak ile açılır. Ancak kibir ve nefsi büyük görme, bu kapıları kapatır. Çünkü, kalbinde zerre kadar kibir olan bir insan; kendi nefsi için sevip istediğini, mümin kardeşi

---

3. Müslim, İman, 147; Ebu Davud, Libas, 26

için istemez. Bu karakterdeki biri, öfkeyi terk etmeye ve doğruluğa devam etmeye güç yetiremez. Haset, insanlarla alay etme ve gıybet gibi davranışlardan kurtulması da mümkün değildir.

Kibirli kişi kibrini, başkaları üzerinde bir güç olarak görür. Bu nedenle, kötü huylara devam ederek kibrini korumak ister. Bu konuda kendisine bir geri bildirimde bulunulduğunda da hatasını kabul etmez. O, nasihate açık olmaktan uzaktır. İşte, bundan dolayı da kalbinde zerre kadar kibir bulunan kimse, cennete giremez.

Kibrin en tehlikelisi; insanı ilimden istifade etmekten, hakkı kabullenmekten ve Hakk'a itaat etmekten alıkoyandır. Bunun en önemli örneğini, İblis'in şeytanlaşma serüveninde çok açık bir şekilde görüyoruz.

İblis, Allah'ın emrine karşı gelmiş ve kibirlenerek, Adem'e (A.S.) secde etmeyip, "şeytan" olma yolunda ilerlemişti. Allah (C.C.) bunu, Bakara suresi 34. ayette şöyle anlatır: "O vakit meleklere: 'Adem'e secde edin!' dedik. İblis dışındaki bütün melekler secde ettiler. İblis bunu yapmadı, kibrine yediremedi ve kâfirlerden oldu."

Âlimler kibir için, "Kibir, küfür ve inkârın en önemli sebeplerindendir." demişlerdir. Buradaki ayrıma dikkat edin! Kibir; küfür ile inkârın sadece sebeplerinden biri değil, en önemli sebeplerinden biri olarak kabul ediliyor.

Bakın! Şeytan, Allah'a (C.C.) inanıyor ve ibadet de ediyordu. Fakat mahlukata karşı kibirlendiğinden, onları küçük gördüğünden dolayı, Adem (A.S.) yaratıldığında Allah'a (C.C.) "Ben ondan üstünüm, çünkü beni ateşten, onu ise topraktan yarattın." dedi.[4]

Sahip olduğu haset ve kibir, şeytanı kâfir yaptı.

Şeytanın bu isyanından sonra, inkâr ve isyan edenlerin çoğu da kibirleri nedeniyle isyan etmişlerdir. Örneğin; Musa'nın (A.S.) apaçık delilleri karşısında, Firavun da hakikatleri inkâr etmişti. Allah (C.C.), bu konuyla ilgili Yûnus suresi 75. ayette şöyle buyuruyor: "Onlardan sonra da Firavun ile

---

4. Sâd Suresi, 76

ileri gelen yardımcılarına; Musa ile Harun'u delillerimiz, mucizelerimizle gönderdik. Ama onlar; büyüklük taslayıp kabul etmeyi kibirlerine yediremediler ve suçlu bir halk oldular."

Resulallah (S.A.V.) döneminde de hakikatleri inkâr edenler, o dönemin zengin ve ileri gelenleriydi. Onlar da kibirlerinden dolayı inkâr etmişlerdi. Allah (C.C.) Muddessir suresinin 22, 23, 24. Ayetlerinde, onların içinde bulunduğu bu durumu ve hissiyatlarını şöyle anlatır: "Derken suratını astı, kaşlarını çattı. Sonra da sırtını döndü, kibrinden kabardı, arkasına bakmadan çekip gitti! 'Bu, büyücülerden nakledilen büyüden ibarettir.' dedi."

Arz edilen ayetlere dikkatle bakıldığında, kibirlilerin hissiyatlarının ve verdikleri reaksiyonların hep aynı olduğu görülecektir.

Kibir, küfrün ve inkârın en önemli sebebi olduğu için, Allah (C.C.) Kur'an'da kibirden ve bu kelimenin türevlerinden çok sık bahseder. Örneğin Sâd suresi 75. ayette; "Gururlandın mı, yoksa kendini çok yükseklerde mi görüyorsun?" buyurur. Daha birçok ayette kibirden bahsedip, ondan korunmamız için bizi uyarır.

Allah'ın peygamberi Nûh (A.S.) da vefat vakti geldiğinde iki oğlunu yanına çağırıp onlara vasiyet olarak: "Size iki şeyi yasaklıyorum. Bunlar: Allah'a ortak koşmak ve kibirlenmektir." demiştir.[5]

Burada, şu noktaya da dikkat edelim. Kibir, insanı inkâra ve küfre götürebilir. Ve insanın kibirlenmek için yüksek makamlara, fazla mal varlığına ihtiyacı yoktur. Üç-beş ailenin bulunduğu küçücük bir köyde bile, kibrin en üstünü yaşanabilir. Allah (C.C.) bu durumu, Kehf suresinde; bahçe sahibi iki kişinin hâlleri üzerinden bize şöyle anlatır: "Onlardan birine iki üzüm bağı lütfettik, bağların etrafını hurma ağaçları ile donattık ve bahçelerin arasında da ekin bitirdik. Arkadaşıyla konuşurken ona: 'Benim, malım ve servetim senden çok olduğu gibi maiyet, çoluk çocuk bakımından da senden daha ilerideyim.' Bu adam gururu yüzünden kendi öz canına zulmeder vaziyette bağına girdi ve: 'Zannetmem ki bu bağ bozulup yok olsun; kıyametin kopacağını da sanmıyorum. Bununla beraber şayet Rab'bimin huzuruna

5. Ahmed İbni Hanbel, Müsned II, 225

götürülecek olursam, o zaman elbette bundan daha iyi bir akıbet bulurum.' dedi. Çok geçmeden, bütün serveti kül oldu. Bahçe sahibi bu hâlini görünce, bağın çökmüş çardakları karşısında, yaptığı masraflarına, harcadığı emeklere acıyıp avuçlarını ovuştura kaldı!"[6]

Ayette anlatıldığı gibi, kibrin oluşturduğu hissiyatın neticesi ne yazık ki böyle bir kayıptır.

Gelin, kibirle alakalı birkaç hadis de arz edelim.

Ebu Hureyre (R.A.) anlatıyor: "Yakışıklı bir adam, Resulallah'a (S.A.V.) gelerek: 'Ben güzelliği seviyorum. Gördüğünüz gibi bana güzellik de verilmiş. Kimsenin beni, ayakkabı bağı bile olsa bu hususta geçmesinden hoşlanmıyorum. Ey Allah'ın Resulü! Bu (haram olan) kibre girer mi?' diye sordu. Resulallah (S.A.V.) ise ona şöyle cevap verdi: 'Hayır! Ancak kibir; hakkı iptal, halkı tahkirdir!'"[7]

Hakkı iptal etmek; hak tavsiye edildiğinde, onu kabul etmemektir. Halkı hakir görmek ise, "Ben senden daha güçlüyüm, daha iyiyim, daha üstünüm." hissiyatıyla, insanlara tepeden bakmaktır.

Şöyle izah edelim: Kibirli bir kişi; önüne bütün delilleri de koysanız, bilimsel verileri de sunsanız -Musa'nın (A.S.) sunduğu bütün açık delillere rağmen, Firavun'un inkâr ettiği gibi- "Kabul etmiyorum." der. Kibirli kişi, başkalarını kendinden küçük gördüğü için, onların doğrularını da kolay kolay kabullenemez. Çünkü kibir, inkârın en önemli sebeplerinden biridir.

Bir örnek üzerinden konuyu biraz daha somutlaştırmaya çalışalım.

Doğup büyüdüğü, ancak bir süreliğine ayrıldığı köyüne lüks bir arabayla geri dönen birini düşünelim. Bu kişi, çocukluk arkadaşının kendisi gibi imkânlara sahip olmadığını, hâlâ geçimini tarladan sağlamak zorunda olduğunu biliyor. Ancak buna rağmen, arabasıyla ona hava atıyor, onu küçük

6. Kehf Suresi, 32; 36 ve 42
7. Ebu Davud, Libas 29, (4092)

görüyor olsun. İşte bu; İblis'i şeytanlaşma yoluna sokan kibre benzer bir kibirdir.

Bu konu ile ilgili; yukarıdaki hadisin bir benzeri olan şu hadis, bizim için güzel bir ölçüdür:

Resulallah (S.A.V.) bir gün ashabına; "Cennete kibirden hiçbir şey giremez." buyurmuştu. Orada bulunanlardan biri şöyle dedi: "Ey Allah'ın Resulü! Ben kamçımın şaklaması ve ayakkabımın sağlamlığı ile güzel görünmekten hoşlanırım. Bu kibir midir?" Resulallah (S.A.V.) ise ona şöyle cevap verdi: "Hayır, bu kibir değildir. Allah güzeldir, güzeli sever. Kibir, hakkı küçük görmek ve başı gözü ile insanlarla alay etmektir."[8]

Başka bir hadiste de Resulallah (S.A.V.); "Kalbinde hardal tanesi kadar iman olan hiç kimse cehenneme girmez; kalbinde hardal tanesi kadar kibir bulunan hiç kimse de cennete giremez." buyuruyor.[9]

Kibrin ne kadar tehlikeli olduğunun farkında mısınız?

Bu konuda farkındalık kazanmalı ve kibirden korunmanın, kurtulmanın yollarını aramalıyız.

Gelin, bir de bu konuyu detaylı bir şekilde ele alan İmam Gazâlî'nin tanımlaması üzerinden inceleyelim.

Kibir, görünen ve görünmeyen olarak iki kısma ayrılır. Görünmeyen kibir, nefsi bir hastalıktır. Görünen kibir ise, kalpteki kibrin vücut diline yansımış, yani artık görünür olan hâlidir. Jest ve mimikler, kasılarak yürüme, tepeden bakma gibi davranışlar bu kapsama girer. Görünmeyen kibirde ise kişi kontrollüdür ve kibrini vücut diline yansıtmaz.

---

8. Müslim, İman, 47; Ahmed ibni Hanbel, IV, 133,134
9. Müslim, İman,148; Tirmizi, Birr, 61

Allah (C.C.), kibirli kimsenin bu hâlini, Kur'an'da birçok ayetle tarif eder. Bunlardan bazıları şöyledir:

En'âm 93- "Ölümün şiddetleri içinde kıvranırken, ölüm meleklerinin de yakalarına yapışıp kendilerine: 'Haydi, derhâl ruhlarınızı çıkarıp teslim edin! Bugün zillet azabıyla cezalanacaksınız, çünkü Allah hakkında gerçek dışı şeyler söylüyordunuz ve çünkü kibirlenerek O'nun ayetlerinden yüz çeviriyordunuz!' diye haykırdıkları sırada sen o zalimlerin hâlini bir görsen!"

Zümer 72- "'Cehennemin kapılarından orada ebedi kalmak üzere girin! Allah'a karşı büyüklük taslayanların kalacakları yer, ne fena bir yer!' denilir."

Meryem 69- "Sonra da her topluluktan, Rahmân'a isyan etmede aşırılık edenleri çekip ayıracağız."

Nahl 22- "Öyleyken ahireti inkâr edenlerin kalpleri, bu gerçeği de inkâr eder. Hep kibirlenip dururlar."

Sebe' 31- "O zalimleri; sen, Rab'lerinin huzuruna duruşma için getirildiklerinde; birbirlerine laf atarken bir görseydin! Zebun edilen, dünyada güçsüz bırakılanlar o kibirli olan önderlerine: 'Ah! Sizin yüzünüzden bu hâllere düştük, siz olmasaydınız biz de iman edecektik!' diyecekler."

Mü'min 60- "Bana ibadet, yani dua etmeyi kibirlerine yediremeyenler, zelil ve rezil olarak cehenneme gireceklerdir."

A'râf 146- "Dünyada haksız yere büyüklük taslayanları, ayetlerimi gereği gibi anlamaktan uzaklaştırırım."

Müfessirlerden İbn-i Güreye, bu ayeti şöyle açıklar: "Bu, 'Onların kalplerini; ayetlerim hakkında düşünmekten ve ayetlerimden ibret almaktan uzaklaştıracağım.' demektir." (Müfessir için bkz.)[10]

---

10. Müfessir: İslam'da; Kur'an'ı tefsir eden, yani onun anlamını, içeriğini ve yorumlarını açıklayan kişilere verilen isimdir.

İsa (A.S.) da kibirli kimselerin bu hâlini bir örnek üzerinden şöyle anlatmıştır: "Muhakkak ekin, düzlüklerde yeşerir. Tümsekler üzerinde bitmez. Hikmet de böyledir; mütevazı bir kimsenin kalbinde müspet bir tesir yapar, kibirli bir kimsenin kalbinde yapmaz. Görmez misin? Başını tavana yükseltenin başı kırılır; başını eğen bir kimseyi ise tavan, gölgelendirir ve korur."

Kibirli kimsenin hakikati bulmaktan, hikmetten nasıl mahrum olacağı çok nettir. Bu nedenle de Resulallah (S.A.V.) kibri tarif ederken; "Kibir; hakkı iptal etmek, halkı hâkir görmektir."[11] buyurmuştur.

Birisi bize gelip bir konunun hakikatini; Kur'an ve Sünnet'teki karşılığını söylediğinde "Ben, en doğrusunu biliyorum." diyerek kibirlenmemeli ve bize anlatılan hakikatleri kabul etmeliyiz. Eğer kibrimize yenilir ve anlatılanları kabul etmezsek, ne hak olanı bulabilir ne de doğruya yönelebiliriz. Hakkı kabul etmediğimizden dolayı da insanlara hep tepeden bakar, onları hiçbir zaman tam anlamıyla sevemez ve dolayısıyla da kimseye yardım edemeyiz. Bu, günümüzün en önemli sorunlarından biri olan narsizmin de göstergelerinden biridir.

En yıkıcı hislerden biri olan kibir duygusu, sadece İslam'da değil; ilk insandan itibaren her dönemde, her dinde "kötü bir davranış" olarak kabul edilmiştir. Yani kibir; her zaman ve dönemde kötü bir davranıştı ve hep kötü bir davranış olacaktır. İsrâ suresi 38. ayette de kibirli davranış ile ilgili, "Kullu zâlike kâne seyyiuhu inde rabbike mekrûhâ. - Böylesi davranışların hepsi kötü olup, Rab'binin nazarında hoş görülmeyen şeylerdir." denilir. Ayette geçen, "kullu" kelimesi; kibirle alakalı her meselenin, her zaman kötü olduğu anlamını verir.

Kalbinde kibir olan kişinin, Allah (C.C.) ile sağlam bir ilişkiye sahip olması zordur. İnsan iç dünyasına dönüp; "Acaba bende kibirli davranışlar var mı, ben kibirli biri miyim?" diyerek, sürekli kedisini muhasebe etmelidir.

Buraya kadar, insanı küfre götürebilecek en tehlikeli duygu olan kibirden bahsettik. Bu konu o kadar dikkat edilmesi gereken bir konu ki Allah (C.C.); Musa'ya (A.S.) verilen "On Emir"in Kur'an'daki karşılığı olan İsrâ

---

11. Müslim, İman 147; Ebu Davud, Libas, 29, (4091); Tirmizi, Birr, 61

suresindeki ayetleri, kibirden bahsederek tamamladı. Tevhit anlatılarak başlanılan ayetlerin ardından; anne-babaya iyi davranma, yardım etme konuları, hemen ardından da "kibir" konusu geldi.

Gelin, bu seride yaptığımız analizlerin genel bir toparlamasını yaparak çalışmamızı özetleyelim.

Bu kitapta; Musa'ya (A.S.) verilen "On Emir"in Kur'an'daki karşılığı olan İsrâ suresinin ayetlerini analiz etmeye gayret ettik. Analizi yapılan ayetleri hatırlayalım:

İsrâ 22- "Sakın, Allah ile beraber başka tanrı edinme! Yoksa yerilmiş, bir kenara itilmiş vaziyette kalırsın."

İsrâ 23- "Rab'bin şöyle buyurdu: Allah'tan başkasına ibadet etmeyin. Anneye ve babaya güzel muamele edin. Şayet, onlardan her ikisi veya birisi yaşlanmış olarak senin yanında bulunursa; sakın onlara hizmetten yüksünme, 'Öff!' bile deme, onları azarlama, onlara tatlı ve gönül alıcı sözler söyle."

İsrâ 24- "Şefkatle, tevazu ile onlara kol kanat ger ve şöyle dua et: 'Ya Rab'bi, onlar küçüklüğümde nasıl beni ihtimamla yetiştirdilerse, ona mükâfat olarak Sen de onlara merhamet buyur!'"

İsrâ 25- "Rab'biniz ruhlarınızdaki duyguları pek iyi bilir. Eğer siz iyi kimseler iseniz şunu bilin ki Allah kötülüklerden, (özellikle anne ve babasına yaptığı kötü muamelelerden) tövbe edenlere karşı, günahları çok affedicidir."

İsrâ 26;27- "Yakınlarına, yoksula, yolda kalmışa hakkını ver, sakın saçıp savurma! Çünkü savurganlar, şeytanların kardeşleri olmuşlardır. Şeytan ise Rab'bine karşı pek nankördür."

İsrâ 28- "Eğer elinin dar olması sebebiyle Rab'binden umduğun bir lütfu, bir imkânı beklerken o hak sahiplerine şimdilik ilgi gösteremiyorsan; hiç değilse onlara gönül alıcı bir şeyler söyle."

İsrâ 29- "Eli sıkı olma, büsbütün eli açık da olma ki herkes tarafından ayıplanan, kaybettiklerine hasret çeken bir hâle düşmeyesin."

İsrâ 30- "Şu kesin ki Rab'bin; dilediği kimsenin nasibini bollaştırır, dilediğinin nasibini daraltır. Çünkü Rab'bin, kullarının her hâlini bilip görmektedir."

İsrâ 31- "Fakirliğe düşme endişesi ile evlatlarınızı öldürmeyiniz! Onların da, sizin de rızkınızı veren Biz'iz. Şüphesiz ki onları öldürmek büyük bir suçtur."

İsrâ 32- "Sakın, zinaya yaklaşmayın! Çünkü o, çirkinliği meydanda olan bir hayasızlıktır, çok kötü bir yoldur."

İsrâ 33- "Haklı bir gerekçe olmaksızın, Allah'ın muhterem kıldığı cana kıymayın! Bir kimse zulmen öldürülürse onun velisine (mirasçısına) bir yetki vermişizdir; artık o da kısas hususunda aşırı davranmasın. (Meşru hakla yetinsin.) Zaten, kendisine yetki verilmekle gerekli destek sağlanmıştır."

İsrâ 34- "Büluğ çağına ermeyen yetimin malına, en güzel tarzdan başka bir şekilde yaklaşmayın. Verdiğiniz sözü yerine getirin. Çünkü verilen söz, sorumluluk gerektirir."

İsrâ 35- "Ölçtüğünüz zaman dürüst olun, tam ölçün. Doğru terazi ile tartın. Bu hem ticaretiniz için daha hayırlı hem de akıbet yönünden daha güzeldir."

İsrâ 36- "Bilmediğin şeyin peşine düşme! Çünkü kulak, göz, kalp gibi azaların hepsi de sorguya çekilecektir."

İsrâ 37;38- "Hem kibirli kibirli yürüme! Zira ne kadar kibirlenirsen kibirlen, ne yeri yarabilirsin ne de dağların boyuna erişebilirsin. Böylesi davranışların hepsi kötü olup, Rab'binin nazarında hoş görülmeyen şeylerdir."

İsrâ 39- "İşte bunlar, Rab'binin sana vahyettiği hikmetlerdendir. Sakın, Allah'ın yanı sıra başka bir tanrı uydurma; yoksa yerilmiş, rahmetten kovulmuş olarak cehenneme fırlatılırsın."

Bakın, İsrâ suresi 39. ayette mealen; "Böyle davranan kim olursa olsun, cehenneme fırlatılacak." deniliyor. Ayette verilen hidayetleri, bu farkındalıkla anlamaya çalışalım.

İsrâ suresinin bu ayetleri; İslam'ın emir ve hikmetlerinin âdeta bir özeti gibidir. Ayetlerde anlatılanların kapsamı geniş olduğundan, her alanla ilgili hidayet vardır. Yani ayetlere hangi perspektiften bakılırsa, o alanla ilgili bir yol haritası bulunabilir. Ayrıca bu ayetler, geçmiş kitapların da özeti niteliğindedir.

Bu ayetlerde sırasıyla; sağlıklı bir bireyin, sağlıklı bir ailenin, sağlıklı akrabalık ilişkilerinin ve daha sonra da sağlıklı bir toplumun nasıl olması gerektiğinin kodları veriliyor. Bu kodları şu şekilde özetleyebiliriz:

1- Anne-babaya, ihsan seviyesinde davranma

Allah (C.C.), Kendisi'ne nasıl kulluk edileceğini anlattıktan sonra, anne-baba ile ilişkinin nasıl olması gerektiğini tarif ediyor ve onlara, ihsan şuuruyla davranmamız gerektiğini bildiriyor.

Bir toplumun sağlıklı olması, ailenin sağlıklı olmasından geçer. Aileler sağlıklı ise, sağlıklı nesiller yetişir. Bu nedenledir ki anne-babalar, yaşadıkları en ufak problemin çözümünü, boşanmakta aramamalıdır.

Allah (C.C.), bu ayet ile anne-babalara çok ciddi yetkiler vermiştir. Fakat bu ayeti kendi çıkarlarımız için kullanarak evlatlarımıza zulmedemeyiz. Anne-baba olarak, evladımızın Allah'tan uzaklaşmasından korkuyorsak, evladımızla olan ilişkide dengeli olmalıyız. Evladımızın karakterini bilmeli ve ona uygun bir şekilde hareket etmeliyiz. Anne-babalar, evlatlarına şefkatle sahip çıkmalıdır. Ancak, bunu yaparken de otorite ve şefkati dengeli bir şekilde uygulamalı, sağlıklı bireyler yetiştirmelidirler.

2- Anne-baba ile ilişkide "koruyuculuk ve mütevazılık" ölçüsü

Anne-baba ile evlat ilişkisi, dikkatli olunması gereken, zor bir ilişkidir. İnsan bu ilişkide, "Benim elimden bu kadarı geliyor.

Bu, benim yapabileceğimin en iyisi." deyip kolayca nefsini temize çıkarabilir. Ancak böyle bir tavır, doğru değildir.

Anne-babaya ihsan seviyesinde muamelede bulunma konusunda; herkesin kendine özel, subjektif bir kapasitesi vardır. Bizden istenen, bu kapasiteyi en iyi şekilde kullanarak anne-babamıza ihsan seviyesinde muamele etmemizdir. Nefis, insanı; en iyiyi yaptığı düşüncesi ile kandırır. Fakat bu, Allah'ın belirlediği standartlarla örtüşmez. Çünkü ihsan seviyesinde, belirli bir sınır ya da kota yoktur.

3- Toplumsal yardımlaşmada öncelik ve yöntem

Kişinin iç dünyası, kendisi ile ilgili hidayetlerin hemen ardından; Allah (C.C.); anne-baba ilişkisinden sonra da toplumdaki yardımlaşmanın nasıl olması gerektiğinden bahsediyor. Bu sıralamayı, şöyle bir metaforla düşünebiliriz:

Elinizdeki kâğıda, küçük bir daire çizdiğinizi varsayın. Sonra onu içine alan büyük bir daire çizdiğinizi, daha sonra onları da içine alan daha büyük bir daire çizdiğinizi düşünün! Çizdiğiniz dairelerin en içte olanı, Allah'a (C.C.) kulluk dairesi olsun. Sonraki daire ise, anne-baba ile ilişkiler dairesini temsil etsin. Yani insan; Allah (C.C.) ile ilişkisini kuvvetlendirip O'na yaklaşmaya çalışmazsa, anne-babasıyla ihsan seviyesinde bir ilişki kuramaz. Bunu tersten okursak; "Allah'la ilişkimizi kuvvetlendirmek, O'na yakınlaşmak istiyorsak; anne-babamıza ihsan seviyesinde iyi davranmalıyız." diyebiliriz.

Bunları yapabilen bir kişi, daha sonra; "Yakın akrabana sahip çık." dairesine gelir. Bu dairede de akrabası istemeden, söylemeden onun hâlini bilir ve ona sahip çıkar. Bundan sonra da kendi çevresinden haberdar olur ve onlara da sahip çıkar. Miskinleri, ihtiyaç sahiplerini araştırır, bulur; onlara sahip çıkar, yardım eder.

Burada bize, yardımlaşan bir toplumun nasıl olması gerektiği, yardımlaşmaya nereden başlanılacağı ve nasıl yapılması gerektiği gösteriliyor. Bu şifre, sosyoloji alanında uygulandığında; insanlar arasında sağlıklı, düzgün ilişkiler kurulacaktır.

4- Harcama yapılırken dikkat edilmesi gerekenler

Kur'an'da paramızı nasıl kazanıp, nasıl harcayacağımızın kodları anlatılıyor. Müslüman, her alanda denge insanıdır. O, harcamalarında ne saçıp savurur ne de cimri davranır. Ayetlerde bize, harcamaların nasıl olması gerektiği anlatılarak ekonomik denklemler de öğretiliyor. Ekonomistler, bu ayetleri araştırdığı zaman, tam anlamıyla bir denge ekonomisi öğretisi ile karşılaşacaklardır.

Harcamalarda savurganlık yapamayız. Çünkü savurganlık, nankörlüğün farklı bir çeşididir. Şeytanın amaçlarından biri de bizi nankör kılmaktır. Müslüman, bu farkındalıkla hareket eder.

Unutmayın! Harcama yapmanın bile ölçüleri, standartları vardır.

5- Cana kıyma ve zinanın, toplum sağlığı üzerindeki etkileri

Bireyin sağlığı, ailenin sağlığı; ailenin sağlığı da toplumun sağlığı demektir. Bu dengeyi göz önünde bulundurmalıyız. Allah (C.C.), günümüzün en büyük problemlerinden biri hâline gelmeye başlayan; neslin devamını engellemek amacıyla çocuklar öldürülmesi meselesini bize, zina üzerinden anlatır.

Zina, ruhun cinayetidir. Bireyin, ailenin ve toplumun öldürülmesi; bu günahın yaygınlaşmasıyla da doğru orantılıdır. Bu kadar kapsamlı etkiye sahip olan zina, öyle tehlikelidir ki ayette; "Zina yapmayın!" yerine, "Zinaya yaklaşmayın!" deniliyor. Yani mealen; "Bırakın zina etmeyi, ona giden bütün yollardan uzak durun ve neslinizi koruyun." buyruluyor.

Zina yaygınlaşırsa, aile kurumu ortadan kalkar. İstatistiklere bakıldığında; evliliklerin ciddi oranda azalmaya başladığı görülecektir. Bu da bize, yaklaşan tehlikenin boyutunu gösterir. Aile kurulmadığı zaman, sağlıklı bireyler yetişemez. İşte Kur'an'da; "Zinaya yaklaşmayın!" buyrularak bu soruna çözüm sunuluyor.

6- Yetime, mazluma, ihtiyacı olan kimseye sahip çıkmak

Toplumlar, güçsüzlere sahip çıktıkları ölçüde adildirler. Bir toplumda zayıfın, güçsüzün hakkı savunulmuyorsa, o toplumda çözülmeler başlar. Eğer bir toplumda zayıfa zulmedilirken bir rahatsızlık oluşmuyor, buna karşı insanlar reaksiyon vermiyorsa, o toplumun kimyası bozulmuş demektir. Böyle bir durumda da gün gelir; o zulüm tüm topluma yayılır ve sonuçta da herkes zarar görür.

"Yetim" kendi hakkını savunamayan demektir. Hakkını savunacak kuvvet ve güçte olmayan herkes, bu kategoridedir. Toplumun sıhhati için, bu insanlara sahip çıkmalıyız. Bir insanın Allah (C.C.) ile münasebetinin kuvveti, zayıflara sahip çıkıp çıkmadığıyla ölçülebilir. Bu konu ile ilgili kendimizi muhasebe edelim. Ne durumdayız? Zayıflara, hakkını savunacak gücü ve kuvveti olmayanlara sahip çıkıyor muyuz?

7- Söz verme ve sözünü yerine getirip onurlandırma

Söz verme ve sözünü yerine getirme, İslam'da çok önemlidir ve bir Müslümanın olmazsa olmaz özelliklerindendir. Müslüman, kendinden emin olunan kimsedir. O; söz verdiğinde, kendisine zulmedilse bile, sözüne sadık kalır ve hep; "Ben bir söz verdim. Hangi durumda olduğum ya da karşımdakinin sergilediği tavır önemli değil. Benim, Allah'la bir münasebetim var. Verdiğim sözü yerine getirmem lazım. Çünkü verilen söz, sorumluluk ister." hissiyatında olur.

Integrity, sözünü yerine getirip onurlandırma konusu; çocuklara ilk öğretilmesi gereken konulardandır. Bir insan sözünü yerine getirme, sözünü onurlandırma konusunu iç dünyasında, hayatında oturttuğu zaman; artık zayıflara da sahip çıkar, bir duruş sahibi de olur, adaletli de davranır.

8- Ölçü ve tartıda dürüst, balanslı ve dengeli olmak

Ticaret; Allah'ın (C.C.) Kur'an'da net çizgilerle üzerinde durduğu, önemli bir konudur. Ticaret yaparken, ölçüp tartarken; "Allah beni her an görüyor." hissiyatıyla hareket etmeli, sözümüzü yerine getirmeliyiz. Allah'ın belirlediği sınırlara dikkat edersek hem dünya hem de ahirette kâr etmiş oluruz.

Bir insan ticaret yaparken ya da şahitlik ederken; verdiği sözlerin, yaptığı anlaşmaların gereğini yerine getirmezse, kalbi günahkâr olur. Kalbi günahkâr olduğu zaman da artık, o insanın freni olmaz. Yalan da söyler, insanların mallarını da gasbeder, harama da bakar, yetim malı da çalar. Yani günah olan her şeyi yapar, çünkü artık onun kalbi günahkârdır. Kalplerin günahkâr olduğu toplumlardan da ne yazık ki her şey beklenir.

Buradaki şifre, "Allah beni görüyor." hissiyatıyla hareket etmektir. Bu hissiyatı iç dünyamıza yerleştirirsek, hiçbir konuda sahtekârlık yapamayız.

9- Balanslı insan olmada duygu kontrolünün önemi

Müslüman, hayatının her alanında balans sahibi olmalıdır. Bu; duygu kontrolünü sağlayabilmek için de çok önemlidir. Allah (C.C.) bize; duygu kontrolünü nasıl yapabileceğimizi, neye göre karar vermemiz gerektiğini öğreterek, balanslı bir insan olmanın şifrelerini veriyor.

Hayatımızda ne yaşarsak yaşayalım, hangi pozisyonda olursak olalım, enerjimiz yükseldiğinde; heyecan, kızgınlık, sevgi gibi kalbimizi küt küt attıran duygular yaşadığımızda, kalbimiz alev alev yandığında; karar vermeden, aksiyon almadan önce, bazı şartları yerine getirmemiz gerekiyor. Önce sakinleşmeli, bilmediğimiz alanlar varsa, onlar hakkında bilgi edinmeliyiz. Allah (C.C.) bize; bilmediğimiz bir haber getirildiğinde, onu araştırmamız gerektiğini emrediyor.[12]

Duygularla, reaksiyonel bir şekilde hareket etmemeli, tek bir bakış açısına göre kalbimizi alevlendirmemeliyiz. Kararlarımızı mantık çerçevesinde almalı ve onları, Kur'an ve Sünnet'e göre tartmalıyız.

Allah (C.C.) bize; alevlenen bir kalple, cayır cayır yanan duygularla karar vermememiz, aksiyon almamamız gerektiğini bildiriyor. Bu konuda dikkatli olmalıyız.

---

12. Hucurât 6- "Ey iman edenler, herhangi bir fâsık size bir haber getirecek olursa, onu iyice tahkik edin, doğruluğunu araştırın. Yoksa, gerçeği bilmeyerek, birtakım kimselere karşı fenalık edip sonra yaptığınıza pişman olursunuz."

10- Küfür ve inkârın en önemli sebeplerinden biri: Kibir

Kibir, insan hayatı için çok tehlikelidir. Bu nedenle; tevhit ile başlayıp, daha sonra anne-baba ilişkisi ve sosyal ilişkilerle devam eden "On Emir" konuları, nefsin en önemli hastalığı olan kibirle son buluyor. "On Emir"in kibirle tamamlanıyor olması çok ürkütücüdür.

Allah'ın emirlerini yerine getirip, O'na kulluk edelim. Kulluk etmek; ana-baba hakkını, akraba hakkını korumak, miskine sahip çıkmak gibi emirleri yerine getirdiğimizde de bu yaptıklarımızı sakın kendimizden bilmeyelim! Eğer, "Rab'bim bana böyle davranmayı nasip etti." demez ve olaylara bu gözlükle bakmazsak, kibre girme tehlikesiyle karşı karşıya kalırız.

Kibirlenerek insanları hor görmeyelim. İnsanın ilmi arttıkça, kibre girme ihtimali de artar. Tevazu sahibi olmadan, bu tehlikeden korunamayız. Muhakkak, herkesten öğreneceğimiz bir şey vardır. Son peygamber Muhammed (S.A.V.) gibi, insanlar arasından bir insan olalım. Aksi takdirde bizi kibre sevk eden her ne ise, onunla imtihan oluruz. Varlığına güvendiğimiz, kendimizden bildiğimiz her şey ise bir anda çer çöp hâline geliverir.

Muhteşem bir çalışmanın sonuna geldik. İslam'ın en temel kurallarını; bir insanın davranışlarını nasıl ve hangi istikamette yönlendirdiğini, geliştirdiğini; toplumu nasıl etkilediğini, transform ettiğini ve kişiye kazandırılan değerlerin evrensel, ahlaki değerler perspektifinden nasıl ele alınabileceğini, ayrıntılı bir şekilde açıklamaya gayret ettik. "Yozlaşmış bir toplum, yeniden nasıl ayağa kaldırılır?" sorusunun cevabı, incelediğimiz İsrâ suresi ayetlerindeki hidayetlerde gizlidir. Buradaki hidayetleri öğrenip, İslam'ı doğru anlamalıyız.

Rab'bimiz; ayetlerdeki şifreleri idrak edip uygulamayı bizlere nasip etsin. (Amin)

Sonsöz

Hakikat arayışı için çıktığımız yolculuğun bir durağını daha geride bıraktık. Bu kitaba başlarken amacımız, yalnızca On Emir'in Kur'an'daki karşılığını aramak değildi. Modern dünyanın hız ve karmaşası içinde kaybolan istikamet çizgisini yeniden keşfetme niyetiyle yola çıktık. İsrâ suresi; unuttuğumuz o çizgiyi, hakikatleri, uyarıları, müjdeleri bize yeniden hatırlattı. On Emir'in temelini oluşturan kavramların, İsrâ suresinin ayetlerinde âdeta yeniden hayat bulduğunu gördük. Ve her bölümde şunu fark ettik:

Kur'an'ın ahlaki ilkeleri yalnızca nasıl ibadet edileceğini anlatan, düzenleyen kurallar değildir. Kur'an'ın öğretisi insanı; psikolojik, duygusal, sosyal ve ruhsal anlamda geliştirir, iyileştirir, balanslı hâle getirir.

Bu kitap, size sadece bir karşılaştırma yöntemi sunmadı; aynı zamanda ihmal edilmiş bir gerçeği hatırlattı: Kur'an insana hitap eder. Üstelik bu hitap yalnızca bir alanla sınırlı kalmaz. Ayetler yalnızca dini sorumlulukları değil; insan karakterini, aile yapısını, toplumsal düzeni ve bireysel olgunlaşmayı da şekillendirir. Bu nedenle İsrâ suresini bir "emir listesi" olarak değil, bir kişilik inşa metni olarak okumak gerekir.

Bu kitaptan ne öğrendik?

Anne-babaya ihsanda bulunma, sadece bir görev değil; bağlanma, şefkat ve minnetin dengelenmesini sağlayan bir olgunlaşma alanıdır. Ekonomik anlamda dengeli yaşamaya çalışma, kontrolsüz istekleri terbiye eden bir ölçüdür. Duygu kontrolü; harama karşı duruşu, kişinin bilişsel süzgeçlerini kullanmayı öğrenmesini, empatisini ve öz denetimini güçlendirir.

Kibirden uzak durmak ise, insanın hem nefsini hem de başarı algısını ilahi hakikatin huzurunda eğmesi anlamına gelir.Kur'an'ın sunduğu bu ahlaki sistem, yalnızca Müslüman toplumlara değil; zamandan ve mekândan bağımsız olarak tüm insanlığa hitap eden bir evrenselliğe sahiptir.

İnsanoğlu zaman zaman unutmaya, savrulmaya, merkezini kaybetmeye meyilli bir varlıktır. Modern hayatın hızı, bilgi kalabalığı ve sürekli değişen gündemi, insanın kendi iç sesini duymasını zorlaştırabilir. İşte tam da bu noktada İsrâ suresi muhteşem bir öğreti sunar. Ayetlerin her biri hem bireysel hem de toplumsal huzur için âdeta ilahi bir reçete gibidir:

Tevhide sarıl. Kalbini, ruhunu koru. Hakikati unutma. İçindeki merhameti büyüt. Her zaman ölçülü, dengeli ol. Nefsine asla güvenme. Kibirden sakın…

Bu çalışmanın sonunda, kendinize şu soruları sormanızı ve dürüst cevaplar vermenizi istiyoruz:

"Tevhit hayatımın neresinde, onu gerçekten yaşıyor muyum?"

"Anne-babama ihsan derecesinde muamele ediyor muyum, onlara karşı tevazu sahibi miyim?

"Zayıfa, mazluma, yetime, yolda kalmışa, ihtiyaç sahiplerine yardım ediyor muyum? Bunu nasıl yapıyorum?"

"Harcamalarım nasıl? Ekonomik kararlarımda dengeyi gözetiyor muyum?"

"İnsanlarla ilişkilerim nasıl, başkalarını kandırıyor muyum?"

"Duygularım mı beni kontrol ediyor, yoksa ben mi onları kontrol ediyorum?"

"İçimde gizlediğim bir kibir var mı? Kibirli davranıyor muyum?"

Unutmayın! Bu sorulara dürüst cevap vermesi, kişinin kendisine yaptığı en büyük iyiliklerdendir. Çünkü gerçek ve sağlam değişimler; yüzleşmeyle başlar ve hakikatin çağrısına kulak vermekle gelişir.

Bu çalışmanın, İslam'ı tanımaya çalışan herkese; başlangıç niteliğinde bir rehber olmasını, önyargılardan uzak, sağlam temelli, karşılaştırmalı ve berrak, sağlıklı bir bakış açısı kazandırmasını diliyoruz. Hayatınızın yalnızca bir dönemine değil, her dönemine ışık tutan bir rehber olarak kalbinizde yer etsin.

Rab'bimiz, bu çalışmayı okuyan herkesi; On Emir'in özünü, Kur'an'ın rehberliğiyle yeniden keşfedenlerden ve ahlakını ayetlerle güzelleştirenlerden eylesin.

Printed in Dunstable, United Kingdom

74107337R00119